兩岸新視野

撥除迷霧見台海

黃維幸——著

序言及導論

雖然近年來，也許由於自己及很多朋友及同仁都在放慢腳步，很多人向我表示應該寫一點回憶錄或回顧之類的東西。我雖然還是覺得沒有什麼值得別人知道的「豐功偉業」或「樹碑立傳」的經歷，但主要是覺得人生還在發展，還沒有到「往事不堪回首」的地步。不過，為本書催生籌措的好友陳宏正夫婦，及林深靖、鍾秀梅夫婦，卞莉女使，在邵子平夫婦提供的安靜研究場所，編輯出版我對兩岸關係的一些評論的時候，認為他們應該問我一些經歷，以及相關的看法，讀者才會比較容易了解一些意見的相關脈絡。於是，做了一些訪談的紀錄，而真正的回憶錄可能就要有待他日了。

就算談兩岸關係以及更為廣闊的中美關係脈絡的不知凡幾，我想分析及研究的取向要是大同小異，或許由於環境的變遷，雖然可能會有一些略為不同的觀點出現。七十幾年來無法解決的難題，不會因為沿著老路，採用類似的取向，一直更加「深入」地研究同樣問題，基本上可能只會是換湯不換藥，沒有使我們達到真正的了解。所以，海德格說過：問問題的方式和取向，已經先決定了問題的答案。而老題新問，有如划槳，必須從頭開始。

既然如此，我必須將我自認和別人不同的研究取向，及以前研究不曾問及或較少分析的問題先做一些交代。當然，我的嘗試是否成功，不能是我說了算，只有由你來判斷。

一、導讀

（一）分析的一些取向問題

上面已經說了，我會嘗試與大部分現成研究兩岸及中美台關係略為不同的路徑取向和分析方法。這些取向並非單一或孤立的原則，有所重疊，也有聯合。細心的讀者，也許會從以下一系列的評論中，看到我的嘗試：

1. 從具體事實出發，摒棄抽象觀念的綁架

A. 經典陳述

對具體分析最為強調的學派之一，要屬務實（實用）主義在美國的總其成又加開創的柏爾斯（Charles Sanders Peirce）。他基本上認為除了邏輯的演繹及歸納之外，更常見而為歸納之前的必要步驟是：推斷（abduction）。推斷基本上是從一堆事實建立假說的一種思維程序，亦即從事實到觀念，而不是從理論到理論。不過，許多學派雖不用務實主義之名，卻也行具體分析之實。例如，馬克思對黑格爾法哲學主要批評是黑格爾將國家當作抽象觀念來分析，而非從人在國家的實際境遇著眼。

現象學的基本主張：「回歸事物本身」，也可以視為稍微不同的角度強調具體分析。事物本身不是理論建構呈現的事物的鋪陳，而是未受理論描繪或扭曲的現象本身。觀察現象，而非分析或重複意圖陳述或呈現現象的理論，才是研究的起點。

B. 實際運用

兩岸關係分析中最為荒謬、危害最大的人為抽象觀念，莫過於兩岸政法學者奉為神聖不可動搖的真理：「主權獨立、最高、絕對、不可分割」的原則。事實上，這種觀念是法學家的杜撰，現在及歷史上從未存在。兩岸常常圍繞在主權觀念或理論的純度這種無謂之爭之上。【主權迷思】【兩岸何必讓主權】

討論「一國兩制」也遇到同樣問題。遇到問題，大陸方面通常的做法是拿出鄧小平的言論研究，而不是首先看看是遇到了什麼必須解決的問題。鄧小平的理論最多是一些假說，有待實踐的檢驗，不能以實際硬是套入既定的觀念框架，尤其是不能以自己主觀的理論，解釋本來就是理論的假說。（例如，以單一國的偏見認定鄧小平「一國兩制」的一國一定必須是單一國。這最多是以理論解釋理論。）【隔靴搔癢】

過去在兩岸關係分析研究裡，有一群由加州大學政治系某教授訓練出來的一些學者提倡所謂「三角形」分析法。把國際關係用三個政治實體的互動，分為各種類型。例如什麼「家庭型」、「羅曼蒂克型」等不一而足。使用到兩岸分析就勉強將中美台套入既定的三角框架，這種脫離整體的分析方法，除了提出一些空論之外，證明是一無是處。

2. 務實的結果取向

A. 經典陳述

結果取向也是務實主義的基本主張之一。詹姆士（William James）最有名的主張之一是，兩個不同概念導致的實際結果如果沒有不同，它們與一個概念，除了名稱、外表或結構看似不同之外，兩者沒有實質的不同。因此不要枉費力氣，去比較或分析兩種概念之間有何不同，或哪一個概念優於另個概念，或執著於一個特定概念，拒絕另一個相同效果的概念。【關於以務實主義批判總統元旦文告裡的兩岸分析。參閱〈壞了務實主義〉】

B. 實際運用

以結果檢驗概念分析：兩岸人民生活的安居樂業，族群的和平共處，才是共同努力的目標。所以，中國／中華；統一／統合；聯邦／邦聯；一國／兩制；兩制／兩府／兩治；主權不可分割／主權獨立等等都是脫離結果取向的抽象觀念之爭。尤其是一國兩制的「一國」，要以能不能解決現實的問題加以檢驗，而不是以兩岸大多數論者腦中既定的僵硬單一國概念，試圖詮釋兩岸關係，或以堅持「一邊一國」的所謂「中華民國在台灣」，試圖以理論彰顯所謂的「主權獨立」。【元旦文告】【如果不限於兩岸關係的範圍，在法律適用及定奪政策的場合的實際演練，參考黃珊珊一文】

3. 脈絡的整體取向

A. 經典陳述

整體脈絡取向最有名的主張當屬心理學中的整體心理學（Gestalt Psychology）。不過，像胡塞爾的現象學也警告我們，人使用抽象思維將事物的整體在想像中切割或分類，幾乎沒有什麼困難和限制，有時雖然方便個別研究，通常導致支離破碎的理論和結論。務實主義的杜威曾舉呼吸的例子，認為呼吸是一個整體現象，為了研究方便，整個現象可以分別研究，包括化學、生理、物理、環境等等學科。但是，任何單一學科的研究無法替代整個呼吸現象。思維上人為抽象的分類往往阻塞整體現象的了解。所以，義大利的大社會學家巴瑞圖（Pareto）（也是數理經濟學的始作俑者）才說，有些經濟學家純粹以經濟學的角度分析進出口，不是說他們運用了錯誤的國際貿易理論做成結論，而是他們常常沒有看到同時存在的政治或國際關係的面向，導致結論常常只基於是片面的觀察。所以，抽象觀念及分門別類的切割常常妨礙整體的觀察。

B. 實際運用

兩岸關係是一種整體關係。為了方便或因傳統的分類，我們常常把研究分為政治、外交、經濟、文化、軍事、歷史，甚至只是針對大陸內部情況的所謂「匪情研究」。這種研究取向常常只見到整體現象的一部分，容易導致結論的偏差。例如，有軍事專家以兩岸武器發展的對比，斷定中共一定會在二〇二〇年前後以武力進攻台灣。【突襲】二〇二〇年來了又去，沒有看到中共進攻台灣的軍事行動。

又如以台灣島內民眾的中國認同決定統獨方向，也是切割無法切割的整體脈絡的分析方法。例如中研院某教授認為我的很多主張沒有看到台灣民主社會對兩岸關係議題的決定性，無法接受我的主張。我不是沒有看到台灣一些民意目前的傾向，反而是憂慮只看到台灣民意，而不注意環伺台灣的大脈絡，驟然為斷，導致失誤。以整體脈絡取向的分析尚且不一定牢靠，以局部的「現實」取代整體的實際，常常導致錯誤的觀察和結論。

4. 辯證地看問題：尤其必須檢驗未曾明說或假設的前提

A. 經典陳述

集辯證法大成，並發揚光大的是黑格爾。其基本觀點是認為事物的發展是由現狀（正）向其對立的反面（反），最後提升並轉向融合正反的現象（合）發展。馬克思很早就闡釋和運用辯證分析，他的階級鬥爭的辯證發展，以及資本主義社會通過社會主義發展達到共產主義等等，多是辯證法的運用。

由於大陸學術界普遍存在的誤解，特別要指出：辯證法不是一分為二的二分法。二分法完全扭曲辯證的動態過程。我們不介入辯證法是科學或無法證明的玄學之類的爭議，而是取其對事物發展及理論分析極為有用的一種取向。其實，二十世紀從英國濫觴的分析哲學，也有許多辯證法的成分。鼓勵從正反觀點檢驗其不曾明說的共同前提（合），從而洞察及解決爭論的盲點。雖然觀點有爭議，現代生物學家威爾遜（Edward O. Wilson）認為真正的科學家必須精通其專業學科及至少一門對立學科，其研究才可能有辯證式的發展。【On Human Nature】

B. 實際運用

統獨的爭辯無止無休，因為兩者都受到有你無我的「主權絕對」的宰制。一旦從「統」或「獨」的反方向思考，你才會發現原來兩者完全一樣的前提。一旦認識兩者的共同來源，解套的辦法不是（也不能是）更「深入」或完善「統」或「獨」的分析。而是從根拔起，辯證地解析及批判兩者的共同假設。【主權迷思】

「一國兩制」的問題有大陸及台灣當局所未曾明說的同一個前提，即中共「單一國」的影像。解套之道在解析「一國」前提的假設，探索許多非單一國，或不同影像的「單一國」（例如兩岸「分權」關係）的可能性。【十字路口】【今日香港】

5. 未來取向，實踐取向（發掘及解決問題；不是解決觀念或理論問題）

A. 經典陳述

對未來取向經典的陳述要屬海德格的現象學，他認為存活本身就是時間。時間的過去已不再發生；現在來來去去，不會發生；人在應對存活之中，唯一的關切是將來。

存活是基於受到未來啟發的過去，在現在處理不斷湧現的將來的生活實際的一種實踐。也因此馬克思還說「從來哲學家只是分析這世界。重要的是如何改變世界。」顯然，我們雖然無法改變過去的已然，卻可探索落實無限可能的未然。【隔靴搔癢】

這樣說不是否認過去或傳統的作用和影響，而是要從未來探討過去，防止馬克思所說的：「死去的祖先的傳統像噩夢一樣，壓在活人的身上。」以過去宰制未來。【鄧小平】

B. 實際運用

此種例子不勝枚舉。中國大陸總是愛提中國百年來的羞辱，台灣人老是重提二二八。又常常認為兩岸問題是國共內戰未了，中共必須與國民黨做一了斷等等那種過去取向。又例如兩岸及藍綠多少年來一直爭辯有無或什麼是「九二共識」，而不是檢驗有無這種觀念是否一定無法達到兩岸和平共處的目標。【十評國民黨】

雖然和兩岸關係沒有直接關係，但是，如果問：什麼是過去取向的典型案例，則莫過於本文集刻意收錄的美國憲法解釋爭論裡的所謂「保守派」法官和法學者的態度。這些人凡事要看他們認為的所謂憲法原來的字義及所謂「原意」（十八世紀）。爭論幾百年前的古老文件的意思，而硬是將當前及將來發生的實際問題，塞入自以為是的（古

老）文字結構。【戲中戲】

6. 不從理論上下定義；要從實際存活裡探討其意義

A. 經典陳述

海德格的現象學告訴我們，像是下定義的問「是什麼」，沒有多大意義。康德也主張像「是什麼」這一類的分析（有別於綜合）命題，沒有擴張主詞之外的意義。「是什麼」最多是理論上的了解，嚴格說來好似同義反覆，更沒有和我們在生活上應對他人及周遭世界沒有直接的關係。問問題要從問題在存活中的意義著手。【元旦文告】

B. 實際運用

台灣很多人喜歡問，台灣是不是一個「國家」。於是又問，什麼是國家。然後，既然台灣有土地、人民、政府及主權（或實際控制），符合國際法定義的國家，所以是一個主權獨立的國家。既然台灣可以定義為「中華民國在台灣」（？）的「主權獨立」國家，那麼，中華民國在台灣和中華人民共和國當然是「互不隸屬」。這種問法沒什麼特別及用處，因為國家的法律定義，充斥一般教科書或電子網頁，不問可知。問題是「國家」對你的意義何在？有了國家為了什麼一種目的？尤其是，台灣如果作為一個國家對台灣人民的意義何在？【兩岸何必讓主權】假定「中華民國在台灣」被正式在觀念上承認為「主權獨立」的「台灣共和國」，這對台海的穩定及兩岸人民的福祉會有什麼結果？下定義如果可以妥善地解決實際問題，點石也可成金！

7. 取向本身的檢驗（算數的結果反算，或逆向工程）

A. 經典論述

取向不是理論的建構；反而是摒棄理論，回復應對存活的實際態度及作為。存活是事實和實際的現象。從事實返回理論（假說）的檢驗、修正和改進的過程，也可以稱之為一種詮釋現象學所說的「詮釋循環」（hermaneutic circuitry）。也類似自然科學上對結論（也許限於假說，規律）的實驗查證。

所以，它們至少是本與事實，從生活的整體，尋求妥善的結果，應對未來不斷出現的問題的一種生活實踐。在實踐之中，既要時時警惕重新陷入運用抽象理論分析，難於根治的舊習慣，同時期待阻絕對取向的理解成為教條和框架的可能。

B. 實際運用

根據傳統的國際法對國家主權的定義，國家之作為國家必須擁有「最高、獨立、絕對、排他」的管轄權；而國際關係及世界體系就是由這些擁有獨立主權的國家所構成。但是，無論觀察歷史上的濫觴和演變，或當今全球化的發展及實際，沒有證據可以支撐這種理論。而以兩岸關係而言，依據這種不合事實的「原則」採取的動作或追求，產生了極其惡劣的後果。

我們可以用一實例演練一下類似前述「推斷」的檢驗。根據台灣一般「主流」意見，幾乎不必多想，有這麼一種看法：

「如果中共以武力試圖解決台灣問題，美國及其友邦基於他們的國安利益必然以軍隊馳援台灣」。這當然最多是一個命題。

我們如果分析目前的情況（例如中美在台海的軍事對比），美國歷史上在西太平洋的國安要求（台灣不在其內）及未來與中國合作的必要（例如貿易、環保、南海航行自由、核子化朝鮮等盟邦自身的利益），以這些因素檢驗上述的假說，也許比較可以接受的命題會變成：

「如果中共以武力試圖解決台灣問題，除非是情緒上的誤判，美國及其盟邦不會或不一定會軍援台灣」。

這也是一個假說，必須隨時根據當時的特定條件隨時檢驗修正，不能像第一個假說，變成某些人心中的「原則」或「規律」。假定中美為台海或釣魚台問題發生嚴重軍事對抗，我們難料美國會不會以為可以重演韓戰的戰略。

（二）實質問題

不論我的論述是否成功地運用了以上的分析方法，我這一兩年發表的評論大致圍繞著三四個實質問題。首先，是關係到兩岸情勢的台灣內部問題，這些當然以島內的統獨爭議為首要。不過，釐清統獨問題的最終目的在促進台灣人民的福祉，所以，附帶地，有時也會評論島內的某些問題。其次，許多評論環繞著兩岸關係大脈絡的中美台互動。這當然不是說除了中美台的因素就沒了其他，其他國家的態度和舉動當然也會影響兩岸關係。只是中美台的糾纏必然是主要的。再來，在考慮台灣內部問題及國際環境之下，兩岸問題如何解決？我認為為了台灣的繼續發展，以及和平的兩岸關係，世界各地多年來解決族群衝突的設想和實踐，可以運用到處理兩岸關係的努力。而這正是「一國兩制，和平共處」的精神和內涵。由於台灣某些政客的故意或無知的誤導，致使一國兩制被汙名化。最後，提出解決問題的步驟。我們努力的方向就在撥亂返正，回歸理性。總有一天，兩岸人民會理解這是解決兩岸關係最為務實的方案。

1. 台灣島內的某些問題

（1）在我們腦海的影像中，統獨可是兩岸關係的兩個極端。實質的安排裡，兩極之間的光譜涵蓋無限的可能性。

統獨之爭是台灣內部影響兩岸關係最為關鍵的現象。如果以抽象的定義或法理的觀念相互辯駁，兩者當然是水火不容。但實質而言，統獨代表一個光譜的兩個極端，兩端之間有深淺不同的無限可能性。所以，不是更深入地鑽研「統」或「獨」，而是認識什麼是統或獨的實質要求，探求兩極之間有無共存的可能性。例如，與其把獨視為抽象的主權獨立（現實上不存在），理解其為生活及決定的自主。另一方面，如果將統一看成主要是收回故土，一洗清末敗戰之恥，那麼，現在的所謂「中華民國在台灣」是不是一國，或是交戰團體，完全不是考慮的重點。台灣的某些人強調「中華民國在台灣」是一個主權獨立的國家，不能抹殺台灣不是絕大多數國際組織的會員的事實；中國大陸堅持台灣是尚未收復的一個省，無法消除台灣當局一直在國際上活動，擁有有效的政府及相當的軍隊這種現狀。所以，從尋求兩岸和平共處的角度看，絕對的所謂統獨只能存在於絕對的抽象觀念的影像之中，對現實的分析和解決，如果不起絕對的干擾，至少是相對的無用。

（2）統獨是手段，目的是實現人民的福祉。

台灣的所謂「現狀」，政治上不論是民進黨希望的萬年執政，或是借殼國民黨的所謂「中華民國在台灣」（？），嚴格而言，都是實質台獨，只是口頭無法宣示。但只就內部而言，這與人民的實質生活的良否沒有直接關聯。小小的例子是實質的獨立，防止不了例如言論及講學自由喪失在威權統治的實際，【慎防威權泛濫】或經濟發展的果實是否公平分配的傳統議題。【區域經濟的孤兒】同樣的道理，傾向統一的共存關係，只是處理兩岸共存關係的手段。它的目的不是，也不能轉換為僵化的多數／少數（不論是大陸對台灣，或台灣內部）族群關係，喪失族群共存共榮的本意和目標。

2. 中美台關係及其他

（1）中美的國安利益有別：台灣對美國是「既得利益」；台灣對中國大陸是「核心利益」。

我認為對於美國如何看待台灣對其國安的利益，或者更確切地說，台灣不在中國的掌控之中的必要性，是判斷美國將如何應對台灣掌控權可能的變化的一個關鍵。如果像某些評論家的意見，台灣對於中國及美國都是「核心利益」，一方認為台灣的歸屬是民族興衰存亡的象徵和因素，他方認為是國家存亡最前線的所謂第一島鏈無可取代的一環，那麼，中美為台灣地位的衝突成為必然。當然，台灣是否都是中美國家安全的核心利益之所在是判斷問題，不能說它絕對是錯誤，但是基於以下的理由，我認為這種判斷是錯誤的或然率較高。首先，從美國立國以來，甚至到了二次大戰之後，美國從來沒有認為朝鮮、台灣、中南半島或掌控歐亞大陸的土地，是美國國安的根本核心利益。【大海撈針】固然歷史傳統價值可能隨著環境的變遷而改變，以前只是美國既得利益的台灣，在一定條件下，也有可能轉換為核心利益，只是我看不到有這種變化的跡象。因冷戰而發明的所謂「第一島鏈」，在現代戰爭方式對照之下，大部分已經失去表面的光彩。最重要的是，沒有一個國家對國安的核心利益會採取「戰略模糊」的態度——而這正是美國長久以來對是否軍援台灣戰局的態度。所以，以我的判斷：

> 兩岸大戰略最基本的現象是：解決台灣問題是中共認為的國家核心利益；維持兩岸及台灣的現狀只是美國的既得利益。前者很難改變；後者因局勢可以權宜判斷。
>
> 【和平宣言】

甚至可以進一步認為，美國的根本國家利益沒有必須與中國抗衡的必要，反而是多方協調合作才是穩妥的政策。在這種所謂新的外交政策安排之下，對台灣而言，將是一種三贏的場面。不論稱為什麼，兩岸需要達到各方都能接受的「共存」安排。【拜登】

（2）台灣的根本利益是和平發展。避免中美為台灣問題發生衝撞或戰爭。

任何一個國家或地區的人民的最高福祉是安居樂業，進步發展，台灣和大陸人民不會是例外。由於台灣是中美關係的爭議中最為關鍵的問題，中美的競爭對抗，甚或衝突戰爭，一定捲入台灣【參閱梅洛斯】。即使台灣一時不能和中國大陸達到某種程度的共存安排，其最為理性的政策是盡量避免中美對抗，尤其是為台灣而產生衝突。即使沒有激烈的對抗，台灣也會一直處於高度的緊繃狀態。於是，很多非理性的動作，例如高價購買過期效率低的武器，浪費民脂民膏的金錢外交（尼加拉瓜的承認與否與台灣人民的福祉有什麼實質關係？），費盡牛力試圖催生的所謂「南進政策」。甚至還有蠢人希望中美「幹起來」（然後台灣呢？獨善其身地獨立於全球廢墟？）。不幸，這種蠢貨還在台灣位居高位，也有很多人信其所言，以為支持這種人當權就是保障自己的幸福，真是令人不寒而慄！

（3）抗中保台、假美抗中、親美友中，都是程度不同的依賴美國及其盟國對抗中國核心利益的作為。對抗一定產生動盪，無法成就台海的終極和平。

中美台關係中，台灣內部應對美中的態度大致可以分為急速統一、「維持現狀」、急速獨立等三個較大的分類。其中，「維持現狀」應該是占大多數，但是，其中又有微妙的差別。這些人大都不反對與中國大陸交流，但大多不願或不認為與中共有任何政治安排的必要。以老國民黨延續下來的態度，即使在口頭或思想上承認有一個中國的事實，大都主張台灣的中華民國獨立於中國大陸的事實和必要。而以目前民進黨為象徵的「中華民國在台灣」，不僅認為政治上與中共沒有任何隸屬關係，更認為不必達成任何安排，而在語言或行動上緩慢地斜向法理台獨的方向。介於這兩種態度中間，我稱之為「不可知論」者。這些人最在意的是台海和平，不生戰亂，部分傾向維持中華民國，比較多數認可或縱容漸獨的民進黨當局。

在這個光譜分布圖裡，從不可知論到漸獨及急獨，甚至大部分的軟獨，在意識形態上幾乎都是親美；即使不一定認為美國支持台獨，至少認為美國支持台灣目前與中國大陸政治上分立的現狀。而其不曾言說的前提假設是：台海一旦有事，美國及其盟國一定會以軍事支援台灣。而這也是台灣大部分中美衝突論或必然衝突論者，以及主張中美新冷戰論的名嘴評論或蛋頭學究的觀點。我認為這可能是一個非常嚴重的誤判。【大海撈針】

面對中國大陸認定台灣為其核心利益的信仰，親美抗中而希望台海保持和平，當然是一種相互矛盾，無法並存的期待。而就台灣人統獨態度分布的現狀下，一時也無法扭轉這種判斷。只有在「不可知論」以左，甚至部分的「漸獨」，一旦了解到台灣不是美國的核心利益，除非誤判，美國不可能為保護台灣與中共發生武裝衝突，才有改變台灣目前一面倒向美國的國安政策。我沒有說你必須贊同扭轉親美仇中的國安導向。我只希望你能同意我的分析和結論。

（4）中美對峙下的兩岸軍事情勢。

台灣問題自中國內戰結束已經七十多年了。中國國力的崛起，和台灣當局日益抗拒中共的傾向，自然升高兩方武裝衝突的機遇。尤其近年來中外預測台海發生戰爭的警告，更是此起彼落。【大海撈針】另一方面，與此同步的台灣政壇領導人對「用兵」的認識和重視，從老蔣到現在似乎呈現反比例的倒退現象。這是本文集部分為什麼收錄兩篇舊文，各自反映以前不同時代對兩岸軍事情勢不同的認識的理由。【核武】一文警告由發展核武挺向武裝衝突的危險，至今有它的相關性；【候選人】一文直接懷疑一些政客（就軍事而言）是否真有領導台灣的知識和能力。

糾纏在中美可能的衝突當中，台海發生武裝衝突的可能不僅有，而且其機遇可能更高於世界上任何其他地方。

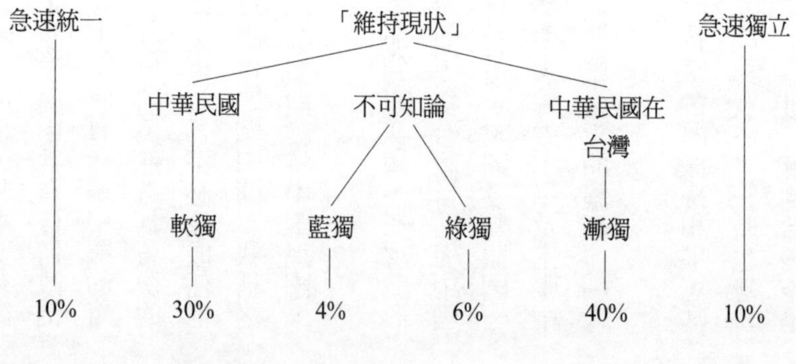

雖然台灣最理智的策略是防止戰爭【不戰而屈中共之兵】【梅洛斯】，但是，永遠不能忽略武裝衝突的可能，和兩岸及中美軍事實力的槓桿已向中國大陸傾斜的事實【大海撈針】，軍事突襲的可能性【突襲】，以及台灣某種行動（例如發展核武）造成台海局勢動盪的顧慮【核子】，尤其是現代戰爭有異於傳統兩棲作戰或「兵臨城下」思維的殘酷性。

3. 台海和平，共存共榮

族群在價值、制度、歷史、習慣的不同，最好以共存的安排，處理可能的衝突。

A. 共存（consociation）

兩岸如果要達到某種程度的共存關係，以中國大陸之大，相對於台灣之小，族群和解的學理上通常稱之為「不對稱自主」（asymmetric autonomy，稱為「自治」無妨）。總結這種安排的要素或特徵，大致有下列幾項[1]：

---

1 See generally, ASYMMETRIC AUTONOMY AND THE SETTLEMENT OF ETHNIC CONFLICTS (Marc Weller and Katherine Nobbs eds., 2010).

a. 地理區隔。

b. 讓權分權（devolution），而非授權（delegation）。

c. 法律（憲法、條約等）確立——不得單方改變。

d. 自治是統合而非獨立的安排，沒有分離的權力。

e. 自主區有政府的組織及結構。內部的立法及行政權（在鄧小平的觀念裡，台灣甚至可以有獨立的司法終審權）。

f. 自主區域有相當的權力範圍。

g. 兩方是平行而非垂直關係。

h. 自主政府可以擁有某些對外權力。

j. 最後的爭端解決機制；參與全國政治。

B. 一國兩制

比較鄧小平對一國兩制的構想，以及參照在港澳的實驗，兩岸由於天然地理的區隔，使嚴肅落實「不對稱共存」的安排和精神，更形迫切。在一些必須落實的關鍵安排中，顯然其中的雙方權力關係及爭端解決機制，如果不是有潛在的矛盾，就是還無一定的認識和共識。

在「共治」精神的族群權力關係的安排裡，由於不對稱的自主，有時候忽略而扭曲了族群權力關係是分權（devolution），而非一方向另一方「授權」的事實。授權是一種類似法律上的委任代理關係，授予的權力由授權一方（通常是中央）授予。所以，理論上此種權力可以單方擴大、限制，甚至收回。「分權」則不然。分權關係的改變必須由雙方協商同意。因此，國際上很多共治的安排，將否決權給予少數族群，對有侵害少數族群權益的法律或行動可由被波及方予以否決，保證不致喪失共治安排的性質和精神。【參閱瘦肉精含量】由於兩岸一般對分權（devolution）概念的生疏，雙方最難達到某種共識的區塊，應該是以上的 b、c 和 g。我認為這將是未來兩岸關係落實最為棘手及關鍵的議題。中國大陸及台方的專家及決策階層必須捨棄僵硬的單一國概念，至少在雙方沒有最其他安排的必要之下，運用不對稱自治的分權制度處理兩岸的未來關係。

部分的理由是因為：雖然鄧小平的一國兩制同時強調設計與共存觀念互有聯繫，但兩者也有本質不同的「共存」與「自治」的矛盾，有時搖擺於共存與自治之間。這部分解釋了為什麼二〇一九到二〇二〇年，香港與大陸對抗升級，引起大陸輿論界一片撻伐之聲，大多認為「兩制」有其極限，應該轉向大一統的「國家治理」。各界也紛紛舉辦會議，探討如何正確認識和落實鄧小平的一國兩制思想。據說，動盪的根源在港人專注兩制，漠視一國，不了解一國兩制的前提重點是一國云云。【今日香港】我想如此理解一國兩制與共存精神發生了實質的偏差。

4. 具體步驟

達到共存的目標必須先處理情緒問題，再顧及制度安排。

兩岸對談是希望，實現希望的手段卻是付諸闕如。

國際上的種族衝突專家早就指出一個惡性循環：化解衝突必須有某種程度的互信；沒有互信不會談判，但沒有談判則無互信。談判的必要條件是願意為談判接觸。當然，包括鄧小平在內的中共領導人不是不知道這個問題的關鍵性，但是所提的訴求不外「骨肉同胞」、「一個大家庭」、「同一民族」、「血脈相通」之類，這與世界平息群體衝突所必須應付的文化心理因素幾乎無關。如果我們接受佛洛伊德的理論，這些家庭訴求與心理分析（例如戀母情結）、家庭治療，不僅無助，反而有害。

情緒先於制度。「一國兩制」多以制度安排為重點。什麼是中共所提的一國兩制？其大致內容不外台灣可以「保留原有的制度」、「特區」、「司法獨立」、「終審權不必到北京」、「保留自己的軍隊」、「不派人到台灣」、「比對香港更為寬廣的條件」，這些都是接受一國兩制之後的制度安排。

不過，要是說一國兩制完全忽略情感問題，那也不盡情理。一國兩制也有心理的成分。傳統地緣政治的安全恐懼因素，即「你不吃掉我，我也不吃掉你」，以及類似家庭內部糾紛的「都屬一個大家庭」。只是，實踐證明，制度的安排與感性的呼籲脫節，如何「從此岸到彼岸」？

問題出在哪裡？我想首先要看到族群衝突的文化／心理因素，拋棄傳統「實在主義」、「實證主義」的偏見和包袱。

了解制度的良否固然重要，人不僅可能是「理性」的動物，她／他還有情緒和感受。況且，「理性」不是過去長久被論者扭曲的毫無情緒的認知狀態，而是認知和感受混合的心理狀態。制度的優良與否的判斷，不僅在建議者的認定，更需對方同時以智性和感性的接受。不僅建議者是否可以信賴（因此相信建議可能不會是陷阱），取決於對對手的情緒感受；信任與否，不是理性分析，而是情緒和感覺的作用。即使認知衡量，也不能自外於情緒感性的左右。損益分析分析什麼？什麼因素必須分析？即證據的認定、選擇、信賴、分量，極大程度受到感情的左右，不是純粹智性的考量，因而沒有不帶情緒感受的損益分析。如果人能有不帶情緒感受的分析，那他／她正是「非理性」的動物。【先談情緒再談制度】

所以，文化心理因素是認真解決兩岸關係的先行和重要考量。任何化解族群衝突的談判如果有開始的希望，必須至少兩階段的設計：

（1）先行程序，也就是談判的前提，要求衝突的各方改變敵意，至少是相信對手有接觸的價值。這是情緒感受的心理變化。心理變化固然會受到制度安排的利弊所影響，如何衡量制度的良否，卻也取決於心理的感受。

（2）一旦有了初步的認識和了解，才有胡錦濤「從易入難」，進一步探討困難議題及安排的可能性。

5. 不要徘徊在十字路口，要面向未來

對有些人來說，共存觀念下的一國兩制不是最好的安排。這個看法有它某種程度的道理。但是，共存即使也許是處置族群衝突的下策，它可能是戰爭之外的唯一選擇。由於香港問題，北京官方或半官方的氣氛是對一國兩制感到挫折和不耐。據說江澤民的「井水（香港）不犯河水（中國大陸）」說，強化了「兩制」間的張力，還虛化了「一國」前提。好像快意馳騁（情緒），猶重於平等尊重。另一方面，台灣當局到目前為止也說絕不接受一國兩制。我了解這種情緒感受的存在與宣泄的形式。不過，表面看似立場不同，骨子裡官僚對一國兩制的定義、內涵和了解，北京與台北完全相同——既不務實，

又乏創意——可笑的是台北完全沒有意識到自己是接受中共的定義了解，而進一步曲解一國兩制。

在雙方敵對情緒沒有轉換之前，正式的官方接觸談判大概是一種奢求。但如果為了避免敏感的官方接觸，先組織非官方的有兩岸人士共同參與的民間工作坊，在不預設立場的前提下，提出兩岸必須協商的問題及可能的解決選項。工作坊應有提出報告的期限。而報告並不一定要有確定的共識或建議。與此同時，中共應該可以做出在某種期間不會對台動武的承諾，營造合作的氣氛和環境。【主要顧慮】

無論如何，應該以務實的態度繼續「找出路」[2]，修正已經是不合時宜或無啥效用的老觀念。有如鄧小平所說「將一國兩制面向現代化，面向世界，面向未來！」[3]。不是解析鄧小平的隻言片語，而是具體分析，共同找出真正解決族群共存問題的辦法。

2 鄧選三冊四十九頁。
3 鄧選三冊三十五頁。

目錄

第一部

歧異下的台灣統獨爭議

第一章　以協商取代雞同鴨講的統獨爭議

以協商取代雞同鴨講的統獨爭議[1]

選情緊繃，爭議升級；八仙過海，各顯神通。這是當前台灣社會辯論統獨問題的寫照。民主社會，我們尊重意見自由；這個自由，自然包括接受批評爭議隱藏的思維陷阱的雅量。傳統看法以為人是理性的動物，因此經過不同意見的交流或辯駁，真理越辯越明；當今的社會心理學研究卻告訴我們，人類思維面對不確定因素無所不在的非理性率斷和謬誤，這種認識和決策的偏差，導致解決衝突的困難。下列是泛濫成災，經不起檢驗的一些似是而非的兩岸關係主張：

1. 作繭自縛：人類幾乎可以用語言做成任何陳述，並且使人產生陳述代表客觀實相的錯覺，許多我們信以為真的論述，其實只是人為的杜撰。「主權是獨立、最高、絕

1 原載於《風傳媒》二〇一九年十二月二十三日。

對、排他」是當前兩岸關係論述隱藏的無中生有、庸人自擾的人為信仰。

2. 單軌思維：兩岸關係是極為錯綜複雜的現象，不止熟悉的政治、經濟、法律、歷史、軍事因素、文化、心理、美學，甚至非理性判斷和行為，都必須納入考量。因此，任何單一取向的思考，頂多顯示片面的真相，大都遠離大致可能正確的理解。所以，據說「條約」和「協議」在國際法上的定義不同，兩岸「和平協議」絕對不能商談，更不能簽署。事實上，「和平協議」（隨便你怎麼叫）對兩岸關係的穩定有無必要或作用，不靠人為法律定義（即使正確）的分類。文字固然有時有其象徵意義，但是，咬文嚼字通常無補消除或減低因素複雜的衝突。

3. 畫地為牢：決策的適當或正確的可能性，要求對所有信息和選項的考慮和省思。條框一堆，禁忌大把，如何「解放思想」？

4. 唾手而得：人一向高估自己建議或讓步的價值，而對對手自動提出的建議，給予低於應有的價值和考慮，甚至必然充滿狐疑或傾向排斥。「如果不是對方絕對有利，他們不會如此建議。」這是常人直覺的率斷，與建議的本質無關，時常錯誤。所以，要在意識高度提防中共提出「一國兩制」，必是統戰伎倆、圖謀不軌的反應，寧可注意可能只是心理判斷的偏差。

5. 移花接木：「今天香港，明天台灣」。人不但常常高估解釋過去事件的能力，也無端抬高預估將來的正確性。事實上，由於每個事件的脈絡及因素不會相同，歷史不會重演。明天的台灣要看明天台灣的具體歷史條件。沒有所謂「因為」今天香港，「所以」明天台灣的邏輯。

6. 代理問題：人人都有經驗，如果以時間計費，律師通常不會有意願早日尋求解決衝突的辦法，總是拖延訴訟。這是著名的所謂「代理問題」。有些台灣政客，不論是身體或精神超越台海之際，甚至自認具有台灣民意基礎的「武統」，唯恐天下不亂，正是兩岸尋求關係安定中的「代理」問題，不可不察。

協商共議

當今的社會心理學研究（例如，諾貝爾經濟獎主艾洛 Kenneth Arrow）告訴我們，眾人取得信息，做成判斷的方式，不限於以自由市場為假想、針鋒相對為方法的模式，亦存在以先行的和諧專業研究取代或補充市場競爭的信息取得和決策模式（例如，包羅平均分布的不同意見工作坊）。後一種決策方式，固然無法完全避免判斷瑕疵，專業訓練以及協同的討論，卻有機會將可能的判斷錯誤降低。

民主政治固然不應以精英意識取代民意動向，但是民意的形成，必須參照某種程度的專業判斷，尤其是看似有理，其實是推論錯誤，不能一味隨著政客的魔棒起舞。依我看來，台灣的統獨爭議最為根本的癥結，在於台灣多數人面對大陸壓倒多數的恐懼，以及台灣內部新移民面對占多數的舊移民，可能永遠淪為政治少數不得翻身的焦慮。兩岸隔空叫陣無法平伏不安，解決兩岸衝突的關係；島內統獨的相互叫囂，同樣也不能取得島內兩岸關係對策的共識。

呂秀蓮的邦聯夢 2

兩岸長遠的關係如何處置，一直是大家關心的議題。前些時，呂秀蓮提出的解方是所謂「中華邦聯和民主太平洋國協」，主張大的兩岸關係，由台灣、日本及韓國一起邀請美國、加拿大環太平洋的民主國家，共同形成民主太平洋國協，可以變成太平洋一個民主國家的大家庭，北韓、中國跟俄國如果也民主化，也歡迎加入；至於小兩岸關係，台灣跟中國沒有必要再增加仇意及對立，將一個中國改成一個中華，台灣與大陸組成邦聯。

對所謂小兩岸關係的類似的觀點，不論是邦聯、聯邦、國協，其實過去已有很多人像費希平、連戰、章念馳提過。論者當然大多再度批評其政治主張的局限性和幻想性，甚至認為是所謂「大中國」迷思作祟。

這些評論不幸只是見樹不見林的老生常談。不僅邦聯論是否立即可行不是重點，與所謂大中國迷思更是風馬牛不相及。邦聯論的深刻意義在於對自主的解釋和方向，指出了與獨立分立，同樣可以思考，卻剛好相反的道路。呂秀蓮的邦聯論，不論它在目前情況下的可行性如何，其可貴之處在以民進黨前副總統的身分，卻沒有受到台獨教義派虛幻不實、誤置前提、錯把手段當目的台獨思想牢結的宰制。

獨立不是自主的唯一形式，統合也不是單一國的同義詞

台獨的思想，至少部分出於對日本殖民歷史及早期蔣家國民黨高壓統治的反制而產生，是一種很自然樸素的自主的願望。而觀看二次大戰後全球風起雲湧的反殖民浪潮，絕大部分是以舊殖民地紛紛獨立的形式解決。於是，絕大部分人自然毫不遲疑地將自主的願望和獨立畫上等號：自決自主就是獨立，統合統一即是投降，這是島內外絕大部分台獨人士視為真理，不曾仔細檢驗的前提假設。

但是，就像法國參院一位前海外殖民地參議員指出，他沒有主張他所在的法國海外屬地獨立，因為與法國統合（也可以稱為「統一」），和屬地「獨立」的方式，同樣是去殖民化的正當途徑；去殖民化狀態是前殖民地人民的正當願望，統合或獨立只是達

---

2 原載於《風傳媒》二〇二〇年九月二十八日。

成去殖民化的不同手段而已。當獨立不切實際，或比統合的效果更差，應該選擇統合而非獨立。

混淆手段與目的

不要以為台獨教義派的所謂去「大中國迷思」是思維上超越「邦聯」構想的高見，事實上「台獨」正是受到「大中國迷思」不自覺的負面宰制。例如，假定一個人主張內閣制，反對半總統制，認為它不過是總統制的迷思的延續，你會認為這人的主張高人一等？絕對不是。因為，這些思維貌似不同，其實都停留在抽象性、手段性的層次，並沒有真正穿透到什麼是良好政治秩序的前置性問題。同理，唯有獨立或統合的手段與人民當家作主的目的結合思考，才真正顯示邦聯論在自主道路脈絡上的意義。

希望最美，追夢相隨

邦聯論或許可以比喻為一個夢。但是，就像美國羅斯福總統夫人伊蓮娜曾經說的，人類所有的進步，沒有不是敢於做夢的人先想到的。而在台灣當前的客觀情勢下，比之教義派的台獨夢，呂秀蓮的邦聯論當然是比較務實，更切實際的訴求。她的「夢」，不要看成是邦聯制的「幻想」，更不是為了「敲醒」那些人的迷夢，而是思考希望和可能使兩岸化干戈為玉帛的願景的開端。我們更應該了解，無論獨立、統一、邦聯、聯邦，都不是真正的夢，真正關鍵的希望，是台灣人民當家作主與兩岸人民的和平共處！

賴清德的歷史時刻[3]

副總統當選人賴清德在此次新冠肺炎風暴中提議「應該幫助中國抗災」，褒貶交至。有人認為賴清德一遇到兩岸問題就不及格，我說此言超級差矣！以我的觀察，賴還沒有混到滑頭政客的悲慘境界，只是有時可能給人有點生澀的感覺。但是，無論人道也好，策略也罷，這樣的提議，可能有潛在的重大歷史性。

族群衝突中的負面及積極情緒

我完全可以理解（甚至同情）批評賴的情緒反應。仇中、抗中、憤怒、自尊、對等，這些情緒都是意見的心理反應。但是，政治心理學家及心理分析治療師指出，泛濫的情

3 原載於《風傳媒》二〇二〇年二月一日。

緒感受有時使當事人完全受到情緒控制，導致大腦智性失靈，無法談論任何議題（「腦殘」、「支那作者」、「歡迎去香港」等等）。這種宣泄方式是生病，不是論事。許多臨床的案例說明人在生活中感性主導理性的現象。理性要麼依附感性，要麼就是被感性所宰制。在許多精神及神經狀態下，理性被感性泯滅或扭曲，偶爾精神病人也可能還有沒受損害的理性；許多精神狀態下，感性指使理性，有時看來理性的人，其理性其實是感性的狀態。行為有問題時的衝動就是感性的主導，而用理性來做事後的解釋。

截至目前，大部分治理情緒感受的研究，專注對負面情緒的壓制及控管，完全否認積極情緒潛在的作用。傳統國際關係理論也是以恐懼、威脅等等，做為國家衡量關係的情緒因素，完全不注意積極的情緒。但是，人不僅對刺激有所反應，而且被其改變。基於溫暖和喜歡的感覺，會促使一個人超越利益或證據，並且寧可錯判。信任中既有認識也有情緒，是一種情緒性的信仰。在化解族群衝突的努力中，必須注意恐懼和仇恨不是族群關係的必然情緒，同理心和同情心一樣重要。

緩和及解決衝突，甚至是簽訂和平協議，這種程序通常不是線形的發展，而是漫長而困難的曲折過程。既要克服不與敵人打交道的禁忌，也必須就重大利益或信仰做出某種妥協。緩和衝突的過程中呈現恐懼及希望兩種相互矛盾的強烈情緒。由於和平解決族群衝突必然承擔一定的風險，而恐懼通常使人不願或無法接受風險，成了解決衝突最大的阻力。高明的政治家就會承擔一定的風險，設法提升希望，降低恐懼。

兩岸關係化解衝突的努力中，就是要提防極端情緒的干擾，設法注入積極感性的氛圍，消滅戰亂的恐懼，追求和平的願景。

認識族群衝突中決策者的某些人格特質

兩岸關係無法避免與中共官僚打交道，其中有個情緒心理因素特別值得注意。族群衝突專家指出，艱困的成長過程導致成年之後與別人難於相容，在社會關係中對人有相對低度的信任感，從而容易誇大社會或政治群體的依賴及認同的補償心理機制（例如沙文主義）。而成長過程中痛苦的身心經歷會容易產生一定的罪惡和焦慮感，這種心理特質常常轉換為侵略性。尤其在很多情況不得不容忍壓抑之時，處於相對弱勢的「異己」成了群體認同中發泄情緒的對象。

我個人與大陸很多人士交往的經驗顯示，很不容易有信任關係，更談不到交心。不僅對我如此，他們彼此間好像也不例外。不論表面的客氣和禮貌，總給人一絲提防和打量的感覺。我認為這就是成長過程塑造的人格特質，而中共五、六十歲的掌權一群的成長過程，經過鬥爭、運動、文革、下放等等，剛好符合痛苦的成長。這是實際，沒有道德譴責的意思。所以，要了解其根源，願意走出對抗的心理狀態，能夠不斷釋出追求和解的真實的善意，重要的不僅是理解和認識衝突人格的形成，而且更在尋求改變敵對心態及相互猜忌恐懼導致的零和狀態。

化解族群衝突的象徵性舉動

武漢災難，事情的發展可大可小。但無論大小，說是中共絕對無法應付，一定需要台灣或其他國家的幫助，或許是言過其實。但是，在緩和族群的努力中，微小的象徵行動（贈送熊貓、汙穢穆罕默德圖像），卻可能有極為深遠的影響。一九七七年十一月埃及沙達特總統到以色列國會演說，金大中提出對北韓的陽光政策，都產生劃時代的變化。雖然沙達特後來過分自信而招殺身之禍，沒有影響他成為世界級政治家的事實。而金大中的政策雖在有了成果之後，被北朝鮮的做法弄得慢慢式微，現任政府卻再度提起，努力進行中。

台灣要有自信，積極表示量力和盡力協同救災的誠意。

賴清德有真正化解兩岸僵局的契機

大陸有官方色彩的媒體也引用某些言論，認為賴是蔡英文想要改善兩岸關係的票房毒藥。賴清德也自認是務實的台獨工作者，似乎完全出局。我的看法剛好相反——能夠與北京化解對立，進而建交的是反共先鋒美國總統尼克森。換句話說，台灣某些頭臉人物，也許可以日思暮想諾貝爾和平獎，真正有希望的是賴清德或賴清德們。因為政治有時並不公平，而是非常現實。賴清德沒有「賣台」的顧慮和包袱。在我看來，中共適宜把賴清德自封的任務，看成在選舉中不得不然的競選語言，有一天或許會知道他只是追求台灣住民的「當家作主」（周恩來、江澤民語），不是從中共眼光看來十惡不赦的壞人。

行者常至，為者常成——和平共處必須堅持

此次選舉，由於中共不智地對台港問題威嚇打壓，引起尤其是台灣年輕世代的憤怒，民進黨的「抗中保台」第一次抓到了兩岸對策的話語權。但是必須認清，叫好之餘，這只是順應了短期的民意消長。長遠而言，如果迷失在勝利的飄飄然之中，以為是找到必勝的鐵則，形成僵硬的意識形態，我敢斷言，必然再度在兩岸因應中處於被動挨打的地位。

還有，談論兩岸關係只陷在馬基維利式的算計和分析未免低俗。所以，我完全可以看到，賴清德和其他「抗中」對立人士，如果真有智慧，以台灣住民的福祉為重，甘冒風險，邁向未來，轉對抗為協商，諾貝爾和平獎實至名歸之日，指日可期。

第二章　主權迷思　當務實面對

壞了務實主義名聲的兩岸關係元旦宣示[4]

蔡英文總統在元旦文告中再度重申：

「面對兩岸關係，我們不會冒進，也會堅守原則。只要北京當局有心化解對立，改善兩岸關係，在符合對等尊嚴的原則下，我們願意共同促成有意義的對話。」

形式上冠冕堂皇，實質上談空說有

首先，「不會冒進」似乎是指不會宣布台灣獨立（如果你的目的是逞口舌之快，也可以說「不會反攻大陸」）。其次，「堅守原則」似乎是主張「中華民國在台灣」的

4　原載於《風傳媒》二〇二一年一月七日。

主權獨立。再來，據說不知道北京是否有心化解對立，好像中共把台灣問題當成一種遊戲。贊同與否是另一回事，真正務實地判斷有什麼證據或立場可以指責北京當局無心化解對立，改善兩岸關係？天下沒有一種北京（或任何政府）完全依照台北的單方立場，才能算「有心」的說法。台灣問題對兩岸都是嚴肅的課題，沒有人應該認為大陸將台灣問題像川普一樣視為可以耍弄的棋子。最後，所謂「共同促進有意義的對話」，意思是無意義的對話不會去促進。事實是車前馬後，無中生有——原本就沒有可以判斷有無意義的對話存在，如何預估對話是否有意義？

雖然習近平在元旦賀詞中沒有談到台灣問題，我們仍可以依照蔡英文的發言框架，做出北京一定可以接受的宣示。例如，「我們（指中共）再次重申，面對兩岸關係，我們堅持和平手段，堅守一中原則。只要台灣當局有心化解對立，改善兩岸關係，我們會以對等尊嚴，共同促進有意義的對話。」

雖屬杜撰，何以在形式上可以如此相似，甚至基本雷同的宣示，卻導致無法溝通？問題當然出在相同形式下，兩方糾纏不休、虛幻不實的「主權獨立」，尤其是沒人聽過或了解的「中華民國在台灣」。

壞了務實主義的名聲

又說：「處理兩岸事務，我的一貫原則，就是共同討論、找出方法、務實解決問題。」空洞的自我感覺良好，離事實太遠。

實際上所謂「共同討論」是不曾討論，「找出方法」是毫無方法，「務實解決問題」是幻想逃避問題。

什麼是共同討論？絕不是隔海互嗆。至於如何找出方法？賴到美國懷裡，希望美國和中共幹起來？而「務實解決問題」，不過是對「務實」一知半解，不經大腦的口頭禪。口頭上掛著「務實」，見解及行動背道而馳，是對「務實」最大的誤解。

上一堂務實主義的兩岸關係課

我寫過一本《務實主義的憲法》，自認略懂務實主義。所以我設法以務實主義，簡單分析兩岸關係，希望不是太僭越。

1. 務實主義的基本態度是結果取向。所謂務實就是凡事以實際效果為斷。所以，我們不避諱統獨或戰爭及和平的議題。我們敢談而且能談。但是，兩岸人民基本的追求是兩岸和平相處，人民安居樂業，這是兩岸每個具有人性的正常人都會同意的目標。真正的務實，是為實現（至少不是阻礙）這些目標而努力，「不冒進」只是不敢或不宜造次。假定誤判為不是「冒進」而朝獨立傾斜，還以為能夠「務實」地穩定兩岸關係，避免衝突的風險，這是痴人說夢。

2. 觀念只是從實踐得出的暫時假設，最多是方便分析的起點。而且不同觀念必須相互競爭，沒有任何特定觀念或理論可以占據神聖的制高點。觀念和期待的效果不合，必須修正或捨棄觀念。以此檢驗兩岸，兩岸多少都受制於傳統的主權觀念，堅信世界上有這麼一種「最高、絕對、獨立和排他」的所謂主權。不幸，這是法學和政治學家的杜撰，歷史上及事實上從未存在。尤其是所謂「中華民國在台灣是主權獨立的國家」，最多是用抽象觀念取代事實。觀念不確，也非事實。最重要的是達不到我們的基本追求，與務實要求南轅北轍。還有，很多國際法學家喜歡說國家的法律要素是土地、人民、政府和實際的控制，所以台灣是主權獨立的國家。這只是在觀念上下定義，與實際上國家正常運作，能否保障台海和平，完全是兩碼事，不是「務實」關切實效的取向。

3. 兩個名稱不同的觀念，如果效果相同，與一個觀念沒有差別。所以，什麼中國不行，中華可以；統一不對，統合才可；自主自治不要，主權獨立才要等等，統統只是以抽象觀念庸人自擾，連「務實」的邊都沾不上。

4. 沒有什麼脫離脈絡的真理。再絕對的真理也必須與時俱進，放在當前的情況中檢驗。不受檢驗的真理，日久也會成為歪理。上面所提到的「主權最高、絕對、獨立、排他」，就是長久被人傳頌的歪理，至少是已經喪失能量的理論。

5. 手段為了達到目的，必須能夠產生預期的實際效果。所以，連邱義仁都說只有瘋子才會主張獨立，有些台灣人在期待什麼？如果獨立，就能和平相處，安居樂業？答案不待稚童而知之，何況是博士多如牛毛的檯面人物。如果沒有期待，朝野上下在等待什麼？這不叫「務實地解決問題」，這叫不知如何解決問題！

怎樣務實地解決僵局？

首先，停止那種恐中仇中的文宣，然後小心辨別被自己多少煽動產生的民情，避免陷入以自己建構的「民意」，進一步強化「主流」民意恐中和仇中的偏見和判斷。這種惡性循環，很像社會心理學家刻畫的群體意見容易走偏鋒（polarization）的傾向。其次，建立研究如何打開兩岸僵局真正的專業團隊。團隊必須容納及鼓勵不同角度及意見，選任至少各占一半成員代表不同觀點。我曾經參加過與十幾位兩岸專家的座談。座中黃光國教授掏出一本大陸出版的研究論文集，要知道有沒有人看過，結果是全場鴉雀無聲。所以，官方的「務實地解決問題」，大都是言不由衷，自欺欺人而已。尤其是涉世未深的覺青，當檯面上的「大」人物說要負責帶你們走向更為康莊的大道，聽聽可以，但必須聽其言而察其行。如果由專業團隊的討論產生某種高質量的客觀建議，當局可以從研究的建議裡，展示對議題的熟悉、對談的誠意、立場的靈活。不要自認「溫和理性」，卻自嘆對談無門。誠心改變那種「絕不」的姿態，否則當然蓬門「絕不」會為君打開。

民間版：

我對現在掌權的人物僅僅抱一絲希望，所以，人民的命運人民自己救。不但很少救世主，真正的民主政治力量必須從下到上。選舉只是其中的一個例子，甚至只是一個小小的階段性程序。如果選舉過後就把權力完全交給政客，政治程序受到國家機器掌握的權力、金錢及其他資源的操弄，將更幾十倍於選舉。所以，首先民間關心兩岸走向的學者專家必須組織起來。最理想的情況是由政府補助合格的民間團體（civic societies），提出建言。退而求其次，這些團體應該有財團基金的支持。因為這些民間團體是在履行民主的公益角色，無法任其受資本市場供需的節制。先能做到這些非常卑微的暖身操，再談其他不遲。然後，當前最為重要而嚴肅的事，是全民嚴防台式「麥卡錫主義」，胡亂扣人紅帽子。元旦文告說「期待兩岸人民……恢復正常有序的交流」，言猶在耳，教育部卻下令「以各級學校……名義與大陸地區機關構辦理之學生教育交流視訊活動均須報部」。當權者不能以自己編造的反共仇共為正統，把任何不同意見定為異端。台灣人胡亂沿著沒有經過確實調查研究的兩岸策略挺進，就像「蘇」吉訶德拿著一把「掃帚」，騎著一匹失控的瞎馬前進，甚至看不到風車，直直墜落台灣海峽。

主權迷思　當務實面對[5]

半年一度的江陳會又在台北行禮如儀地舉行。當然，對話及交流對兩岸關係的和緩及穩定有一定的作用。但是，在「形勢一片大好」的陶醉，及「以經促統」的「陽謀」氛圍下，以及我方認為可以在同樣是法理式主權觀念之中，做模糊的「一中各表」或「主權獨立」的宣示，或基本教義派「一邊一國」的堅持，我看不僅兩岸可以把酒言歡的場景終將成為絕響，而且在各方高度期待落空之後，恐怕兩岸真正的矛盾即將圖窮匕現。這個對撞的真正原因在於兩岸政治目標雖然不同，但理論根源卻絲毫沒有差異的「主權」迷思。

儘管「不從抽象出發，要從具體分析」是美國務實主義光輝的理論，也是中國共產黨革命光榮的傳統；可是在兩岸關係的思維上，卻只抽象論述法理式的「主權」，必

5 原載於《中國時報》二〇一〇年十二月二十四日。

也將台灣納入這種「主權最高又不可分割」的中央／地方框架，很少討論實際情況是否符合，或是否有必要吻合抽象法理觀念。

在這種抽象原理指導之下，事實上也產生與兩岸關係良性發展背道而馳的實際後果：一、在兩岸政治人物頻頻互訪，氣氛熱絡的表象下，卻時常有國際場合矮化或羞辱我方的言行與舉動；二、在軍事上的強化與更新，大部分以對台軍事行動所需對付我方及美方戰力的空、海、電子作戰能力為思考的重心；三、在經濟交流及整合的趨勢之下，不忘嘗試以經濟手段對付台商或台灣，以達政治目的的作為；四、文化及民間交流也帶有濃厚的統戰意味。所有這些現象都出自追求不切實際的法理主權的渴望。

而我方在迷失方向之餘，也只能附和主權迷思，防衛性地宣示「一中各表」或「主權獨立」。基本教義派也以簡單草率的「保台」、「賣台」二分，無視在後資本主義全球化規律之下，對岸已成為台灣最大貿易夥伴及投資地主國的事實，以主觀願望繼續「一邊一國」法理主權的夢囈。兩岸在這種抽象論述的軌跡上，外熱內涼，事實上是益發朝向對撞的方向挺進。

我認為只有反向思考從理論到實際的思維與行動，從實際出發，體認由於特殊歷史經驗，就如同歐盟的發生與發展，兩岸是一種前所未有的獨特關係，並非傳統國與國、中央與地方、「一中」、邦聯、國協，甚至「宗主國」這類的範疇所能涵蓋與解釋，也不是必須契合這些想像中的抽象分類兩岸才有實質關係可言。如此，方能真正拔本塞源。

而法理主權不僅不合兩岸關係的現實，即以當今全球化下的國際實踐而言，也沒有任何國家真正享有「最高、獨立、不可分割」的法理主權。法理主權非但是理論家的杜撰，根本不存在歷史上西伐利亞里條約之前或之後的國際關係裡，其虛構而不實在，也沒有導致理論家恫嚇的，國際上若非主權國家組成，就會淪為無政府狀態的想像。那麼，兩岸何苦作繭自縛，惜指失掌？

如果兩岸各自一意堅持法理主權的迷思，最終的攤牌就無法避免，要能在兩岸對撞的道路上及時剎車，又能和平穩定地發展兩岸獨特的關係，唯有放棄（而不只是擱置）法理主權的爭議。即使兩岸獨特關係的現實一時無法為各方了解接受，但是除了兵戎相見之外，總有一天，兩岸必須誠實面對，破除「主權」迷思的魔咒，務實地看待兩岸關係的定位及發展。

兩百多年前普魯士一位與康德同樣重要的哲學家赫德說過：「一個祖國一定有必要奮起對抗與我們同源同種的另一個祖國的必要嗎？……政府官員也許可以自欺欺人，政治機器也許可以起而粉碎對方。祖國不會這樣子相互對抗，它們就像家庭一樣和睦相處。國與國必須血拚，是最為野蠻的人類語言。」這是所有輕言「民族尊嚴」或「一邊一國」，受抽象的主權迷思宰制的蠢人，午夜夢迴之際必須深思的警言。

兩岸為什麼要讓主權擋在中間？6

「一國兩區」引發爭議，哈佛大學法學博士、世新大學客座教授黃維幸接受中評社專訪時表示，用法律、憲法或國際關係的角度來看待兩岸關係，容易陷入主權的泥淖裡，終究繞不出去。兩岸關係是特殊關係，發展實質最重要，台美模式是一個很好的啟發。

黃維幸曾任「陸委會」諮詢委員，專研領域包括國際經濟法、比較憲法及法學方法論，曾為業者打贏中國大陸毛巾傾銷台灣案，是WTO商業法專家。黃維幸二〇〇九年曾因羈押陳水扁案在台灣媒體與哈佛大學教授孔傑榮（Jerome A. Cohen）打筆仗，受到矚目。

黃維幸指出，「一國兩區」當然是馬英九的意志，國民黨用「中華民國憲法」的大陸地區與自由地區來詮釋兩岸定位，造成藍綠重大分歧。表面看來藍綠差異很大，若從學理來看，根源則是相同。兩者都是主權觀念，不只綠軍陷入主權泥淖，藍軍也侷限在法律式主權尤其是外交承認的主權概念下，北京更是主張不可分割的主權概念。

針對蔡英文嚴厲批判馬英九「一國兩區」的說法，黃維幸認為，蔡英文在李登輝主政時代，接受委託研究「兩國論」。其研究團隊的絕大部分成員是國際法學者與憲法專家，他們看這個問題，自然受到法律觀念的拘束，會從主權獨立的方向出發。

他說，如此思維也反映在蔡英文三問馬英九的公開信上。蔡英文問馬英九「台灣是不是國家？」這個問題的本身就是錯的，是一個老舊問題。問「是（is）什麼，沒有多大特別意義」，問「定義」沒有意思。應該要問的是「國家對我們的意義是什麼」，而不是「國家是什麼」。

如果問國家是什麼？很清楚，國家的要素是人民、領土、政府、軍隊，問定義一點意思都沒有。黃維幸強調，國家真正的意義在於這個土地的人們要追求生存與安全，在此基礎上，他們能夠更好的生活，並使之變成更好的社會，才是國家對我們的意義。

他舉例，剛果共和國是一個有主權的國家，也被國際社會承認，但它是軍事獨裁政權，出產血鑽石、奴役勞工，剛果也有主權，但這個國家造成人民痛苦，它對人民的意義又在哪裡？了解現象學的人都知道，不會去問「是什麼」，也不會問定義，而是意義。一個國家有沒有能力維持自己追求的東西與生活方式，保持自己的核心價值才是國家最重要的意義。

黃維幸認為，藍綠各有對主權的表述方式，北京則是反對台灣主權獨立、甚至反對各國承認台灣，從過去到現在，台灣與中國大陸常常為主權問題起磨擦，過去「一國

---

6 原載於中國評論新聞網二〇一二年五月十九日記者鄒麗泳專訪。【本重刊已做必要修改】

兩府」、「兩個中國」、「兩個政治實體」、「一中各表」、「一中共表」都是抓住主權不放，以為一直換湯不換藥就叫「更加深入探討」。兩岸的實質關係，不是觀念問題，但是，紅藍綠因此都陷在主權泥淖繞不出去。

他說，台灣與美國發展出實質的特殊關係，涵蓋層面包括軍事、政治、經濟、文化、社會等，都非常緊密。在這樣的關係下，美國卻沒有承認台灣是主權獨立的國家，也沒有外交承認。雙方關係不能看表面，實質關係更重要。

黃維幸認為，台灣與中國大陸也可能發展出很積極的實質關係，甚至超越美台關係。為什麼要讓主權擋在中間，這不止是台灣藍綠兩大黨的錯，中共也有錯，中國大陸也在歷史或文化原因上轉不出去，北京不需要一再講「我是中央、你是地方」。

研究比較憲法的黃維幸指出，從歷史來看，主權觀念是從一九三〇年代發展起來，卻是國際法專家杜撰出來的東西。主權的概念要回溯到一六四八年西伐利亞里條約，它創造了以民族國家為主的國際制度。這個制度對內製造出相互承認治權，對外相互承認變成主權國家。其實，一六四八年以前沒有這些事，後來的人們接受了這樣的觀念，也念了這樣國際關係的書，認為主權是天經地義的事。

黃維幸強調，他最反對將兩岸關係用法律、憲法或國際法去解構，如此不著邊際。他說，人們從原來沒有法律觀念到後來有法律觀點，經歷過很荒謬的事，很多中世紀文獻記載，法院竟然用法律審判老鼠，這是真實的事情，不是他在亂講。兩岸爭論主權，就有點像法院審老鼠。

他強調，台灣很小，大陸很大，兩岸關係不是用法律關係，也不能用憲法的定義去推演、創造或鞏固兩岸關係，國內法沒有域外效力，難道「中華民國憲法」有域外效力可以適用到火星上嗎？不可能的事。人與人的交流是最直接的，可以發展出很多有新意的實質關係。台灣與美國的關係就是如此。

不過，他也坦言，無法獲得國際社會的外交承認會有很多的不方便，但也不盡然完全如此。例如，台灣以前是四小龍之首，台灣的經濟實力進不了ＷＴＯ不是很荒謬嗎？台灣若以高科技、高端經濟、文明及自由民主與大陸自然交往，兩岸關係長久以後也會改變。

第三章　十評國民黨兩岸新論述

十評國民黨兩岸新論述[7]

據報載，國民黨改革委員會兩岸小組歷經多次開會，初步達成新論述共識，並歸類為十個要點方向。我沒有看到正式的全文，現依報導的十個要點，簡評如下：

一、「九二共識」可以隨風飄去了

由於我寫過文章認為真正的「九二共識」是沒有共識，我不在此老調重彈。大家可以主張它對促進兩岸關係起了重要的作用。做為政治語言或人情表達，我沒有意見。但是，要正視歷史事實，「九二共識」也有很大的負面作用。由於中共認為「共識」就

7 原載於《風傳媒》二〇二〇年六月二十二日。

是它界定下的「一中」，對之有利，才有可能進一步做出國民黨此次所謂中共「片面更動、堆疊九二共識內涵……最近變成共同謀求國家統一的九二共識」這種說法。不過，無論功過如何，不必再為九二共識爭辯。雖不代表放棄，中共最近的兩會報告也已不再，也沒必要提起這種單方共識。

二、拒絕一國兩制是搬石頭砸自己的腳

新論述認為，日前選舉「九二共識」被汙名為「一國兩制」，小組成員強調，國民黨自前總統蔣經國擔任國民黨主席開始便從未接受一國兩制，因此，國民黨應該繼續反對一國兩制。這種「舊」的論證方式及結論，不但不新穎，而且毫無主體性，同時被中共及民進黨對一國兩制的定義套牢。既然在潛意識裡接受了別人對一國兩制的描述，但又有所掙扎，當然只有盲目否定一途。

為國民黨計，兩岸有沒有真正的「九二共識」姑且不計，既然宣稱「九二共識」已經完成了它的歷史任務，兩岸爾後真正應該努力開發、共同發展的是「一國兩制」。

「一國兩制」不是毒蛇猛獸，它的基本精神是鄧小平所說的和平共處，與當代處理族群衝突的共存理念一致。無論一國或兩制的制度安排，要為實現這個精神和目標服務。

到目前為止，台灣方面對一國兩制可以說是沒有多少了解，而中國大陸各方就「一國兩制」的理解也是問題重重。

首先，目的是和平共處不是一國，手段是一國兩制不是兩制。最根本的認識是無論是「兩制」或「一國」，它們都只是達到目的的手段。一個人，一個群體，一個社會，一個國家，全體人類，最基本的活動和現象是存活。任何活動、安排、設想、觀念，都是為人的存活而服務。手段的合適與否，可以見仁見智；但不能錯把手段當目的。許多中國大陸人士就港澳的一國兩制的了解，認為一國是目的，兩制是手段，這是相當錯誤的解讀，也因此導致不理智的決策。

其次，實現一國兩制的程序是情緒的溝通在先，制度安排在後。缺乏共存的意願和共識，所有制度安排的討論，雖然有用，大都是隔靴搔癢。情緒是一種主觀的感受，能夠培養，無法生產，更無法強加。（「老子花這麼多錢帶妳上館子，送禮物，妳怎麼不愛我？」「對不起！我沒有感覺。」）

再者，破壞共存關係的一國兩制，只有增加治理成本；就兩岸而言，是徒增和平手段的困難。

最後，帶有中國社會主義特色的一國兩制不能變成閉門造車。世界上有無數族群衝突的例子，有六、七十個族群權力不對稱（例如大陸 vs. 外島）的實例。上自英倫三島、愛爾蘭、南非、荷蘭、巴爾幹、芬蘭、坦桑尼亞，下至塞浦路斯、澳大利亞、斯里蘭卡，有極豐富的實例可以參考。內部研究不詳，在中國大陸公開可以看到的只有幾篇有關坦桑尼亞的討論，談不上有什麼深刻的見解和影響力。

無論如何，台灣方面對「一國兩制」的誤解，對兩岸關係的和平演進帶來危機。過去只有宋楚瑜說過願意討論「一國兩制」，但後來礙於政治現實，可惜又改口聲稱從未贊成「一國兩制」，可見問題的嚴重。在族群衝突當中，總是弱勢一方堅持「一國兩制」的共存安排，強勢一方如果誠心解決問題，雖不一定主動寬讓，總必須面對他方的要求。到目前為止，兩岸關係中卻違反這個規律，強勢的北京強調「一國兩制」，弱勢的台北不知天高地厚，嚴拒自己都不知道拒絕什麼的提議。依我預測，台灣哪一個政黨對此議題洞燭機先，必能在將來主導兩岸關係的話語權。國民黨現在這樣的理解和論述，真是太不智了。

三、所謂沒有中華民國就沒有兩岸共識是沒有意義的廢話

我實在不了解什麼叫做沒有中華民國就沒有兩岸共識。首先，此處所謂「共識」是什麼本身就含糊不清。兩岸的所謂共識是國民黨對「中華民國」領土及於全中國的主張？想取得這樣的「一中原則」共識，當然是緣木求魚，不問可知。

如果說北京必須正視台灣（你可以堅持叫中華民國，沒有實質不同）的特殊情況，

那講了將近半世紀的一國兩制是為了什麼，難道不是務實地看待中華民國存在的事實嗎？堂堂政黨的綱領性論述，卻包含這種廢話，實在遺憾。

四、民主人權雖是推動兩岸交流的考量，根本或前提是和平共處

新論述表示，民主人權是推動兩岸交流的根本或前提，兩岸不能讓政治意識形態的對抗，侵害人民自由。

當然，民主和人權應該關心。有一種所謂民主和平理論甚至認為，民主國家之間不會，或很少發動戰爭。

但是，在和平共處的大目標之下，台灣對中國大陸的民主人權，可以有看法，但似乎不宜作為改善關係的前提。和平共處在很大的程度上，必須不以本身的意識形態判斷及干預對方（江澤民的所謂「井水不犯河水」）。中國大陸很多論述認為，香港在權力分立觀念下的司法審查實踐，與中國的立法解釋審查有所干戈，不利一國云云，所犯的錯誤相同。

五、推動兩岸人權協議，徒增紛擾

新論述認為，應該進一步推動兩岸人權協議，讓雙方人民在交流時不會因為政治因素而提心吊膽，把兩岸關係還給兩岸人民。

在解決族群衝突的實踐裡，有時人權如何保護成了共存安排中關鍵的議題。弱勢一方通常要求高度嚴格的法律保護，有時更引進國際標準。例如在北愛爾蘭的共存安排裡，當時作為少數的天主教統一派要求引入歐盟的人權法標準，人權保護也是其他地區共存設計中重要的項目。

但是，在兩岸關係裡提出訂立人權協議大概是多此一舉，徒增紛擾的法律本位主義的構想。首先，中國是聯合國一員，也同意遵守世界人權宣言，及公民權及政治權盟約。而台灣雖非聯合國會員，條約也經過台灣的立法院通過成為國內法的一部分，不然也可以將國際人權保護以國際習慣法的地位適用。所以，問題不在缺少人權保護的法律條文；缺點出在對法律的理解與落實。因此在致力兩岸和平共處的努力中，精力和注意主要必須針對如何處理和平共處的主要矛盾，不宜做些虛功，徒增紛擾。

六、台灣安全優先，親美和陸的理想願景有其陷阱

兩岸小組認為，國民黨長期主張台海和平，這次也將新論述納入台灣安全優先，認為應打造一流軍隊，強化國防實力，親美又能與中共維持和平。

1. 台灣安全

在當前情況下，強化軍力，增加安全，固然無可厚非，但長遠而言，軍備競賽是耗費民脂民膏的愚笨行為。一個可能的補救策略是「以戰養戰」。像以色列能做到軍備某種程度的自給自足，還可以輸出。台灣的國防工業是否有這種能力，似乎應該存疑。所以，達到台海和平共處的某種安排，避免不必要和不實際的軍備競賽，才是釜底抽薪之道。

2. 親美和陸

美國傳統的亞洲國安的基本戰略利益中不包括台灣，也看不到這個基本戰略已經

改變。美國個別政治人物對台的友善或讚賞，畢竟不代表國家利益。與美國保持良好關係在現實情況下，不得不然，也不是選項。但不能以為在川普主導下的美國對華對抗政策，可以作為借勢使力的反中式台獨的靠背。

川普固然有許多支持者，但這代表美國人中一些保守的思維，不表示川普本人的領導能力。美國前國家安全顧問波頓對川普的第一手觀察說，川普巴結中國大陸，藐視台灣，顛三倒四，無知至極。這樣看來，川普及其對華的挑戰策略，很可能是美國政治史上一個短暫的異常。把希望寄託在這麼不穩定的因素來維持台海的穩定，恐怕是不智之舉。所以，尋求兩岸的和平共處，應該是台灣安全的主要工作。親美而成了美國的馬前卒，無法達到「和睦」的希望。

七、兩岸可訂立軍事防止意外機制

小組建議兩岸可考慮訂立軍事「防止意外機制」，止戈為武，重建互信。這是一個重要的技術性議題。如能建立某種熱線，也許可以防止雙方誤判的機率。傳統的共存理論及實踐，常常把精力放在諸如權力如何分配、內閣制還是總統制、什麼樣的比例代表制等等。但是，各個地方的情勢都會有不同。有時看起來並不顯眼的事情，往往成了共存安排中的大議題。例如在北愛爾蘭的實踐，警察的建立、訓練等等成了重要的爭點。此處的防止意外機制很可能會有它的重要性。

八、持續發展兩岸經貿是經濟規律

改造小組認為，發展兩岸經貿是國民黨過去的優勢，雖然現在兩岸關係冷凍讓經貿合作停滯不前，但兩岸小組成員認為應不畏譏讒，繼續在適當的監督機制下推動兩岸經貿，確保開放的成果為全民共享。

由於我們看到的是節略的版本，此處的陳述不是十分精準。經濟交流有時候出於經濟因素的規律，並不是某個政黨可以左右。台商在中國大陸的經貿活動，似乎沒有受到法律上特別的限制。同時，除了民進黨政府鼓勵所謂「南向政策」，認為是分散風險之外，台商的經貿活動基本上依循經濟規律，從李登輝時代開始，想擋也有困難。所以，我不太了解所謂「繼續推動」是什麼一種形式。

另一方面，兩岸的經貿關係固然應該是有來有往，在共存設計的精神下，台灣作為相對弱勢一方，即使在經貿領域，也應該設想某些特殊的設計。例如，台灣彈丸之地，土地所有權有特別保護的必要，這在其他國家共存關係的設計裡也有先例。事實上，台灣根據兩岸關係條例也對大陸人士在台灣設定土地所有權有了許多限制，並不是像對外國人所採取的互惠原則。這個問題在進一步推動兩岸關係時，一定會浮上檯面。又例如過去國民黨推動但胎死腹中的服貿協定，也沒有考慮到共存關係的政治層面和服務貿易的特殊情況。兩岸新論述如果繼續只是盲目推動開放式的經貿關係，而不注意提醒對岸理解兩岸共存關係的安排中，台灣極端弱勢的現實，那不是什麼新論，只是重彈過去錯誤的老調。

九、制定黨公職兩岸交流行為準則

新論述主張國民黨必須終結「買辦文化」，兩岸小組也制定黨公職兩岸交流行為準則，去除買辦形象、保障合法合理的交流。

過去許多穿梭兩岸的黨政人士，常常背後帶有龐大的經濟及商業利益。如何解決這種至少是利益衝突的倫理問題，的確是一個必要而困難的題目。要求一定程度的公開和透明，才能在某種程度上避免使用公權力或類公權力謀取私利的現象。

但另一方面，台灣畢竟是民主實踐多年之地，不能純粹以個人的經濟活動，限制或剝奪一個人的言論和思想自由。

十、一起打破統獨僵局，走出一條更好的道路是對的方向

最後，國民黨主張打破統獨僵局，走出一條更好的道路。兩岸小組成員認為，目前不可能統也不可能獨，或許有第三條路可走，這部分可以有許多想像，例如暫時擱置主權爭議，先在政治和經濟制度與治理方面良性競爭，再和平協商如何處理未來關係，可考慮類似歐盟或邦聯。在十個要點中，也許這將是最具指導性的宣示。

不過，這樣的思維不幸還有受陳腐觀念宰制的一面，例如思考兩岸關係先天受到既存法律和政治概念如聯邦、邦聯的綁架。但另一方面，也有其進步的一面，例如不再在統獨的抽象框架分析問題，轉而探討兩岸為和平共處應該是什麼樣的實質關係。這個實質關係的實現需要兩岸雙方共同的努力。因此，目前依照傳統的說法固然不能統也不可能獨，但是為了排除武力衝突的潛在性，必須開始邁向既能統又能獨的方向努力。所謂既能統又能獨的真正意思是兩岸的和平共處必須同時滿足統獨的成分，兩岸既不是法律及政治上完全分割，台灣又能同時當家作主。

在大一統式的單一國和法律及政治上完全切割中國大陸與台灣的所謂「主權獨立」的台獨之間，其實是猶如一片光譜，可以有無限想像空間的安排。更不限於以現成的聯邦、邦聯，甚至歐盟等範疇來套用現實的做法。

由於篇幅的限制，此處只提出基於故意是模糊的觀念——「國中之邦」（federacy）的設計，意在拋磚引玉。在消弭族群衝突的努力和設計之中，「國中之邦」的構想既不是邦聯，也不是聯邦，也不是國協。可以想像：國中之邦的安排如果適用到中國大陸與台灣的關係，與過去有人提倡的中華聯邦不同，並不改變或不必改變中華人民共和國的單一國設計，而只是在中國觀念之下融入台灣成為中國的國中之邦的台灣。台灣因此不是單一國的省、特區，或自治區。在此種安排之下，中華人民共和國不是聯邦或邦聯，而台灣只是中華人民共和國的中央政府與台灣之成為國中之邦有了特殊關係。台灣成為中國概念之下的國中之邦，不獨立於中國之外，但擁有中華人民共和國中央政府與台灣當局協議之後同意的憲法保護的特殊權力。如果必須勉強套用舊思維，理論上可以視為類（半）主權政治實體。這種安排，是在最大程度上，同時成就台灣不分離，中國統一，與台灣人民當家作主的實現。

結語

兩岸關係是極具爆炸性，但一定必須和平解決的複雜問題。無論情感的磨合、制度的安排如何妥當，歸根究柢北京必須修正許多人視為天經地義的大一統單一國影像，好像非如此就是台獨、失去台灣、喪失民族尊嚴等等自我想像，自我灌輸的思想牢結。

而台灣的很多人則應該放棄，好像可以罔顧現實，在真空裡存在的所謂「主權獨立」（不論是台灣共和國或中華民國）的空中樓閣。一國兩制不是只有誰說了算，一國可以是浮動的觀念，兩制更是涵蓋無數的排列組合。重要的是：一國兩制不能以習慣的思維視為靜態的觀念框架，而是不強加不強求的動態過程，目的在為廣大人民消弭兵災，和平共處。

「五神無主」的國民黨兩岸焦慮[8]

爭寵選民

我說「五神」，而不是「六神」，因為國民黨在選舉失利後，對兩岸論述的檢討裡，也有非常進步的觀點。例如能夠建議跳脫統獨爭議的老套看問題，思索在兩極之間的可能性，雖不保證對兩岸的膠著狀態一定有解，但不失為健康的嘗試。

但是，有些國民黨人士在選舉的挫折下，好像覺得必須由選舉的角度分析和鋪陳兩岸論述。民進黨既然利用（尤其是年輕）台灣人的「雙重認同」，甚至「天然獨」，

---

8 原載於《風傳媒》二〇二〇年十一月二十五日。

不絕對認同中國大陸，厭惡大陸對台灣打壓的傾向，動員選票勝出，國民黨一定要設法降低選民對中共的憂慮，以減低民進黨選舉文宣的力道。在這些人看來，絕對不能指出台海有軍事衝突的危機，更不能認為中共有任何解決台灣問題的危急感。不是如此，就正好增強民進黨厭共的宣傳。不僅從台灣人本身希望和平的自然傾向，而且由於據說是選舉策略的要求，希望把中共對台灣問題的態度說得越是無足輕重，越是可以減低民進黨這方面的殺傷力。

所以，國民黨應該寧願符合很多選民的希望，主張台海如果不是風平浪靜，至少也要認為中共太忙，任何對台的動作只是作秀，同時認為任何在自家人憂慮台海衝突情勢，是「唱衰台灣」、「譁眾取寵」、「無的放矢」或「標新立異」。

我認為把希望的情緒當做事實的闡述，是國安分析屢見不鮮的嚴重謬誤。而以掩耳盜鈴的分析，企圖分民進黨反共選民的一杯羹，只會是一廂情願，同時失信於中間選民，最終落得兩頭落空，把餅做得更小。

不過，兩岸問題的分析，面對這種抹黑，也許說破嘴皮也最多是半信半疑。於是，我只好運用國內一般論者最喜歡、最信服的辦法：請一些遠來的和尚尼姑助陣。

可能是山雨欲來的台海局勢

影響力很大的美國外交關係協會的一份二〇一九年報告早就做出美國一般都接受的判斷：「台灣海峽嚴重衝突的危險日益增加！」

美國權威智庫蘭德公司資深研究員希斯（Timothy Heath）的觀察，「北京決心統一和台灣日漸對之失去興趣造成的衝突，使台灣問題一直是最危險的燃點。近年來一些次要媒體威脅中共要武攻台灣，代表中國對台灣問題之沒有進展的挫折。」的確，不要以為只有美國會檢討對華「交往政策」失效。如果四十年來的美國對華交往政策面臨兩國不斷增加的競爭及對撞的考驗，半世紀來中共和平解決台灣問題的交往政策會沒有底線？我還以為中共處理香港「一國兩制」問題的粗糙是失誤，現在看來，也許中共已經認為事到如今，沒有為台灣表現得細膩的必要了！

衝突日增不代表美國就要跟中共「幹起來」，有些傻瓜還以為台灣或許可以火中取栗。不要陶醉在美國一些反共狂熱分子對台灣言不由衷的「鼓勵」。這些人（包括一些在美華人）恨不得把台灣像一塊石頭一樣，撿起來砸向中國大陸，以逞自己意識形態之快。聽聽有些真正同情台灣處境和讚賞台灣成就的友好人士，他們從美國的長遠利益的角度如何看待台灣問題。例如，美國外交政策研究所的台灣專家李闍思教授（Shelley

Riggers）就說：「雖然全世界都期望和平及民主地與中國大陸解決台灣的將來，但是大家並沒有意願阻擾台灣和中國大陸成就永久的和平（即便是統一）。台灣人現在很少人相信中共會提出能夠保持台灣民主制度的統一方案，但如果北京將來提出這樣的一個建議，台灣人可能也會支持。果然如此，這種安排對包括美國在內的所有國家的利益不造成衝突。」

台灣如果一方面倡議（乾望）台美建交，另一方面卻主張（希望）台海依舊風平浪靜；一邊信奉（希望）「挺川保台」，另一邊卻呼籲（盼望）中共不要改變台海現狀；這是相互矛盾，無法並存或實現的判斷和要求。在挑釁中國核心國家利益的同時，卻同時認為（希望）中國可以無動於衷，或忙中有失，這種國安評估和戰略問題重重。

或許我們也必須「馬基維利」一番，選舉要緊呀！不能指出台海風雲的實情，讓民進黨又可以炒作反中情緒，控制選票啊！在覬覦政權的同時，國民黨不要以為全世界只有自己在設法鞏固權力。台灣不能相信有某院士所謂的以台灣看（因此必然看不清）世界的「同心圓」一說。沒有任何負責而希望掌權的美國政黨敢提出「台美建交」或甘冒台海武裝衝突的戰略。也許吳釗燮部長真的是卓越務實的外交家，鄭重聲明沒有規劃「台美建交」，但我敢大膽假設，是美方特別交代不得無事生非。更重要的是，沒有任何中共領導人能在台灣問題上出什麼差錯而能繼續掌權。從周圍的大脈絡觀察和思考台灣問題，而不是以台灣看世界（甚至看不到世界或不必看世界），才是正辦。

族群衝突的兩極負面情緒反應

從族群衝突的研究看來，不論事實是否如此，認為（或寧願認為）台海風平浪靜是可以理解的。粗略地說，對立的兩方通常只有接觸與迴避兩種反應。迴避的反應表現在漠視、退縮、等待或綏靖。蔣經國對鄧小平一國兩制提議的「不接觸、不談判、不妥協」是經典。認為或希望台海一直平靜是典型的罔顧事實。認為中國大陸問題重重，或習近平面對重大反對勢力，中共可能瓦解，如果沒有堅強證據，那是迴避問題之下的「等待」。即使是「不獨，不武」，也最多是迴避反應不得不採取的「綏靖」。這些都不是直接面對而設法解決衝突或衝突可能的積極策略。

另一方面，以面對問題、採取解決的步驟可以是衝突、妥協、仲裁及談判。現在兩岸既無仲裁或談判，雙方對許多議題（例如主權觀念）又不肯妥協，剩下的不是極可能導致戰亂的衝突，那又會是什麼？

所以，在兩岸的互動一系列反應的光譜之中，有從自力救濟（武力、報復）、迴避（退縮）、得過且過（不理不睬）、談判及利用第三方的調解、仲裁，到裁判的應對方式。兩岸族群衝突是七十年來的存在事實，事情不會因為台灣方面寧願迴避問題，得過且過，迫使或誘使中共也有同樣的反應，置之不理。

寫到這裡，我要特別聲明，國民黨對我無恩，民進黨跟我無仇。我作為一個知識分子分析局勢，不是眼高手低的謀士。民進黨中如果有高人認為我的分析還算中肯，從族群衝突應對的光譜中看來，那民進黨目前對兩岸局勢大部分的反應也沒有什麼高明，只是迴避退縮，或心存僥倖（時間在我們一邊？幹起來？分崩離析？）的等待而已。

啊！不要忘了那個討厭的英國「戰爭販子」

談到國安判斷，不得不提英國的邱吉爾。他固然有他的缺陷，但有一段經歷，雖是與台海的情況脈絡有別，但寓意則一。邱吉爾出身貴族世家，二十六歲就當選國會議員。一九三〇年之前，幾乎當過保守黨和自由黨組閣時的所有重要職位，包括權位僅在首相之下的掌璽大臣，但是由於成了英國在達達尼爾海峽進攻土耳其失利的代罪羔羊而失勢。尤其是他在一九三〇年後，看到納粹德國的真正意圖，一路疾呼英國重整軍備，被打成一味冒進，不可信賴的「戰爭販子」，成了政治孤鳥。直到二戰爆發，英國人才意識到他的高瞻遠矚，一九三九成了帶領英國收拾殘局的首相。

在幾乎是十年期間，他的事後看來是常識的警告，罄竹難書。例如，一九三六年十一月，看到德國納粹撕破凡爾賽條約，重占萊茵地區，極力重整軍備，英國政府卻下不了決心增加國防預算。於是他嘲笑當權者：「內閣無法下定決心，或者無法要首相下定決心。所以他們繼續奇怪的矛盾：決定不做決定，決心不下決心，以頑固為機靈，以無為為俐落，竭盡所能變得無能。所以，我們在用對英國重要（也許是關鍵）的歲月，繼續準備讓蝗蟲來蠶食。」雖是曲高和寡，卻不幸一語成讖。

當時的首相鮑德溫事後自己解嘲：「假定我在全國到處宣揚，德國在重整軍備，我們也要建軍，有人真的以為這個愛好和平的民主國家會響應我的號召嗎？我無法想像任何事比之更可能保證敗選。」看來，國民黨不願坦然面對現實，卻汲汲於操弄短線選舉。堅信這個愛好民主的台灣，在聽到兩岸必須積極和解的主張，保證懲罰國民黨敗選。鮑德溫地下有知，必感吾道不孤。

時空雖然不同，教訓似曾相識。台灣的一些高談闊論的行家好像認為迴避就是因應，烏雲像是晴空，希望即是現實，民粹指導研判，選民變成領導，選舉等同兩岸。

希臘神話中有位在特洛伊（Troy）的女神卡珊德拉（Cassandra）。神給了她準確預言將來的能力，卻同時咒詛她的預言沒人相信。所以，她警告特洛伊人希臘終將消滅特洛伊，卻受到所有特洛伊人的嘲笑。特洛伊人無視她的預言，興高采烈地將希臘人留下的木馬迎入城中，導致特洛伊亡國，而卡珊德拉也和其他宮女一樣，自殺身亡。台海已經向越發衝撞的方向傾斜，我不知道國民黨是要選擇相信邱吉爾式的忠告呢？還是堅拒卡珊德拉的預言？

政治是一種向選民展示願景的志業

德國一位大社會學家韋伯（Max Weber）很有名的一個研究，是對現代官僚體系的分析。他認為官僚組織依規範及形式，上下節制，像一部有效率的機器；甚至亡國了，戰勝者同樣可以接手既存的官僚體制運轉。這個理論當然已經受到很多批評。不過，他特別指出：領導官僚機器的頭頭，絕對不是或不能是像螺絲釘一樣的官僚組織中的小吏，戰戰兢兢，亦步亦趨；依規章辦事，看臉色決定。領導必須有一定的胸懷和理念，才能支撐官僚組織於不墜。企業的領導，政治領袖，統統不能是官僚型的角色，否則官僚組織一定潰敗。所以，任何有一點創投實務經驗的投資者，除了研究企業分析的市場、規劃、技術、競爭等之外，一定要了解並相信企業的領導有值得信賴的眼光及願景，對企業未來的走向有一定的確信。沒有這樣的領導，任何企業都不可能成功。政黨某種程度也是一種官僚組織，但是，政黨不能沒有視野開闊的領導。而我情願相信以極大熱情投入政治的活躍分子，志不在是官僚機構裡等因奉此的小咖。政治是一種志業，既不是「專業」，更不會只是「職業」。

但韋伯進一步指出，政治作為一種志業，政治領導必須防範權力的誤用。他或她既然選擇從事政治，必須克服與之俱來的「權力」和「虛榮」的引誘，務實地看待問題。

所以，他在著名的「政治作為一種志業」的演講中說道：「從事政治最大的罪惡是不能超然。」政治志業的困難和挑戰，在能就理想和實際做出一定的平衡。既不能脫離現實，更不能失掉願景。從未來的憧憬（兩岸、國安），調整當下的策略（選舉），既要體察民情，更需鼓動風氣。

這才是把政治真正作為一種志業的格局。

論證一大堆，教訓很簡單：事實判斷不能一廂情願，族群共處不可迴避退縮，國安戰略不在順應民情，政治志業不是民意調查。英國那位「戰爭販子」的際遇已經清楚表明，哪一天選民在面對現實之下醒覺，不管哪一個「順應民意」或「玩弄民意」的政黨，終將被選民所唾棄。

第二部

中美處境下的台灣

第一章　邁向不戰而屈中共之兵——中美關係及台灣處境

台海局勢的「梅洛斯陷阱」[9]又是修昔底德

談到中美台關係的互動，一般人喜歡套用雅典將軍兼史學家修昔底德（Thucydides）對伯羅奔尼撒（Peloponnese）戰爭的觀察，認為是雅典的崛起引起斯巴達恐懼的必然結果。哈佛的艾利森教授還為此鑄造了所謂「修昔底德陷阱」。意思是中美關係的緊張，就猶如中國的崛起威脅了美國的安全，有導致兩國終須一戰的危險；而台灣處於夾縫之中，處境更是困難。這個觀察固然有一定的可比之處，不過，從兩岸的角度，幾乎不受

9　原載於《風傳媒》二〇二一年四月九日。

注意的伯羅奔尼撒戰爭中牽涉到梅洛斯（Melos）城邦的一個小插曲，也許更是相干。我姑且稱之為「梅洛斯陷阱」。

梅洛斯陷阱

在伯羅奔尼撒戰爭半途的西元前四一六年，雅典突然決定進攻處於愛琴海當中，原為斯巴達屬地，但一直在斯、雅衝突嚴守中立的梅洛斯島。雅典艦隊及軍隊抵達梅洛斯島之後，雅典官員邀請梅洛斯城邦代表談判。雙方在很短的交換意見之後，雅典方單刀直入，表明談判不必閒話多說。其中有一句經典：「當我們談到人間的紛爭，只有雙方實力相當才有討論公平正義的餘地。在現實裡，強者予取予求，弱者忍氣吞聲。」雅典代表如此表態。[10]

針對梅洛斯島代表抗議，認為對大家（包含雅典）都有利的公理是「對遇到災難的人應予以公平待遇」。雅典代表除了表示雅典對此不會在意之外，進一步說：「我們來此，固然是為雅典帝國的利益，但主要是拯救你們的城邦。我們希望不戰而屈汝之兵。你們的生存是我們雙方的共同利益。」[11]

梅洛斯代表繼續聲辯：「我們難道必須是敵人不能是朋友？你們難道無法接受我們的中立？」[12]

雅典代表回答：「你們的友誼比對我們的敵意更危險。對我們人民大眾而言，友誼代表我們的軟弱，仇恨代表我們有實力。」[13]

梅洛斯代表又指出，雅典如此霸道，有損其作為新興帝國對其盟邦及屬地的形象。對此，雅典代表認為這是權力問題。如果有地方獨立於雅典之外，人家會認為那只是雅典太軟弱。取得梅洛斯是否是帝國擴張不論，卻事關雅典的安全。又說：「你們不是處於一種實力相當的對抗。保持尊嚴或避免丟臉是當前毫不相干的問題。要多多設想自己的生存，也就是不要抗拒比你強大太多的勢力。」[14]

經過一番爭辯，梅洛斯代表表示作為被欺負的一方，神與梅洛斯同在。斯巴達為了它的榮譽，一定會幫助弱小的梅洛斯，對抗雅典[15]。對此，雅典代表認為雅典並沒有違反神的意旨，而是順應強權必須統治的自然規律。至於相信斯巴達一定保護梅洛斯，「我們只能佩服你們的無知，憐憫你們的愚昧。」[16]又說：「提到斯巴達的榮譽，不要忘了它也有自己的利害及安全必須照顧。」他批評梅洛斯代表說的都是期待將來可能發

10 Thucydides, The Peloponnesian War, v.89, 302 (Martin Hammond trans., 2009).
11 Thucydides, The Peloponnesian War, v.91, 302 (Martin Hammond trans., 2009).
12 Thucydides, The Peloponnesian War, v.94, 303 (Martin Hammond trans., 2009).
13 Thucydides, The Peloponnesian War, v.95, 303 (Martin Hammond trans., 2009).
14 Thucydides, The Peloponnesian War, v.101, 304 (Martin Hammond trans., 2009).
15 Thucydides, The Peloponnesian War, v.104, 304 (Martin Hammond trans., 2009).
16 Thucydides, The Peloponnesian War, v.105, 304 (Martin Hammond trans., 2009).

生的希望。[17]

但梅洛斯還是堅信神及斯巴達的保護。雅典代表總結：「在我看來，好像只有你們罔顧眼前的證據，認為將來比當前的鐵證更確定。把胡思亂想當成具體現實，好像只要希望就可以成真。你們越是信任斯巴達，神的保佑，以及希望，你們的滅亡就更加沉重。」[18]

在梅洛斯依然拒絕了雅典的條件後，雅典馬上開始圍城。公元前四一五年，梅洛斯不敵雅典的援兵而降。雅典格殺梅洛斯所有壯丁，取婦孺為奴。[19]

所以，什麼是我鑄造的「梅洛斯陷阱」？我以為在大國爭奪領導權時（我不用「霸權」，因為有評論家堅持中國不爭霸權，只爭冠軍。但這很容易被看成文字遊戲，下面還要談到），因為大國情緒上認定要保證領導地位，絕不能示弱，或令人誤以為軟弱。有些第三者看來無足輕重的地區，會身不由己，不由自主地捲入戰爭漩渦。梅洛斯是一個例子。二次大戰後的朝鮮戰爭和越南戰爭，甚至中國對越南的自衛戰，都是前例。

下列故事，全屬杜撰，如有巧合，只是偶然

史書記載：公元二〇××年，在中美激烈衝撞中，共軍突然在幾乎全部摧毀台方指揮控制系統，及飛彈、機場、潛艇等後，出現在澎湖。要求台方派出代表，保證對等、尊嚴，在馬公交換意見。台方派出「知中派」賈泰山為代表，中共方面則由知名戰略家崔命符將軍主談。在一番客套之後，部分對答如下：

崔：「容我先做一些觀察——競爭是人類的天性，國家之間的崛起，競爭也是國家的天性[20]。二十一世紀的中國，如果不能成為世界第一，不能成為頭號強國，就必然是一個落伍的國家，是一個被淘汰的國家[21]。而世界進步的主要動力，是國家之間的競爭[22]。從近代世界冠軍國家交接的歷史看，決定最終結局的總是武力對決，是戰爭更替，這實在是一條規律[23]。中國決定和平崛起，但是中美兩國之間的根本矛盾，是你強大還是衰落[24]。所以，大國想要與另一個大國建立兄弟友誼，共同強大，只能是一種美好的幻想[25]。冷戰後，美國利用台灣問題牽制中國。為了和平崛起，中國必須軍事崛起，成為第一軍事大國[26]。

17 THUCYDIDES, THE PELOPONNESIAN WAR, v.111, 305 (Martin Hammond trans., 2009).
18 THUCYDIDES, THE PELOPONNESIAN WAR, v.113, 306 (Martin Hammond trans., 2009).
19 THUCYDIDES, THE PELOPONNESIAN WAR, v.116, 307 (Martin Hammond trans., 2009).
20 參閱劉明福（中國國防大學教授），《中國夢》二〇一〇，頁二十四。
21 《中國夢》二〇一〇，頁二十四。
22 《中國夢》二〇一〇，頁二十九。
23 《中國夢》二〇一〇，頁五十六。
24 《中國夢》二〇一〇，頁一八一。
25 《中國夢》二〇一〇，頁一七五。
26 《中國夢》二〇一〇，頁二五九。

「中國雖然從沒有把台灣問題看成有國際關係的適用，但是台灣不幸捲入中國與美國爭奪冠軍對抗的漩渦中，成為中美國際關係不可分割的一部分。在世界局勢及歷史宏觀的潮流裡，中國必須統一台灣。這是歷史必然，中華民族的使命。我希望台灣同胞看清局勢，響應這個必然。尤其在兩方力量對比之下，如果猶圖困獸之鬥，繼續抗爭，結局定然悲慘，我軍也會有所損失。台灣的完璧而歸，是兩方共同的願望和利益。」

賈：「台灣人民歡迎中國崛起，成為超越美英蘇日的冠軍國。我們歷屆總統及民間領袖也不斷強調，台灣的華人對中國大陸沒有非分的要求，早已放棄三民主義統一中國；對大陸人民更沒有仇恨，有的只是親情和友情。這你們難道無法接受？這幾年來，我們朝野也一直努力在美中之間保持中立，強調不武。何以你們毫不領情？」

崔：「台灣同胞是中國人民的一部分，但是台灣問題卻一直得不到解決，甚至有部分台灣同胞決意脫離祖國。毛主席曾說中國人有耐心等待一百年解決台灣問題，現在台灣問題在外國勢力的阻擾下不得解決也快一百年了，我們如果再縱容必然有外力介入的什麼中立，接受婦人之仁的友情或親情，那只是讓全世界的人笑話中國的軟弱。如此瞻前顧後，中國肯定無法與人爭奪和保持世界冠軍！」

賈：「我們不是沒有務實地評估自己的實力。但是，作為兩岸弱小和被迫的一方，我們堅信公道人心在我們一邊，世界輿論也會聲援我們。美日澳等國基於他們的榮譽及正義感，也一定會很快協助我們。」

崔：「世界輿論，尤其是第三世界國家，也不是沒有支持中國的行動，反對美日等長久地干預中國的台灣內政問題。再說美國的援助，不要忘了美國也有自己的國安利益，它不會為台灣問題與中國在台海打仗。我們已經照會美國及所有國家，台灣是中國的內政問題。但在不妨礙中國主權的核心價值下，我們一定遵守台灣對各國已有的承諾，絕對並繼續保護各國在台灣的利益，包括對各國利益極為重要的半導體和鳳梨的供應。我們既已出兵，失敗不是選項。我們不封鎖台灣，但任何國家在台灣附近採取危害在澎湖地帶我軍安全的任何行動，我軍不會有任何遲疑，必然行使正當合法的自我防衛權。至於日本和澳洲更不會派兵援助你們。他們國安最大的利益在防止中美為台灣引起更大的軍事衝突，引爆世界大戰。跟我們一樣，能夠保護他們自己國家及人民的安全及福祉是他們最大的光榮，而保護台灣人民的福祉不能靠無知和愚昧！」

在賈泰山及其他台灣代表依然對世界民意及美日的誠信喃喃有詞之下，崔命符總結：

「在我看來，你們決心罔顧眼前實實在在的證據，一味寄希望於虛無縹緲的將來。把胡思亂想當成具體現實，好像只要希望就可成真。你們越是信任美日澳的保護，輿論的制裁，以及希望及期待，你們的崩潰就越發早日到來。」

隔日信息傳來，台灣民眾示威暴動，軍隊拒絕對民眾開槍。執政當局鞠躬下台。新政府與中共達成協議，台灣問題和平解決。

放棄同樣錯誤的社會達爾文前提

中美關係的死結，以及中美以及兩岸人民無論對「修昔底德」或「梅洛斯」陷阱的焦慮，最根本的理由不在兩國的任何一國是否能保持霸權，然後才能夠像幾乎所有中美關係專家企望的「治理」兩國的「矛盾」，把它維持在所謂「健康的」「合作競爭」之內，希望不至於發生「衝突與戰爭」。或是從中國的角度，以為必須超越美英蘇日，成為並一直保持為世界冠軍的軍事及經濟的第一大國，如此才能夠實現和維持中國「安全」、「合作」、「繁榮」、「和平」的強國夢。歸根究柢，兩方的明說或潛在的假設和前提，是以相同的社會達爾文主義「優勝劣敗，強者生存」的生物叢林觀點，誤用到人類群體的關係。

美國在十九世紀後半及二十世紀前半的社會思潮中，社會達爾文主義的弱肉強食，生存競爭的思想，隨著赤裸裸的資本主義發展，占有極大的勢力。除了短暫的威爾遜努力國聯時期，及羅斯福的聯合國及布列敦森林會議（Bretton Woods）時期之外，大部分時期是適者生存的社會達爾文的所謂國際現實或新現實主義當道。

隨便舉一些例子。執美國國關理論牛耳數十年的摩根索（Hans Morgenthau），在他一九四八出版的權威著作《國際政治》中認為，人都是自私自利，渴望權力。所有政治，包括國際政治，都是「權力鬥爭」。[27]

所謂代表新現實主義的哥倫比亞大學華爾茲（Kenneth Waltz）教授則在一九七九出版的《國際政治理論》主張，在一種世界無政府狀態下，國家最為關切的是以權力達到生存和安全。[28]

芝加哥大學的彌爾塞姆（John Mearsheimer）在二〇〇一年的《大國政治的悲哀》也認為，「和平的希望可能很難實現，因為構成世界的大國互相害怕而爭奪權力。的確，它們的終極目標是達到壓倒他國的地位，因為霸權是本身生存最好的保障。」[29]又說：「大國行為主要考慮生存。但在無政府狀態下，生存的願望使它帶有侵略性。」[30]特別是「美中為台灣衝突可能的日子不會很遙遠。」[31]

狡猾如季辛吉者，至今還難完全忘情於社會達爾文主義的現實主義。在談到美國在兩次大戰期間略微傾向理想理性主義之時，他在一九九四年的《外交》一書是這樣評論：「當外交政策問題進入『道德的』善與惡的鬥爭，美國人對零碎或半吊子的結果，一般是感到不舒服。美國人在不從事大規模地緣政治的改變之際，卻同時轉為領土保

---

27 Hans J. Morgenthau, Politics Among Nations 25 (1948).
28 Kenneth Waltz, Theory of International Politics 93 (1979).
29 John J. Mearsheimer, The Tragedy of Great Power Politics (2001).
30 John J. Mearsheimer, The Tragedy of Great Power Politics T 54 (2001).
31 John J. Mearsheimer, The Tragedy of Great Power Politics 2 (2001).

護，及某些時候的所謂維持現狀，相信法治。但他們發現和平演變的信仰，很難與所有歷史上重大改變都從暴力及翻覆而來的史實調和。」[32]

中國又如何看呢？百年以前，嚴復把達爾文的生物演化理論介紹到中國，夾帶並放大了日後被稱為社會達爾文主義的「物競天擇，適者生存」。因為他當時的主要關切在保國衛民的生存問題，與一般的士大夫的情緒和焦慮正好完全吻合，所以這個理論八方響應，百年不衰。但是，嚴復沒有直接介紹達爾文物種進化論及其延伸的適用，選譯的是在贊同生物演化之下，反對人類社會有叢林規則適用的赫胥黎（Thomas H.Huxley）的《演化與倫理》（Evolution and Ethics）。強調至少在文明社會的紐帶（social bond），產生群體的同情（sympathetic emotions）、互助（mutual support）與合作（cooperation）[33]，不是生存競爭的適者生存[34]。對此，雖非嚴復重點，在略有微詞及節略之下，也不是完全沒有提到赫胥黎這方面的意見。例如，不論赫胥黎的原文如何，嚴復說：「天行人治，常相毀而不相成固矣。然人治之所以有功，即在反此天行之故。何以明之？天行者以物競為功，而人治則以使物不競為的；天行者……物各爭存，宜者自立……至於人治則不然，立其所祈嚮之物，盡吾力焉，為致所宜，以輔相匡翼之，俾克自存。」[35]

試以白話重述：「自然規律和人為治理，固然常常相互牴觸，人為治理之所以能夠成功，卻因限制自然規律的緣故。怎麼說呢？自然規律講究物種的競爭，人的治理則求達到物種的不爭為目的。依自然規律……物競天擇，適者生存……人的治理則不然，要拿出人人需要的物質，盡力使其安頓，加以輔助，使人可以存活。」

又說：「聖人欲其治之隆，凡不利其民者，亦必有以滅絕之……使不克與其民有競立爭存之勢……且既欲其民合其智力以與其外爭矣，則其民必不可互爭以自弱也。」[36]白話：「政治家想要國家得到妥善的治理，一定要消除對人民不利的事情……不使人民之間相互爭奪的生存的狀態發生……既要同心合力對抗外敵，人民一定不能互相競爭，削弱自己。」

至於達爾文本人是否認為他的「物競天擇」可以直接適用到人類社會，這是百多年來學界聚訟紛紜的問題。以他一八七一年《人類繁衍及性的選擇》（The Decent of Man and Selection in Relation to Sex）中的見解，我認為達爾文至少認為「進化」（evolution，也可以譯「演化」），以及最關鍵的「自然淘汰」（natural selection）[37]對人類群體有其適用。但是，尤其是脫離野蠻時代的社會，人除了生存的本能之外，指導群體生活

---

32 32 Henry A. Kissinger, Diplomacy 55 (1994).
33 33 Henry A. Kissinger, Diplomacy 18 (1994).
34 34 Henry A. Kissinger, Diplomacy 18-19 (1994).
35 35 人擇，《天演論》頁十七。
36 36 烏托邦，《天演論》頁二十一。
37 烏托邦，《天演論》頁七六五。

的社會本能（social instinct），經由有利的經驗、教導及實踐，演化成為互助（wish to aid）及同情（sympathy）的習慣。[38]

嚴復所處的時代，不能讓他鼓吹達爾文物競天擇之外的一面，當時的時勢（甚至百年之間）也不能使這個社會群體關係的理論得到共鳴。就像巴西詩人柯埃洛（Paulo Coelho）說過：「人只會聽到他們想要聽的。」現在，中國雖然已是世界強國，不幸社會達爾文的國際觀，某種程度還在指導中國如何崛起的大戰略。

至於台灣呢？不幸，以我看到的範圍為限，台灣的很多國關專家也不質疑現實主義的社會進化論的基本前提假設，逕自以所謂主權國家各自為政的無政府狀態叢林世界，依樣畫葫蘆，展開非常有問題的論述。

「不知歷史教訓，必然重蹈覆轍」哲學家喬治・桑塔亞那

我不認為歷史有什麼必然，更沒有什麼規律。沒有任何時候的客觀條件完全相同，自然沒有歷史重複的可能。但是，先例能夠刺激我們的想像，擴大我們的視野。在這個意義下，最近中美外交高層在阿拉斯加會談中的唇槍舌劍，卻不得不使人聯想到希臘這一段歷史典故對中美台關係，尤其是台海局勢的啟示。

我認為，只要中國還在潛意識中接受社會達爾文的暗示，有意無意地在言行之中

仍然顯示社會達爾文的影響；或只要中美的任何一方仍然受生存競爭觀念的左右，中國苦口婆心的「和平崛起」或「人類命運共同體」的保證，大概會被當成聽而不聞的耳邊風。一次大戰之前，凱撒德國大力擴張海軍，引發英國極度的不安。儘管德國一再保證不是以英國為競爭的對象，當時出身德國的英國德情專家柯洛（Eyre Crowe），在一九〇七年向英國內閣提出一份著名的報告。他認為必要之下沒有法律，世界屬於強者。一個新興國家的壯大不能被盲目接受現狀限制。歷史會以一般的結果認可國家的行為，很少在意手段的道德與否。而在這種社會達爾文式的現實主義影像之下，柯洛對凱撒德國的保證和平意圖的判斷是：保證很可能是空話，即使真誠，到時也可能力不從心；也可能只是放煙幕，沒有理由期待德國將來的做法會與過去（「鐵與血」）的做法不同。因此英國及其他國家對德國的無害崛起沒有一定的保證[39]。七年之後，大戰爆發。英國事實上從未相信德國的保證。即使德國是真意，單方的保證也起不了作用。所以，只要美國對中國的戰略仍然隱隱約約接受生存競爭的假設，中國的「和平崛起」、「仁義大國」，最多令美國人半信半疑而已。

　　但是，人類既然已經成了世界村，經濟、核武、生態、交通、資訊、犯罪、難民、

38 烏托邦，《天演論》頁八二六。

39 8 The Testing of The Entente: 1904-6, British Documents on the Origins of the War, 408 (G. P. Gooch & Harold Temperley eds., 1928).

健衛，無一不是世界群體生存必須共同面對的問題。這種關係無法以優勝劣敗的競爭處理，道理與處理其他群體關係相同。世界村的成員不是敵人或競爭對手，而是在自我提升之中合作互助，共存共榮，共同創造人類群體的繁榮與和平的夥伴。繁榮發展，和平穩定，不靠壓迫或戰爭，掠奪資源和權力。在這種文明的價值和結構之下，不必以軍備和戰爭作為大國，也不必煩惱如何平衡「合作」與「競爭」的所謂「建設性的競爭戰略」。

即使是達爾文吹鼓手的赫胥黎也早已指出，人類存活在伴侶、家庭、社群、社會、國家的關係中，隨著文明的進步，絕大部分是同情、體恤、互助、合作。競爭（尤其是弱肉強食的競爭），不是（也不可能是）群體關係的主導現象。依我看來，群體之內的競爭，大部分是與自己競爭，自我提升。劉明福[40]期待將來的國際關係不再是軍事衝突式的生存競爭，而像是田徑式的比賽；但他沒有完全超越社會達爾文的前提，只是希望競爭不至於導致衝撞，進一步惡化為戰爭。如果像他一定要用田徑運動想像國家互動的願景，那高爾夫球恐怕比較適合。高段的高爾夫球員不分心顧慮別人的成績，永遠心無旁騖，只與自己競爭，而且也只能與自己競爭。在自我提升的大部分場合，不需（也不必想像）以損人利己為手段。

正是因為世界還不是有如國家一樣具有中心的權力機關，國際關係的治理，還必須仰賴主要是國家的各種組織團體的合作互動。而就是世界如果要建構一種共存共榮、和平穩定的文明社會制度、結構、規範、模式，那麼國家（尤其是中美等大國）必須有一種共識，不再相信或遵循優勝劣敗、生存競爭的錯誤前提行事。中國單方在全球連帶的理解之下從事國際的互動，無法形成新的國際行為模式。新的行為模式必須是兩個以上國家互動的建構，所以才叫做「社會」建構。在這個意義下，中方在阿拉斯加與美國官僚的互嗆及對美國指責的反駁，固然有其必要，卻應該有大國的自信，以超越美國的高度，向美國人民和世界各國強調中國和平合作戰略及願景的必要和正確。指出美國已經落伍的達爾文世界觀，不僅中國人不吃這一套，全世界的人都無法消受這一套。在柏拉圖的眼中，辯論是企圖說服，對話才是尋求智慧。「戰狼外交」是辯解，把層次做低了，外交對話才是顯示拒絕社會達爾文的睿智。

延伸思緒：以梅洛斯陷阱對台灣部分覺青的一個忠告

雖然歷史不會重演，不必將中美角力看成一定會遵照所謂「修昔底德」或「梅洛斯」陷阱，但中美的對抗一定捲入台灣。所以，台灣最理智的戰略是避免中美衝突，不要幻想置身事外，更不要像一些蠢人，恨不得中美開戰，以為可以火中取栗，其實是玩火自

40 劉明福，中國國防大學教授。

焚。其次，如果台灣企圖像梅洛斯一樣，在中美，幾乎是身不由己，盲目踏入戰爭的泥淖的危險中，獨善其身，置身事外，到頭來不過是一場春夢。台灣人民要有智慧及勇氣，積極推動和創造一種中美都不會因台灣問題發生戰爭的環境。積極與大陸共同尋求大家都可以接受的兩岸關係安排，才是避免（更不會捲入）中美對抗甚至戰爭的正辦。

據說在仇中恐中思維的渲染及宣示的互相強化及惡性循環之下，台灣大部分的覺青對待兩岸關係一般表現在逃避、黯然、憤怒、對抗的「芒果乾」（亡國感）氛圍，不能自拔。而一些政客不僅罔顧台海的現實，如果不是完全為逞私己之利，至少也是基於主觀的希望，多方加以煽動利用，然後回過頭來，堅信是看到鐵板一塊的反中民意，使台灣不斷向「梅洛斯陷阱」邁進。希臘的典故不是歷史的必然，但有一定作為思考的養分價值。

身處廬山，有時難免不識它的真面目。我套用美國獨立宣言起草人傑佛遜（Thomas Jefferson）表達的方式，改裝他的一句話相贈：

> 有些人對年輕一代的想法有過度的依賴和縱容，認為新環境下必有新思維。他們認為只有覺青才能掌握時代發展的脈搏，其他人注定已被新時代所淘汰。我知道什麼是覺青，因為我過去就是覺青。現在的覺青與過去的覺青沒有什麼大不同，只是現在的覺青少了過去覺青的一份人生閱歷和某種累積的智慧。現實的證據不

是希望所能改變，愚蠢的幻想只會導致悲慘結局。過去既是這樣，現在不會不同。

只是，傑佛遜批評的是過去，我說的是現在。

兩岸關係的「定海神針」還是「大海撈針」？41

大選的時候，國民黨強調「九二共識」是安定兩岸關係的「定海神針」。即使此「共識」非彼「共識」，只要大家都用「九二共識」四個字，好像兩岸的局勢就可以神奇地保持穩定。副總統當選人賴清德反擊，主張美國的《台灣關係法》裡面的一些規定，才真正是「定海神針」。意思是美國就台灣有重大國家安全利益。因此，台灣可以借勢使力，至少因而能維持與對岸一定的平衡。其實，兩個分析看來都是「大海撈針」。

由於國民黨現在也承認「九二共識」矛盾百出，而大陸也明白表示其「九二共識」的確實內涵，我們也許可以大方地認為，「九二共識」已經完成了它的歷史任務，不必再談。但是，台灣對兩岸的定位，真的可以自以為符合美國利益，做為美國及其他亞洲國家圍堵中國的所謂「島鏈安全體系」的尖兵嗎？除了賴清德，島內輿論很多類似主

41 原載於《風傳媒》二〇二〇年一月五日。

張。由於相同意見容易互相取暖，在沒有其他證據之餘，也容易越講越真，我想提供一個不同角度的解讀，也許可以幫助避免決策錯誤中常常出現的過分自信的率斷。

島鏈防衛線及其延伸

一、沒有堅強的證據顯示美國改變其亞太安全利益的傳統立場

美國自建國以來，其應付歐洲及亞洲的國家安全大戰略，基本上是只要兩個區域能有權力的平衡，相互牽制而無力干涉美洲的事務，美國就達到其國家安全的目標。二次大戰之後，美國國務卿艾奇遜主張，美國在亞洲大陸並無重大安全利益，美國國安利益不包括朝鮮半島、台灣、中南半島、印尼，而僅止於日本、菲律賓及南海以外一些島國。美國軍方也同意此種判斷。但是，由於朝鮮戰爭的關係，美國不得不以第七艦隊挺進台灣海峽，防堵中共解放台灣，但並不認為亞洲大陸以及台灣構成國家安全的核心利益，必須美國國力強力入駐。此後，雖然由於誤判越共的勝利將可能造成「骨牌效應」而捲入十年越戰，基本上也是認為亞洲大陸對美國安全而言是次要的考慮，所以才能甘願以失敗撤離中南半島收場。也因此，美國可以輕易解除與台灣的協防，與中國建交。冷戰結束之後，美國固然被迫填補一些權力真空，似乎沒有以獨霸亞太做為國家安全的

戰略，這部分從放任兩韓和解、台灣與中國大陸的交流看得出來。民主黨在歐巴馬時代某種程度挺進東南亞也不過是以經濟為內涵。所以，多數的觀察認為：美國沒有在基本上改變在亞太地區的大戰略，將國家安全的首要利益擴展到包括朝鮮半島、台灣、南海，及中國之外的亞洲大陸。將來最可能的形勢是做為亞太的海上霸權與中國這種大陸霸權既競爭又合作，形成兩霸對立與共存。

二、美國亞太大戰略的反思

冷戰後美國獨樹一幟而必須填補的一些權力空間，形成世界各地都有美國軍事力量的出現。即使沒有比較固定的駐紮，美國的海軍，尤其是航母，使美國很快能夠出現在美國國家利益受到威脅的地點。然而，國防預算限制，國內社會福利支出，經濟成長緩慢，造成堅持航母政策一定的困難。也因此在過去幾十年，在美國出現一股所謂「海外平衡」戰略思想，挑戰傳統大戰略。海外平衡戰略認為，美國只要設法保持必要的國力，但將外國當地的國防交由當地國家自行處理，僅在必要時出手保護，做為解決傳統大戰略困難的辦法。

在這個新思維之下，有一些意見認為，雖然有一定的困難，美國最為現實的台灣政策是與中國接觸，達成逐漸退出對台承諾的安排。這樣既能避免中美的軍事衝突，也可能開啟中美其他領域未來進一步的合作。

三、中美軍事平衡今非昔比

假定中共發動武統，美軍會全力投入，為台灣打一場中美大戰嗎？因誤判或情緒反應，也許；認為因為是基於美國國家安全的重大利益，那就未必。台灣不應（也不能）將兩千多萬人的命運寄託在如此脆弱的判斷之上。

約十年之前，美國智庫蘭德公司已經認為，海峽一旦發生戰爭，中共空軍在二十四小時之內可以取得也許是暫時的台海制空權。在二〇一五年的另個報告，該公司認為到了二〇一七年，中美在台海上空的制空權基本平手。但是，空戰剛開始，美國空軍需要出動幾乎三十個聯隊（每一聯隊大略是兩個大隊，六個約二十架軍機的中隊組成）以取得優勢。所需飛機遠遠超過美國擁有的所有軍機，所以根本不可能。如果以七天的空戰，百分之五十的折損率計算，美國需有七個聯隊取得空中優勢。不過，如上所述，由於美軍必須準備及克服距離（見以下討論），共機在空戰開始之時不會有美軍的阻擾。當然，報告是計算機模擬作戰，有其他研究指出其結論不可能正確，因為無法估算真正實況的許多變數（例如，我們可以知道伊朗的導彈實力，做出作戰模擬，但無法估算其導彈在實戰中，誤打自己的民用飛機）。無論如何，美國維持台海的制空權日益困難。

雖然，沒有人說中共會在可預見的將來對台發動空戰，但是美中軍事平衡的變化，無疑會減低美軍防止戰爭發生的嚇阻力，更增加實際發生空襲後美軍的決斷。

美國傳統「船堅炮利」的航母政策既然日益不切實際，島內有些國安專家斷言，像一九九六—九七台海危機，美國兩艘航母台海定江山的場景已成絕響，美國現在是束手無策，不會救台。我雖不同意這種過分簡單的分析和結論（例如，美軍也在思考形成改變航母戰略，代之以水下、隱祕、飛彈、攻擊大陸通訊指揮系統等戰略），但是我同意其憂慮。因為中國在過去二十年在飛彈導彈射程及精準度的進步，不但使航母戰略日益減低威力，而且迫使美軍軍事基地及設備人員必須遠離飛彈射程之外，增加美軍部署及反應的時間和困難。

四、川普對台政策的幻覺

美國在川普上台之後對台灣的一些舉動，例如與蔡英文總統通電話、對過境比較寬鬆的安排、決定販賣更新的武器到台灣等等，的確是有異前任的不尋常舉動。但這並不代表基本改變川普做為美國至上的生意人，某種程度的孤立主義者的信仰。他對中國的許多政策並不是出於要美國獨霸亞太的戰略考量，而是認為中國占了美國太多便宜，也就是美國做了虧本生意。軍售台灣不是戰略思維的轉變，而是生意人轉嫁美國國防成本和圖利軍火商的要求。這與美國向北約等逼債的舉動如出一轍，與孤立主義和海外平衡新戰略思維也不衝突。台灣如果誤以為美國要以台灣這一支「不沉的航空母艦」取代日益受到中共導彈威脅的航母，難保不是一廂情願的誤判。尤其是川普現象可能是美國國內政治一時的曇花一現，其人做生意不守信用的行徑（為美國對抗ＩＳＩＳ而犧牲幾十萬的伊拉克庫德族可以一夜之間翻臉撤防），惡名昭彰，希望台灣不要把海上的一根稻草，當成可靠的「定海神針」。

五、延伸思緒：不要大海撈針，要自求多福

如果以上的分析還有點道理，即美國從來不以為台灣地位與美國國家安全有絕對必然關係，美國很可能或不得不在某種程度上採納「海外平衡」策略，中美軍事（甚至經濟和科技，不及詳論）實力日益平衡，美國重返亞太大陸（因此包含台灣）是一種（即使是暫時的）幻覺。台灣人民必須在靈魂深處，探索如何自求多福，檢討法理和實質台獨（台灣共和國或中華民國）的對抗路線必須同時承受的擦槍走火的可能性。要想消除或減低軍事衝突的機率，唯有對談，和平解決。台灣終極的福祉不在「親美」或「反美」，而在創造和平環境的「親台」。

解決族群衝突是漫長的過程，更不是作秀，其可能成功的先決條件必須是雙方真

正放棄對立，誠意妥協。同時要有必要的心理堅持及長期用心的（包括官方及民間的）實質準備，不達目的絕不甘休。表面上的會面或「談判」，無濟於事。就像當時各國政要（像法國總統龐畢度）得知毛澤東健康出狀況，爭相往北京求見一樣（好似當成毫無實質的觀光），什麼連習會、吳習會、馬習會，都是過氣政客的臨去秋波。既不知談什麼，也注定談不出什麼，因為心理和實質未臻成熟，毫無準備。現在蔡英文說，只要無預設立場，平等尊重，她願意與中共坐下來談。論者無不讚賞這種「和平理性」的態度，大談「解鈴還要繫鈴人」，連通常相當務實的許信良也一時不察，補上一筆。但是，孤芳自賞、老王賣瓜式的「和平理性」沒有一點用處，因為表態之餘，唯一重要的是對方的實際感受。雖然，以中國大陸與台灣的實力差距，中共的確有更大的能力（也應該）做出某種讓步。不過，在民進黨「台獨黨綱」及「台灣前途決議文」的襯托之下的民進黨總統，真的以為事先毫無準備，以一句近乎自以為是又近乎悲憫的八字隔空喊話，中共在不知你的真正信仰和目標之下，就必須壓抑自然的情緒，轉而釋出善意，與你在天安門把酒言歡？這種提案方式，太不成熟，也太不嚴肅。沒有人應該以為中共會根據看不到可以把握的誠信來行事。中共甚至可以合理懷疑，民進黨只是想要仿效過去國民黨製造有辦法應付中共的假象。中共過去也許不在乎「上當」（猶如無奈之中只能抓住海上一根稻草），現在大概沒有理由糊里糊塗替你背書！

我常常批評中共預設立場的不是。但是，台北沒有預設立場？「一中」不可談，「一國兩制」絕不接受。能談出什麼一種內涵都還不知道，已經把有些議題排除在外，這不叫沒有預設立場，這叫我可以有預設立場，但希望你沒有預設立場；我可以無動於衷，你卻必須反應的惡性循環。

蔡英文總統在選後再度遞出在對等和無預設立場之下願意與大陸對談的「橄欖枝」，同樣一直沒有得到中共的回應。如果台北不是擺姿態，而是真正尋求解決兩岸的對立，我想作為相對強勢的一方，打開僵局的主動權在大陸一方。要發現是否只是言不由衷，北京和台北不妨參考多年來世界各地如何處理族群衝突的一些經驗。此處雖無法詳論，僅列舉幾項供參：（1）不要以為古老文件（「解放台灣」、「台獨黨綱」）是聖經，要務實判斷其當下對對方與自身策略的相干性；（2）區隔意識形態的夢想和現實環境下的實際作為（「絕不放棄武力統一」、「主權獨立」、「中華—台北」）；（3）對方不是鐵板一塊（軍系、台辦、學界、一般民眾，不是凝結劑；從《台灣前途決議文》也可看出民進黨不可能是一言堂，更不可等同台灣新世代選民的政治信仰）；（4）要留心鼓勵對方的中道力量（第三波民主大師杭廷頓（Huntington）的體驗）。

大選過後，北京必須誠實面對完全沒有和大陸直接或間接淵源的台灣年輕新世代，情緒上以為國民黨的某些分子感覺比較舒服的日子已經過了。不過，台灣年輕一代切莫以為兩岸的穩定關係，就像大家以為是與生俱來、天經地義的台灣政治生活方式。台灣「現狀」如果能夠維持，必須花費漫長的時間和重大的心力。兩岸的和平共處，雖然不會容易，卻也不必是心頭永遠的重擔。不要盲信別人強加於你的抽象意識形態，要敢於想像如何安排你所想要的生命世界。兩岸關係不是天生自然，端看你如何灌溉！

邁向不戰而屈中共之兵——中美關係及台灣處境[42]

大夢初醒，為時不晚

在這次美國總統大選中，台灣人被外媒認定為最挺川普的外國人。此種態度雖不難理解，卻暴露了國人非常幼稚而危險的資訊選擇和國安判斷。當然，德國哲學家黑格爾早就說過：歷史狡黠，無法預測將來。如果預測拜登當選的人也許還有點客觀（其實也很離譜）的民調為基礎，堅信川普當選的人，那就完全是主觀加錯誤的希望和瞎猜。但是，我看到台灣有些專家學者、電視名嘴，甚至決策領導，一窩蜂仰賴的川普必然當選的「證據」，是美國極端種族主義，和法西斯或陰謀論組織（像Qanon[43]），或大紀元之類，毫無公信力的文宣。由這樣離譜的判斷形成了一股「挺川保台」的主流民意，

42 本文為二〇二〇年十一月十一日應「新國際論壇」講座講稿。
43 匿名者Q，是一種極右翼陰謀論，其認為美國政府內部存在一個反對總統唐納．川普和其支持者的深層政府。

是想把台灣帶到什麼夢幻境界，著實令人心中滴血，不寒而慄。

本文的目的在分析中美關係現在及將來的可能走向，揭發「挺川保台」原來不過是水中撈月的幻象，指出原來無論拜登或川普當選，沒有改變美國在亞太的基本國家利益，把對台灣未來的思考拉回現實。在現實的基礎上，大家共同探討台灣處境，希望還能不戰而屈中共之兵。

所謂「修昔底德」泥淖

修昔底德（Thucydides）是古希臘雅典的一位將軍和歷史學家，著有一本關於雅典和斯巴達戰爭的名著。他指出，當一個政體崛起要成為霸權，取代現存的霸權時，戰爭從而發生。哈佛大學前政府學院院長艾利森（Graham Allison）稱之為「修昔底德泥淖」。（Thucydides Trap，我不翻譯為「陷阱」，不取其故意害人的錯覺。）根據他的研究，歷史上有不下十六次這種現象，只有四次沒有發生戰爭。例如德國在二次大戰之後復興，並沒有引發英法對其發動戰爭；但例如十九世紀日本興起，導致中日甲午戰爭及日俄戰爭。

中國是新興強權

世界霸權的定義，不一定是要以軍力為唯一標準，一個國家的統合能力才是判斷國力比較有意義的指標。有數據表明，中國在汽車製造（二〇〇九）；工業製造（二〇一一）；貿易夥伴、中產階級、千萬富翁、太陽能、超速電腦、人工智能（二〇一六）、全球發展、國民所得（二〇一四）等領域都早已領先世界。所以，它是不折不扣的新興強權，可能引起美國這種既成霸權的憂慮。

中國大陸當前的弱點

不過，即使是認為有所謂修昔底德泥淖的專家也小心指出，不是霸權興起就一定導致戰爭，還必須新興霸權（中國）構成對現成霸權（美國）的威脅，使後者心生恐懼，才有戰爭的可能性。

中國漸漸強盛是不可否認的事實。但是，不能像大陸很多國關專家，看到一些進步就腦筋發脹，自我陶醉，認為中國已經不可一世。至於當前的中國有些什麼弱點？一般認為：

・天然的複雜地理環境，有十四鄰國環繞。
・能源相對缺乏。
・盟國死黨不多。
・人口結構老化。
・政治權力過度集中。
・人均所得（有別於國民所得）不高。
・許多尖端或關鍵科技依然無法自主。
・香港問題，以及處理的粗糙。
・西藏、新疆不時管控（可以稱為治理）的必要。
・台灣問題似乎無解。

上面已經提到，兩霸相爭引起戰爭的結果，要在一方形成威脅，他方心生恐懼的情況，才比較可能發生。這些中國弱點使美國許多分析家認為美國不必無謂的恐慌，以至於將競爭的局勢，誤判為戰爭的前奏。

另一方面，中國大陸在所謂發展「中國夢」、「和平崛起」的過程中，雖然由於自身的努力，配合世界市場對其開放，經濟高速發展，科技長足進步，軍事現代化。中國人自認不僅「站起來了」，甚至有權威人士認為連彎腰都比美國高。逐漸淡忘了鄧小平「韜光養晦」的教導，犯了霸權興起的大忌。

中國如果能夠牢記鄧小平高瞻遠矚的教誨，不過分高估自己的軍事和科技能力，尤其在台海情勢的判斷之中，不能像某電視名嘴、北京某名校國關研究院院長，認為中國與美國在台海的對峙中，可以完全不考慮最多是俎上之肉的台灣國軍，和美國在亞太地區的軍事部署（「二十分鐘就可用飛彈搞定！」然後呢？），那種絕對不及格，而是狂言妄語的戰略理論和分析，那麼在將來中美競爭之中，和平解決台海問題，或許仍然存在高度的希望。

二次大戰後中美關係的演變

一、美國亞太地區基本國安利益

想要了解台灣在中美關係中的地位，必須先了解美國傳統的亞太地區國安大戰略。美國自立國以來，在亞太地區的國安利益是只要沒有任何強權能夠干預美洲事務，美國就達到其國安的大戰略目標。而二次大戰之後，美國國務卿艾奇遜申明，美國在亞太的利益，及於日本、菲律賓及澳大利亞，但不包括朝鮮半島、台灣及亞洲大陸。

朝鮮本非美國國安核心利益之所在，但在美軍從半島撤離之際，北朝鮮發動對南朝鮮的軍事行動，在美國杜魯門總統誤判中俄動機之下，美軍重回朝鮮，聯合國介入，並以第七艦隊阻止了中共攻台。這歷史的偶然導致台灣問題遺留至今。但是，至今沒有證據顯示美國對台灣、朝鮮、亞洲大陸有領土野心，或強力掌控的國安需求。所以，從越南失敗撤兵、簽署中美公報、川普政府對香港問題的雷聲大雨點小，都是因為這些不是美國亞太地區國安的基本利益之所在。

二、四十年來的所謂「交往政策」及其未來

大部分是美國自由派相信的所謂「交往政策」認為，藉由經濟及文化交流，接納中國成為國際體制的一員，幫助中國的經濟成長，自然就會壯大中國的民主自由及中產階級。可是，自二〇一〇年之後卻發現此種政策並沒有發生預期效果，而看到中美逐漸在軍事、經濟、科技等領域形成競爭，甚至對抗的局面。例如，美國很多傳統工業及工作崗位轉移中國，中國飛彈技術及數量增加，導致美國的航母政策的威嚇力日益削弱。從美國的眼光看來，經濟發展固然產生了大批中產階級，生活提升卻越是證明了政權的正當性。

不但所謂交往政策沒有達到預期的效果，經濟和軍事也發生衝撞。科技，尤其是

有軍事潛在用途的科技，中國也有長足的進步。有些領域像是5G、半導體、人工智能（包括機器人）、量子計算、生物醫藥，都已超越美國，領先世界。而思想及意識形態的領域，也形成與美國一向作為龍頭的所謂「自由民主世界秩序」截然不同的國家治理及國家發展風格。尤其在川普某種新孤立主義的退卻之下，中國在一些國際組織，以及一帶一路影響所及的第三世界影響力日增。所以，美國大部分中美專家都意識到美中在這些領域已然是競爭或對抗的局面，川普不過是由無厘頭的提高關稅，凸顯了問題而已。

競爭雖是無可避免，美國大部分分析中美關係走向的意見還是認為，過去的交往政策沒有生效，不代表完全可以不再交往。但是，交往之中可能是競爭，甚至是對抗，但一定不能落入修昔底德的泥淖，發生戰爭。外交上，美國應該重返世界舞台，聯絡盟國；軍事上除了嚴格把關尤其是有軍事用途的科技之外，只有埋頭努力向前。如此，方能重新招展所謂自由民主的價值的旗幟。最重要的是了解中美在許多議題上（例如氣候變遷）合作的必要，盡全力防止戰爭。

一、不要再沉溺在傳統地緣政治的老套

當今大國的衝突，與過去地緣政治為基礎的方式和觀念已有不同。地理的因素固然還在，但是經濟、科技、訊息、文化思想等的對撞與地理因素的連結，沒有太大關係。即以軍事而言，地理空間的觀念也在調整，更不用說受到科技影響的戰爭手段和形式（例如訊息戰、遠距飛彈等），雖然也和傳統地緣政治的觀念還有牽連，但是很多地方已經不太搭配。順口而出的什麼「第一島鏈防衛線」、「樞紐地位」等等，都已成為明日黃花。

如果說地緣政治在台灣問題上還有什麼關聯，那不幸恰好是對台不利的所謂「距離的霸權」（The Tyranny of Distance）。台海一旦發生武力衝突，即使美國決心與中共一決高下，它的海軍主力最快兩至三天才能從關島到達台海附近（從夏威夷則是十天）；加上中國不是伊拉克、阿富汗、利比亞或索馬利亞，美國如何下定決心克服遠距的咒詛而起兵，顯然是無比困難的決定。

二、中美競爭，避免衝突，尋求合作——不會為台打仗

就像國人只相信有利川普的各種謠言，很多人也只認為川普及他所任用的反共狂熱分子（像國務卿蓬佩奧或經濟顧問納瓦羅）是美國的主流。如上所述，中美競爭或衝突或許無法避免，這些偏激觀點不僅只是唯恐天下不亂，而且並非美國決策圈的主導意見。無論如何，這些狂熱分子選後已經失去舞台。如果還是半信半疑，我們不妨直接對照一些比較是主流多數的看法。例如，在美國通常名列前茅的麻省理工學院政治系，其國安研究主任波森（Barry Posen）教授在二〇一四年明白指出：

> 美國對台灣的保證既是最危險，同時又是當下美國戰略上最沒有必要的承諾。

又說：「也許台灣島內政治的民族主義高漲，也許中國的強大，也許兩者合起來，可能產生衝突。除非美國的國內政治，和亞洲的區域政治有所預備，美國的決策者會有困難阻止一個美國也許用軍事威嚇解決不了的衝突。即使亞洲政治局勢的發展使圍堵戰略成為必要，台灣大概不是一個決一死戰的最好的地方。」從這些言論看來，台海對美國基本利益的高度危險，台灣對美國而言的戰略價值究竟多少，是不是值得我們務實地

秤點斤兩？

上面已經提到的哈佛政府學院前院長艾利森在今年（二〇二〇）也說：「如果台灣地區的傳統戰爭的軍事較量裡，中國已經占有絕對優勢，我們一般理解的美國對台承諾能持續嗎？或許能力與決策圈所理解的承諾呈現的差距，是美國人無法接受的典型的『力不從心』和一般了解的『戰略失衡』？這豈不是最可能成為二十一世紀的塞爾維亞【一次大戰導火線】：是為第三造【台灣】的意外導致修昔底德兩霸【美中】災難性的戰爭？」

影響力非常大的百年老店美國外交關係協會（Council on Foreign Relations）的資深研究員布雷克威爾（Robert Blackwill），今年（二〇二〇）也認為：「華盛頓在執行對付中國強權有威脅性的一面時，應該建立對北京可信的傳統外交渠道來緩和兩國日增的緊張。兩方一定要使用最大的努力避免可能導致戰爭的持續對抗，特別是北京和台北日益緊張的台灣問題。」

曾經來台，而有可能成為拜登新政府國防部長的佛洛諾伊（Michele Flournoy）也認為：「環顧全球的問題，不論是下一個流行病或氣候變遷，或防止核擴散，美中如果無法想出如何合作，兩方都會深陷困境。所以，兩方的關係『除了競爭』同時有合作的成分……我不喜歡敵對心態。我想策略是一方面控制競爭，有可能就加強合作。真正全心全意防範定然是災難的兩個核子強權的衝突。」

所以，避免為台灣問題導致與中國發生衝突乃至於戰爭，是美國美中戰略最高的指導原則。

三、「內政化」與「以武促統」策略下，如何不戰而屈中共之兵

當然，以台灣的處境，也不盡是看著中美的較勁和互動，中共對台當下的策略也是重要的一環。我認為中共到目前為止所採取的對台政策仍然是在「和平解決」的大目標之下，設法將台灣問題更以理所當然的態度「內政化」（軍機繞台、反分裂法等），經由一系列的行動，設法造成國際間習慣成自然的某種程度的痲痺。就此，大陸有極多的先例可以借鑑。例如，中國和菲律賓在二〇一二年為中沙群島的黃岩島（Scarborough Shoal）發生糾紛，雙方砲艇對峙。美國雖聲明支持菲律賓，但實際上是斡旋雙方撤軍。最後菲律賓撤了砲艇，而中國維持事實占有。中國在香港採取了國安法等加強控制的措施，美國的反應受到現實的限制，雖然有某些制裁行動，只能說是雷聲大雨點小。

在設法造成內政化的同時，中共的另一個策略似乎是加強「以武促統」？（請注意：有別於「武統」）都七十年了，時間不算短，好話說盡，也沒見到台灣有任何積極的實質反應，頂多是空洞的「九二共識」式的敷衍。在川普政府小動作不斷的情形下，也難怪中共必須做出某種回應。「以武促統」其實是中共基於內戰經驗的結論。儘管

「一國兩制」、「和平統一」的號召，中共決策圈不會如此天真。周恩來就坦白指出，台灣問題不可能對國民黨來個水滸傳式的「傳檄而定」，比較務實的策略是「兵臨城下，水到渠成」。當下中共似乎正是採取這個策略。

但是，「以武促統」、「兵臨城下」，不幸也是基於落後的地緣政治思維。這種類似三國演義的戰略思維，七十年前或更早也許還有一定的相干性，在現代戰爭裡的適當性及有效性，則必須大大地打個問號。當然，沒有人在六、七十年前可以預測到現代的科技戰爭，不過，大約十年前，面對馬政府宣揚近海導彈艇，我曾經說過：

現代戰爭以爭奪制空權及癱瘓他方指揮控管電訊等系統（C4ISR）開始，而兩者不分，總是先以電子訊息干擾破壞，再以飛彈及隱匿戰機的攻擊先行。盟軍對利比亞的行動即是明證，即使是包括大規模地面戰爭的伊拉克二次海灣戰爭也是如此。

所以「近海」防禦已然是戰爭尾聲，甚至以兩棲登陸為假想的「近海」防禦是否有機會發生都是問題。

所以，兵臨城下式的「以武促統」，在現代科技戰爭的脈絡下，不但帶有極大擦槍走火的可能性（誰先動手摧毀對方的指管系統取得優勢？），一旦發生，其場面不是古代彎弓射大鵰式的圍城前奏曲，而是夷為平地的毀滅性轟炸。這肯定是有點人性的兩岸人民無法接受的場景。更糟糕的是北京有些白痴專家還幸災樂禍，認為中共「以武促統」的宣示和作為已經奏效，嚇倒某些台灣人云云。沒有人能準確預測台灣人到時會有什麼反應。不過，孫子曾經觀察，有時候人會「置之死地而後生」，誰知道處於絕地的人會如何反應？無論如何，這些高談闊論的口水家，絕對不會是第一個登陸台灣嘉南地區海灘的前鋒。

列寧問過：「大難臨頭，出路何在？」面對好像是現在進行式的「以武促統」，台灣如何因應？

我想台灣方面應該以「以談促和」回應。最高的指導原則是兩岸和平共處。因此，戰爭不是選項。如何讓北京願意放下武嚇的姿態，我想只有台灣真正使大陸感到有談判的價值。「一中」既是中共退無可退的底線，我們必須探討到底什麼是「一中」？某些人以為「九二共識」的一中是大陸可以接受的主張，這幾乎是不證自明的廢話，因為大陸在「九二共識」下的一中是中華人民共和國。台灣的「一中各表」是說了壯膽，沒人理會的夢囈。北京所說的台灣不能放棄「九二共識」，是不能放棄中華人民共和國的「共識」。台灣的「各表」的「一中」在台灣的市場越來越小，而在中國大陸根本沒有存在餘地。道理很簡單，兩岸的所謂「九二共識」，實質上是兩極分裂的「二中」主張。

中共建議的「一國兩制」則不然（照道理應該是台灣積極主張）。「一國」不否認「一中」，只是目前在實行兩制的共存安排中，什麼是「一國」，雙方還沒有談僵談死，台灣方面似乎還有機會掌握這個日漸式微的機會。由於台灣如果願意放棄中共絕對無法接受的僵硬的「各表」的「一中」，展現靈活的談判姿態，我們期待中共也展現比較柔軟的立場，從極端的「一中」立場，探討雙方同時可以接受的「一中」觀念和安排。換句話說，兩岸必須看到「九二共識」的一中基本上是沒有交集，也不可能交集的各說各話；「一國兩制」的「一中」是經由談判達成共識的「一中」。雖然有人認為目前「各表」的「中華民國」，甚至「中華民國在台灣」就是「一國兩制」，有什麼好再談「一國兩制」？道理很簡單，「各表」之下的「中華民國」，不是「一國兩制」的一國。甚至有人還主張「中華民國在台灣」早已是主權獨立的國家呢！

什麼應該是雙方可以接受的「一中」，其他人可以有不同意見。我的主張是，在「一中」原則下有台灣成為「國中之邦」（federacy）的安排。我認為，唯有台灣在「一中」的態度有靈活的立場，雖不能保證，卻才可能談得到兩岸重啟有實質意義的政治交流。台灣當局一直說是願意坐下來談，但看起來像是不帶多少誠意的空口說白話。如何啟動談的動機，談些什麼，既無概念，又無準備。看來即使官僚一時不能理解，兩岸人民只有為自己及後代，啟動某種探討的路徑。

當然，啟動深化研究「一國兩制」是非常艱巨的工作，沒有人有那種一呼百應、一蹴可及的幻想。前些日子，國民黨的改造委員會裡，居然有人認為絕不接受「一國兩制」是蔣經國前主席的遺訓，必不可違。改造委員會有這種台式「凡是派」（凡是蔣經國說的，都必須遵守）坐鎮，好像是鄧小平請汪東興當改革開放的總設計師，真是滑天下之大稽。

我們都熟悉孫子的名言「不戰而屈人之兵」，所有人都認為這是戰爭勝利的最高境界。當然，沒有死傷本身就是重大的成就。中共的「以武促統」，不是真正想要動武，而是想以軍事壓力促成和平解決台灣問題，意思是不戰而屈台灣之兵。不過，一般的理解和影像是強勢一方不費一槍一彈達成其政治目的。通常被忽略的是所謂「人」，不能只指弱勢的一方。如果和平是最高的價值，而現代戰爭的殘酷無法想像，那麼，無戰不是零和觀念。台灣如果能夠讓中共在解決台灣問題的過程中感覺並以「不戰而屈台灣之兵」為傲，終究成就和平解決的既定目標，而同時和平達成自己的目的，台灣事實上在中共不戰而屈人之兵之中，達到更高境界的不戰而屈中共之兵！

寫到這裡，我心中浮現的影像是二次大戰時，德軍略過馬其諾防線，徹底鎮壓法軍，長驅直入巴黎之後，一位法國老伯，看著軍容肅穆的德軍在凱旋門前閱兵而黯然淚下的傷感畫面。我願意相信，台灣還有時間和機會，不必走到這個地步。

嘆息！「挺川保台」：越陷越深的一面倒政策

所以，本來無論拜登或川普入主白宮，處理中美關係的未來，同樣是既要競爭，又須合作；共和民主，半斤八兩。在美國美中關係主流的分析及認識主導之下，沒有一個有點腦筋的人，會期待美國（即便是川普）會為台灣問題和中國宣戰（阿布拉游錫方方土院長例外。他有次訪美，高喊「台灣希望美國和中共幹起來！」引起美國國務院警告：不得以客人身分在美發表妨礙美國利益的言論！）。刻意用兵（打核戰）已非在人性考慮之中；面對殘酷的現實（遠距、軍事失衡），美方誤判或情緒反應的軍事行動的可能性也幾乎不再存在。「挺川保台」，不但與台灣應該盡力保持台海和平穩定的方針背道而馳，而且最多好似即興的自拉自唱，最終證明不過是庸人自擾！

第二章　川普們，捲鋪蓋走人吧！

川普們，捲鋪蓋走人吧！[44]

荒腔走板的演出

美國這四年來，受盡川普一夥「戮力演出」，好容易以選票請其滾蛋，想不到居然戀戀不走，煽動「政變」。國務院的蓬佩奧更是一反常理，在下台前十幾天，宣布美國駐聯合國大使十三日訪台。

台灣民間大多百思不得其解，也有認為川普丟給了蔡英文一顆燙手的山芋。不過，從外交部長吳釗燮「熱誠歡迎」的表示，也許也有人喜出望外？意欲何為？

一個馬上要下台的大使來台，有什麼意思？固然，美國國務院高管近年來常常假

44 部分原載於香港《大公報》。

公濟私，任內大肆旅遊，但以蓬佩奧鄭重其事的樣子，似乎另有他意。表面上說是商談擴展國際空間（他有此能耐嗎？），我們合理懷疑是為了取得什麼好處。或讓台灣當局欠蓬佩奧與其一夥一個兩手叉腰，「堅決挺台」的人情債。

駐聯合國大使本來資歷太差，任期過後沒有在政壇繼續活躍的可能。所以，基本上她是蓬佩奧的一個棋子。蓬佩奧有他的政治野心，意欲問鼎美國參議院。事實上，美國大選前，也回到其本州（肯塔基），試了一段時間的水溫而作罷，但這不妨礙他做將來向民進黨要債的伏筆。雖然美國法律規定，候選人不得從外國人接受政治獻金，但是這種限制容易規避。尤其台灣當局可以利用在美的台僑做人頭。像川普和蓬佩奧這類右派極端分子，本來就視法律規定如無物，這些人不會把外國人政治獻金的限制當一回事。尤其台灣當外交凱子的名聲遠播，例如前民進黨的國安會祕書長邱義仁曾為無中生有的「建交」，被騙九億元之多。

真正的受害者

這種本來無用的舉動，很容易造成美國又來保護台灣的錯覺，使台灣朝野進一步陷入向美國一面倒政策的泥淖。可嘆的是，台灣人如果相信這些連美國自己人病疫或暴動死亡都不在乎的政客，會為「自由中國」拋頭濺血，台灣人不要太好騙了！

快點走人吧！

川普、蓬佩奧及其一夥耍弄世人，早已令人無法忍受。不過，像過氣「高層」訪問台灣的把戲，既無實質意義，又乏某種形式上的必然延續性。反之，拜登團隊已經批評美國國務院這種離譜的「臨去秋波」，希望台海問題依據兩岸人民的期望，和平解決。也許隨著拜登新政府比較切實的對台政策，美國自己得以卸下所謂對台承諾，不切實際的重負。希望兩岸得以共同努力，創造台海和平，達到三贏的結果。

「戲中戲」川普鬧劇中的權力分立插曲[45]

絕非花邊新聞

只剩一兩星期的美國總統大選，可能是美國歷史上最關鍵性的選舉之一。由於美國的全球霸權，自然值得我們關心。但是，比較被人忽略的是大陣仗中的一個小鬧劇。

---

45 原載於《風傳媒》二〇二〇年十一月十七日。

不管新的選舉結果如何，川普企圖利用他僅存的任期，靠著共和黨仍然是美國參議院多數的事實，意欲強渡關山，急速任命保守派中意的巴雷特（Amy Barrett）為最高法院法官。如果提名通過，短期之內已經（或高度可能）到了最高法院的訴訟，包括美國健保如何存續、女性的墮胎選擇是否喪失、大選的合法性等等，統統因為這一票變得前景未卜。

遠期而言，巴雷特只有四十八歲，很可能以她極為特殊的法律見解，影響最高法院及美國憲法發展三、四十年之久。尤其是，這看起來是美國的家務事，卻也有它在法律、政治、社會發展及意識形態上深刻的普世意義，值得我們花點心思注意。

從頭說起：大選年總統可不可以任命最高法院法官？

本來美國憲法規定最高法院法官由總統提名，經聯邦參議院同意即可。問題是近一、二十年美國共和民主兩黨對抗白熱化，促使共和黨忽然在二〇一六選舉年初，歐巴馬總統提名賈蘭德（Garland）法官為最高法院法官的過程中，發明了一套憲法所無的憲政理論：總統選舉年民意未明，應在選舉後新民意出現，才能由（也許是另一黨的）新總統提名任命新法官。共和黨控制的參院就這樣硬是把提名一事，來個相應不理，任其胎死腹中。

可是，對今年選舉前只有幾十天的川普提出的任命案，共和黨參院又是如何應對呢？無奈之中，這些政客只好食言而肥，厚著臉皮說是今年不同，因為總統及參院都是共和黨控制。本來憲法就沒這麼說，當然也沒有人信服這種強詞奪理的硬拗。所以歹戲拖棚，已到了聽證的階段，看來民主黨是無計可施了。

法院不能也不可解決所有問題是一句廢話

巴雷特作證時開宗明義就說，法院的設計不能也不可解決所有問題，這當然是美國法律保守派朗朗上口的信條。表面上看起來是司法收斂（passivism）謙遜，有所不為的美德，事實不然，本身也是一句廢話。從來沒有一個機構或組織是用來解決所有問題，法院何有例外？這是常識，不待（尤其是底蘊不足的）法學專家而後知。

不過，如果勉強了解它的意思為告誡世人，司法必須謹守「分際」（？），那就有淵遠流長的政治哲學背景。我們都熟悉，西方在十七、八世紀曾經流行一種觀點，認為為了保留個人最大程度的自由，政府的功能最好是限於像夜間放哨的警察，能夠防止小偷，即是功德圓滿。這是一句從來沒有，也不可能兌現，而且早已被幾百年來的政治發展（例如福利國家）證明是既不曾存在，又完全不合時宜的口號。

不過，問題不是法院能不能或該不該解決所有問題（問題本身就沒意義），而是法院一旦碰到問題如何去解決。法律上有一個很有名的格言：「有損害，斯有救濟」（*Ubi Jus Ibi Remedium*）。法律功用在於提供對損害的救濟。可是，保守派的法律人士好像是認為即使有損害，也不一定能有法律救濟的途徑。這不過是保守法官本身先入為主的政治與法律價值的（最小的政府）投射，不可能是中立的判斷。尤其要知道所謂「不作為」，不是這些保守法官要你相信的司法收斂或謙虛，「不作為」在這種場合甚至不是「消極的作為」，而是積極的維護既存現狀的作為。

法官應該嚴格遵守法律的文字規定是無意義的空想

對錯暫且不論，「嚴格遵守法律文字」也不是巴雷特的什麼原始創見，而是老掉牙的陳年老調。之前，新任美國最高法院法官戈蘇奇（Gorsuch）早就擺出智者的姿態說，憲法解釋必須遵照立憲時的「原意」，嚴格遵守文義，不要考慮法律的實效，因為不能由美國最高法院九個法官告訴美國人如何生活，最多只能由修憲程序使憲法變得更好。

問題是，法律文字不是有如自然界太陽月亮之類的客觀實體，沒有什麼確定客觀的意思可以「發現」。法律的意思，是我們基於自己的觀念、價值、知識、甚至偏見，解釋和理解的結果。如果兩個人的解釋雷同，那只不過是我們相同的社會化及教育成長過程，共同群體的意識和文化，給了我們類似的價值和觀點，使我們形成一個解釋社群，做出相同的法律解釋，不是法律有什麼「固有的定義」。例如，我們對文字共同的了解，使我們不會認為「殺人者死」的意思是殺狗者死。可是，胚胎（至少是早期）是「人」嗎？法律沒有明說，憲法更是諱莫如深。面對這種模糊地帶，法院又不能不解決問題，於是參照社會對婦女權利地位已經改觀的事實，認為墮胎是婦女結合隱私權、人格權、自主權的一種個人的權利選擇，並沒有違反什麼法律的原意，反而是法律觀念與時俱進的表現。

巴雷特之類的保守人士認為，適用法律之人就像任何讀者，首先閱讀章句（法律文字），然後選擇解釋方法（有人甚至主張無從選擇，例如「文義為先」是為「定律」），最後取得作品「客觀的意思」（確定文義或原意）。但是，這是事實上不存在的程序，純屬理論的建構。正是解釋社群，而不是章句或讀者，製造「文字」的意義，解讀之前已先有解釋的取向，並決定解讀的模樣，而不是通常認為的相反現象。

助長不妥協的西敏寺式民主

我們談到民主，常常在心裡浮現的是源自英國實踐的所謂西敏寺（Westminster）多數決議會民主：少數服從多數，贏者全包，少數等待機會變成多數。很多人也認為，在這種多數決的安排之下，兩黨政治是民主政治最佳形態。

可是，超過半世紀的政治學研究卻告訴我們，這種程序不僅不是民主的唯一形式，甚至有助長多數專政、不照顧少數觀點及利益的毛病。除非有多個政黨存在，多數依賴人頭，通常不必理會少數的感受和利益。但是，在有因種族、文化、宗教等而歧異的國家或政治單元，西敏寺民主並不是唯一，甚至不是最好的民主程序。反之，一種共存（consociation）模式，反而更能使利益不同的政治勢力，做出妥協，分享權力，達到和平共處的目標。

在美國兩黨比較不是分化對立的時代，控制國會的多數黨有時還會對反對黨伸出友誼之手。美國參院也曾經就某些特別重大的議題，達到必須有「超多數」（supermajority，即百名參議員中的六十票同意）。奈何最高法院人選的同意程序沒有包括在內。加上近年來兩黨妥協的氣氛早已消失殆半，才有像巴雷特這樣既保守又平庸的人得以出線。我看最終將導致最高法院的聲譽下降。

維持現狀的守成也是司法決策及干預，必定是一種價值判斷

巴雷特又慷慨陳詞，凡是政策和價值判斷，都應該由民選部門（即立法、行政）負責，沒有司法置喙的餘地。如上所說，通常保守的法律人士對法律人應該的角色定位，最為津津樂道的主張是，法律人士，尤其是適法之人，應（如果可能）確守法律的文字，歌頌以「消極」、「不作為」的美德，解釋和適用法律。以為這樣才是想像中的法官執法（而非「製法」）應有的態度。

「作為」和「不作為」當然是法律人士朗朗上口的（尤其是在刑法和侵權行為）對基本法律概念。觀念受到群體文化塑造的法律人士，於是理所當然地適用到分析決策和法律解釋的場合。事實上，沒有比這種誤用、未經大腦、人云亦云的觀念更為危險荒謬的例子。「作為」或「不作為」是指物理或生理的行動，不能囫圇吞棗地濫用到人的意識或精神活動，像是法律解釋的決策過程。決策的「作為」及「不作為」都是決策的「作為」，其不同只在於效果有別。法律決策的「作為」試圖處理或改變現狀，或至少是提出解決問題的方案；「不作為」試圖維持現狀，法律解釋的「不作為」，基本上也是意志或精神活動的一種「作為」。我們應該拒絕這積非成是的無聊分類，洞悉其深陷法律人士保守角色定位的作用和危害。

所謂法官不應有政策和價值判斷，也是完全無法成立的陳腔濫調。首先，如上所述，無論法院傾向維持現狀或有所變革，都是政策和價值的選擇。其次，這種類似十七、八世紀「法官只是法律的傳聲筒」，最多只做傳遞和事實判斷的迷信，早就很少人相信。現代的許多哲學家（例如現象學鼻祖胡塞爾、哈佛的普特南）也都指出，價值／事實判斷這種二分，只是人為觀念區分的武斷。人不過是在觀念上做事實上不存在的抽象劃分。沒有一個所謂價值判斷不是基於事實判斷；沒有一個所謂純粹事實的判斷，不附隨一個所謂價值判斷。例如，墮胎非法必定基於也許認為墮胎是殺人的殘酷行為的事實判斷；而墮胎是殘酷的這種所謂事實的陳述，總是附隨不許墮胎的價值判斷。所以，所謂法院不該做價值判斷，只是觀念上習慣的強為區分，事實上不存在，也不可能。

台灣人看美國大選像是看戲。川普及其一夥呆子幾乎把美國人過去視以為傲的民主體制和價值，玩弄殆盡。不過，好壞不論，也許美國堅固的基本價值，或許還能再一次戰勝川普現象這種歷史的偶然。但是，娛樂之餘，或許也有某些教育意義。台灣的法界有很多人開口閉口就說美國最高法院如何如何，好像他們所說的都是「聖諭」（受例如德國教育的也一樣，總是德國學說判例如何如何）。仔細分析巴雷特的發言，這些人的見解和智慧不僅沒有比我們高超，有時甚至更差。這些人常常不知道他們信誓旦旦，奉為鐵則的一些觀念，像是法官必須而且可能發現法律文字客觀正確的意思；法官有辦法變成機器人，不受價值判斷的影響；少數服從多數就是民主（或民主的唯一形式）等等，只不過是日夜複誦，積非成是的老生常談。我們分析台灣的事，要從台灣的脈絡著手，不要盲目從他們（有時不甚精彩）的理論出發。

拜登會出賣台灣嗎？46

拜登及他的團隊上任不過幾天，美國的許多外交行動顯然在做法上面，與前任有很大的差別。國務卿布林肯（Anthony Blinken）為拜登幕僚及策士數十年，基本上是拜登的執行長，不太可能有超出拜登的己見。在任命之前的參院聽證會雖然強調正視中國的威脅，這也是美國中美專家大致的共識，更是聽證順利過關的場面話，不值得像台灣川粉過度的誇大和寄望。比較有創意的智囊應該是哈佛政府學院的艾利森（Graham Allison）和總管亞太事務的助理坎博（Kurt Campbell）。

昨日古巴，今日台灣

艾利森一輩子研究戰爭與和平，創造了修昔底德陷阱理論，對中美關係又有獨到的見解。他提出警告，歷史上有至少十六次強權興起，挑戰現成霸權的例子，其中只有四次沒有戰爭。所以，在兩強相爭時，戰爭與和平的相對可能性幾乎是三點五比一。

46 原載於《風傳媒》二〇二一年二月一日。

如果是這樣，中美不得不戰的可能性大大高於和平的可能。而他同時認為，中美爆發戰爭最可能的引爆點就是台灣問題。當然，修昔底德陷阱不是什麼定律，有人甚至完全否認其效力；可是，否認定律存在，無法抹殺對抗的事實和戰爭的可能性。不過，在艾利森的研究裡，他曾經引用遼宋之間的澶淵之盟說明兩強的衝突不必然產生戰爭；又以六〇年代美國總統甘迺迪處理古巴危機，展示一觸即發的核戰如何幾乎成了事實。

古巴的例子具有嚴肅的教育意義有如所言之外，對當今台海局勢更應該發人深省。比喻雖不完全契合，我們可以把當年的美國想像為今日的中共，把美國想像為當年的蘇聯，再把台灣想像為當年的古巴。二者之間極具分析的類似性。台灣之與中國大陸，就如當年的古巴之與美國。對錯不論，美國對其他美洲國家的領土雖無野心，卻向來認為美洲以外的國家干涉美洲事務，有如在美國的後院撒野。除了歷史因素，地理上大陸與台灣近在咫尺，又是中國大陸的基本利益之所在。蘇聯之對古巴，兵力遙遠，又非其國家的核心利益，正如當今台灣之對美國。一旦有台海軍事對峙，結果是不是很可能像古巴危機的發展？如果美國不像當年的蘇聯撤退而硬幹，甘迺迪及艾利森的核戰憂慮豈不在台灣成真？如果雙方避免核戰危機，美國只有撤退一途。頂多換取中共不強力干涉台灣內部事務的承諾下台？

可是，兩個例子中間有一個基本的差異，中共不像美國必須做出不攻擊古巴的承諾換取當年蘇聯放棄以飛彈進一步武裝古巴的行動。美國對台軍售本來與當年蘇聯的軍援古巴有實質的不同。同時，中共本來就沒有一定干涉台灣內部事務的必要，而提有一國兩制的建議。也就是說，兩個例子的結局固然可能相同，兩岸人民卻本來就沒有什麼理由和利益，承受軍事衝突，甚至核戰的致命風險。

一國兩制還沒真正開始

據聯合報記者採訪報導，艾利森表示：「拜登必須展現出自己並沒有比川普對中國更軟弱，政治雜音不斷，拜登政府對中國的態度會明顯和川普政府不同。」假定艾利森真的如此表示，這句話本身顯然前後矛盾。我們姑且了解為拜登在不能示弱之下，會有不同的策略。到目前為止，拜登有沒有對中國軟弱，我們無法確定。但採訪報導的重點是認為一國兩制已到盡頭？「但兩岸未來的發展，應該以兩岸人民為最大福祉，在不與中國交惡的前提下，『一個中國』這個理念是毫無異議的，美國更不會公開承認台灣獨立，拜登政府最大的挑戰是擬定另一套外交策略，突破一國兩制的架構，讓美中台三方都能和平共榮，才是最重要的。」果然美國國務院在一月二十三日左右發表聲明，支持「符合台灣人民願望與利益的方式，和平解決兩岸爭議。」至於訪問報導中，「一中」和「反獨」容易了解，後段極為費解。假定報導正確，也許意思是中國提出的一國兩制在香港實施至少從美國的角度是成績不佳。而四十年來又未被台灣接受，是已失去效力。能夠想出大家都可以接受的某種安排固然是求之不得的好事，事實上大家（尤其是台灣）對何謂一國兩制的經驗和了解不多。所以，兩岸的一國兩制根本還沒開始，所謂另一套的策略，絕對無法超脫同時能為大家所接受的一國兩制所代表的和平共榮的精神。

疑鬼疑神，自作自受的「芒果乾」

據說，台灣廣大群眾在「被出賣」、「被遺棄」、「被打壓」、「被入侵」的影像之下，產生了深度的「亡國感」，即一種無力自主的精神焦慮，似乎是預見失去熟悉的生活方式和生命價值的恐懼。但是，憂慮、恐懼、抗議、憤怒來自無中生有的「亡國感」，沒有（也不能）解決問題。釜底抽薪的辦法是消除「被出賣」和「被入侵」的可能性。艾利森的解決辦法是「另一套外交策略」。在我看來，不必捨近求遠——這另一套策略就是放棄圍堵，避免衝突，改變敵意，協商談判，拾起現成、卻從未真正應用到兩岸的一國兩制。世界已經向我們展示，不同的族群可以信奉你的天主教或基督教，可以信仰你的阿拉或上帝，可以說你的各自的瑞典話或芬蘭語。台灣在當家作主，尋求和平的主動之中，不會被出賣，也不會被入侵；你搞你的民主集中，我繼續我的藍綠廝殺。吐出「芒果乾」，品嘗「龍鳳果」，何樂而不為？

穩定亞太的權力均衡與正當性

坎博在本月的《外交期刊》一文的中心論點提出，亞太秩序有必要達到一定的平衡及正當性。這不是保衛第一島鏈，挺台抗中的冒進性主張，而大部分是守勢的穩定策略。他認為中國在東海的擴張、南海的建島，與印度的邊境衝突、對台灣的威脅、維吾爾及香港的處理，經濟深入，動搖亞太的現成秩序及行為模式。所以美國必須與盟邦及夥伴共同面對中國對權力均衡及正當性的挑戰，尋找權力平衡及正當性，保持對所有成員享有區域的繁榮、和平、公開。但是他又認為，亞太國家中，緬甸、寮國、柬埔寨大致跟隨中國，菲律賓及南朝鮮有其獨特的中國政策，與美國不一定一致。其餘國家不論是美國盟國如印度、日本、澳大利亞，基本上是平衡政策，其餘槓桿國如馬來西亞、印尼、新加坡，則向兩邊各取其利。但大部分國家不至於選邊站。

無論上述主張有無新穎之處，他的角度不脫典型的美國自我中心論點，即以美國為中心，對任何中國對美國人認為的權力不均衡及其所呈現的不正當性，要說服、聯合，並領導其他盟邦及夥伴共同應對中國。即使中國不一定認為亞太地區有所謂中國引起的權力失衡（否則，美國為什麼還自認有能力與其亞太國家結盟？），或現狀有一定的正當性（台灣問題未決、南海糾紛迭起、朝鮮半島動盪、中印邊界不穩等等），或亞太將來一定走向中美兩強的對抗。可能中印澳日韓美（或其中的結合）都是某種程度的權力中心，這些都從不在坎博考慮之內。

如果從中共的角度，認為美國圍堵態勢不代表中國可以接受或感到舒暢的權力均衡；台灣問題懸而未決不代表可以接受的正當性，中國就是某些評論家認為的「新帝國主義」或「鴨霸」的橫行霸道？且看慈祥的山姆叔叔如何表現。當委內瑞拉左翼政府不為川普政權所喜，美國不僅扶持對立政權，二〇一七年川普威脅派兵入侵。當巴拿馬冒犯美國，一九八九至一九九〇年布希總統派陸戰隊直接把巴拿馬總統諾瑞加逮捕歸案。一九七三年，智利選出左翼的阿葉德總統，美國鼓動政變，殺之而後快。根據艾利森的研究，美國在十九世紀末，二十世紀初的興起之中，入侵古巴；武力干涉委內瑞拉和英德的糾紛；分裂哥倫比亞，另立巴拿馬國取得運河開發權；企圖推翻墨西哥。奉行小羅斯福總統「說話可以輕聲細語，但手中要拿一根大棍子」的名言。十年之中，以武力干涉美洲其他國家事務不下三十次。中國在崛起之中，比起來並沒有秀太多的肌肉。

我們不在贊同大國我行我素，橫衝直闖，而是在指出很多「芒果乾」的妄想出於誇大。適當的防空識別區當然有其必要，但不能把公海視為「領空」。也許沒有人可以阻止你把識別區劃到南至南海，北至日本海，但是不能因此宣稱各國飛機侵犯「領空」。這是從合理的謹慎，幾乎轉換為「被虐待的妄想症」（persecutory delusions）。而島內眾多表面上服膺「現實主義」的國關分析之中，下意識地走私雙標的道德主義，間接構造了庸人自擾的「亡國感」。

真正的新戰略轉向？

以拜登的行事風格及外交的歷練，他應該會以美國國家利益為前提之下，與盟邦或友國，在一定與中國大陸有所競爭之餘，謀求合作及共處的機會和可能。雖然一般的分析好像霧裡看花，渾水摸魚，有以為看到美國堅持守衛「第一島鏈」者，有看到「挺台反中」新冷戰者，也有認為台灣不能寄希望於拜登者。但是，如果拜登願意接受其亞太事務助手及智囊的建言，我們看不出其團隊有任何製造與中國衝突或戰爭的企圖。不僅比較鷹派的坎博只是指出重新建立亞太均衡的必要，而不是由美國獨霸，艾利森更是以避免戰爭為最高指導原則。

除了重新確認一中及反台獨的立場之外，台灣大部分國安專家及媒體（也許蘇起例外），似乎都沒有領略拜登團隊比較細膩的分析及建議。這個新角度在於希望在尋求美國，及兩岸人民都能接受的穩定台海局勢的三贏安排。這種安排也許不是美國認為的一國兩制，但是如果為了和平的最高目的，它不可能與一國兩制有實質的不同。果真能有一種安排，既能突破過去六、七十年來族群衝突專家對共存理論及實踐的結論和成果，而又能促成兩岸都能接受的和平穩定關係，那不是「出賣」台灣，而是值得兩岸及美國廣大人民永世的感謝。

第三章　共軍會突然襲擊台灣嗎？

台海軍情　總統候選人知多少[47]

二〇一二年大選以民進黨總統初選正式開鑼，候選人大談兩岸關係的大戰略。與此同時，中共第一艘航母服役了，從各大報電子版的點擊率看來，廣大群眾深深憂慮這則消息。媒體又報導馬總統巡視據說是匿蹤近海作戰的飛彈艇。如果「匿蹤」是指有高度規避雷達的性能，那的確是邁向「不對稱」戰略正確的一步。但由於是「近海」，卻可能暴露我方在台海軍事均衡評估中一個極為危險的盲點。看來嚴酷的台海軍事危機並不等待兩岸關係的理論爭辯，兩岸政策需要包括軍事關係的辯論。

現代戰爭以爭奪制空權及癱瘓他方指揮控管電訊等系統（C4 I SR）開始，而兩者不分，總是先以電子訊息干擾破壞，再以飛彈及隱匿戰機的攻擊先行，盟軍對利比亞的

47 原載於《蘋果日報》二〇〇一年四月十一日。

行動即是明證，即使是包括大規模地面戰爭的伊拉克二次海灣戰爭也是如此，並且更顯示胡桑以傳統兵力對抗盟國優勢傳統及非傳統兵力的傳統軍事思維的愚昧。所以，自從納粹入侵波蘭以來，從無一方不掌握制空權仍能獲勝。而中共自二〇〇二年中央軍委成立「高新技術武器辦公室」以來對國防現代化的軍事策略及實踐，也更加著重訊息戰及發展飛彈航母等，力求扭轉包括制空權的對美的不對稱軍事關係。

訊息戰可決定勝負

這樣的現代軍事作戰方式對台灣的安全影響深遠。根據二〇〇九年美國智庫蘭德公司一項報告中的電腦模擬，兩岸如果發生軍事衝突，共軍可在二十四小時內取得至少是暫時的制空權。而現代空戰權威吳頓（Warden）甚至主張只要空中攻擊即可能屈服敵人。至於包括在爭奪制空權的訊息戰，專家認為成功的訊息戰可在正式作戰前決定戰爭勝負。

中共一艘航母固然改變不了整體軍事情勢，但台灣如果仰賴這樣的分析，可能就會鑄成大錯。台灣必須注意，如果台海真的引發了制空權的角力，除非中共不智地預襲美軍在北亞地區的前哨基地及設施，導致美軍必然全力反擊，不然在雙方核武及導彈某種程度的恐怖平衡下，美軍會不會及能不能像在波灣一樣為所欲為地對中國大陸的設施及航母先發制人，取得絕對制空權，極為可疑，甚至很難想像。即使美軍決心取回共軍暫時制空權，是否能攻擊中國大陸的指管系統及飛彈，問題仍相同。所以「近海」防禦已然是戰爭尾聲，甚至以兩棲登陸為假想的「近海」防禦是否有機會發生都是問題。

在這種情況下，由於戰略目標不同，台灣如何不仰賴美軍去清除中共的指管系統及飛彈航母，如何發展國防能力不致失去制空權，並進一步使中共不致誤判，使台海軍事衝突首先就不致發生，營造「先勝而後求戰」的氣氛，恐怕是極待思量的議題。

擬好戰略防止戰爭

克勞塞維茨說過，戰爭不過是實現政策的一個手段。但是倒過來看，大戰略是否務實，可否實現，也要看軍事戰略是否正確，能否支撐政策。談兩岸政策的大戰略卻對兩岸軍事情勢不置一詞，太不切實際，也太危險。所謂「兵者，國之大事，生死之地，存亡之道」，我們當然希望台海和平，但和平要有和平的條件，包括正確的軍事戰略使戰爭無從發生。正因如此，在此民進黨初選及未來的總統競選過程中，台灣選民有權利知道未來的領導人對兩岸軍事情勢有多少了解，如何因應。

台灣將擁有核子彈？[48]

此期美國的權威《外交期刊》[49]有幾位專家重新預測未來十年內台灣有可能擁有核武。一九八八年由於張憲義叛逃，使據說在一兩年就可實際生產的台灣原子彈計畫胎死腹中。當時是否真能實現固為歷史懸案，計畫確實一度（或許還是）存在。以下重刊的分析（〈假如台灣擁有原子彈〉）原載一九七七年七月香港《廣角鏡》五十八期，除了修改一點明顯的文字錯誤之外，原文內容未動。問題的本質雖然未變，新增的因素和環境的變化，使得問題的複雜與嚴重加劇，我們應該關注。

由於核武力的巨大威力，擁有核武器是許多國家已然成就的事實，也是很多尚未擁核的國家（甚至革命或恐怖組織）的願望。不論擁有者是否會使用核武主動出擊，擁有核武器象徵一個政權幾乎取得免於外力過分干涉的絕對保障。所以，核子大國不說，安全時常受到威脅的小政權像以色列、南北朝鮮、伊朗，莫不千方百計取得或努力發展核武。但是，核武俱樂部成員卻認為自己擁有核武雖是正當行為，核子擴散卻是極為危險的現象。因為在核武戰略的思維中，所謂「防衛」（或防守性）與「攻擊」（或攻擊性）武器的界限，有時候已經沒有太大實質意義。

一個擁有或即將擁有核武的國家，可以信誓旦旦，宣稱絕不首先使用武器，核武純粹為自衛之用，只是為了反擊等等。核武是否成為攻擊性武器，重要的是對方的判斷。擁有核武一方自認的「消極防衛」很可能是對方眼中「積極挑釁」的行徑，核子武器的擴散增加已然複雜的國安判斷。大陸的反分裂法中已經明示，台灣如果發展核子武器，即造成大陸以武力解決台海問題的理由。這是台灣如果發展核武力必然對台海「現狀」造成動盪的現實。

許多「抗中保台」的勇士對美日澳在台海有事必然軍事馳援台灣的假定或判斷，不過是情緒恐懼之下的幻覺。「同仇敵愾」如果存在，常常限於近親故舊（所謂kin selection）。而國家關係的所謂拔刀相助，絕對是本身國家利益的藉口，甚至是用刀脅迫。「慷他人之慨」在親朋中都常常只是一廂情願，把別人的核子傘當成自己的護身甲，未免只是痴心妄想。不論誰是誰非，每次中印邊界的武裝衝突時，台灣或許應以軍事奧援印度，達到實現抗中的「普世價值」。可是，事實上軍援印度可曾閃過我們這些「抗中保台」勇士的腦海？

台灣如何取得核武？購買贈送，自己祕密發展，在第三地研發都可以想像。有人認為，為了對抗大陸的武統，美國可能供給台灣核子武器。如果了解美國對日本或南朝鮮可能發展核武的態度，情願將他們納入美國的核子保護傘，獨擁使用核武的單方決定

48 原載於《風傳媒》二〇二一年十二月二十二日。
49 Foreign Affairs 01/02/2022

權，我們可以判斷此種可能性幾乎是零。其次，有中科院計畫被美方破壞的前例在先，再度自行祕密發展的可能也很渺小。剩下來的是在第三地發展。當然可以想像，核武大國之外，或基於某種意識形態（例如以色列），可能願意祕密在第三地協助台灣發展核武，或基於本國國安利益「以台抗中」（例如印度），或在重賞之下必有勇夫的安排下（太平洋小國？），也許願意提供台灣設備人員祕密研究的場所。但是，在可以預見的將來，看不出來有後兩項發生的某種機率，更看不到台灣有什麼政治人物有此種（魯莽而危險的）膽識。

國人對國安的想法與許多其他領域相似，有時候反映典型的「外來的和尚會念經」的思維殖民心態。以前國人不少評論都早就指出台海日益走向武力衝突的可能性，大部分人待之有如耳邊風，甚至是「舔共」同路人的瞎說。不久以前《經濟學人》雜誌一篇分析毫不出色，多半重複前人意見的文章，認為台灣是世界上產生武力衝突最危險的地區，國人爭相傳閱，轟動一時，待之如媽祖廟的神籤。這次美國「蛋頭」又對台灣擁有核武的問題指手畫腳，憑空想像或然率極低的台灣擁有核武的可能。也許會引起「抗中保台」或「聯美仇中」的「勇士」們某些幻想，但我想更大程度上是暴露此種心態和路線的危險和荒謬。

假如台灣有了原子彈，台海會出現一場海戰嗎？[50]

據本年一九七七年六月六日美東中文《星島日報》第一版的報導，美國喬治城大學的萊菲佛教授預測，中美建交時，如果國府感到嚴重威脅，將會發展核武器。其實有關台灣發展核子武器的傳聞，由來已久。一九七五年四月的《科學美國人》雜誌，曾經很含蓄地指出，台灣有初步生產鈽的反應爐，可以提供核彈原料。一九七五年七月六日的美國《時代》雜誌又透露，美國情報機關相信台灣正在發展核子彈，其預定完成日期為一九八〇年。同樣的報導也出現在同年七月七日的《紐約時報》。一九七五年一月份的《中國雜誌》，則宣稱國府發展核子武器已有十七年的歷史。根據世界權威軍事情報研究機構之一的斯德哥爾摩國際和平研究所一九七五年年報，台灣到了一九八〇年將有四個核子反應爐，有三千 megawatts 的核電能力[51]。這些反應爐足以提煉製造一百顆左右廣島型原子彈的鈽。

50 原載於《香港廣角鏡》五十八期，一九七七年七月。
51 SIPRI Yearbook 1975, p. 23.

台灣發展核子武器的計畫

與發展核子彈同時進行的是一項發展飛彈的計畫。前述《時代》雜誌報導台灣國府發展核彈消息之時，也透露台灣建造飛彈場的傳說。最明確的證據莫過於一九七四年一月二十五日的《海外學人》雜誌，上面赫然印有國府國防部中山科學研究院事求人的廣告，召請留美對飛行力學、計算機設計、陀螺儀加速儀、液壓系統、自動控制、探空火箭，以及在美國飛彈或飛機公司有經驗的專家到台。聘請這些專家學者到中山的目的，是要發展對「飛行軌道誤差的分析」、「慣性導航儀具試驗技術之建立」、「液壓同服閥之設計」、「火箭及推進劑之結構實驗」、「火箭設計及試驗」以及各種有關飛彈、火箭、導舵導引、遙測系統等的研究設計工作。一九七六年初，美國麻省理工學院的中美學生，就中山學院派出的學生的身分、回台後的計畫、訓練的內容等等，對於台灣發展飛彈的計畫予以揭發，轟動一時。而根據國際和平研究所一九七五年及一九七六年的年報稱，台灣自一九七三年即開始研究中程地對地飛彈（航程約為九百六十公里）及高爆彈頭[52]。如果國府成功地製造了原子或核子彈，當然此飛彈就可能裝配該種彈頭。

核子彈的投擲系統並不限於飛彈。台灣時下與美國諾斯洛普公司訂有合同，自美進口引擎及電子儀器在台製造零件配一百架 F-5E 戰鬥轟炸機[53]。據情報研究機構倫敦國際戰略研究所的報導，此種飛機可攜帶二千磅炸彈，往返航程五百哩[54]，而根據該所最新的報告，F-5E 的總數已增加至一百八十架[55]。可以想像得到的是如果國府用神風隊的飛行法，此種飛機可以飛到一千哩外的目標（約為台北至北京的距離）。如果國府成功地使用了導引或導制系統（inertial guidance system），此種飛機也可以變成一種攜帶核子彈的無人駕駛飛機。尤其是台灣為了製造 F-5E 而自李頓（Litton）公司取得的 LN-33 慣性導航系統，與使用在美國最新的電波導引（或遠測、巡弋）飛彈（cruise missiles）上的 LN-35，零件及原理類似，也使國府有向此方面發展的條件。

雖然我們目前還沒有證據，另一個想像得到的方向是發展戰術核子武器，如原子炮、地對空飛彈等等。此種武器雖然不能阻嚇核子戰爭，它們可以在傳統或核子戰爭裡，用在局部戰場。何況台灣目前已有四十八個改良的地對空蒼鷹飛彈[56]，沒有理由認為國府不會往此方向發展。

---

52 SIPRI Yearbook 1975, p. 21; SIPRI Yearbook 1976, p. 239.
53 SIPRI Yearbook 1975, p. 211.
54 IISS, Strategic Survey 1974, p. 34.
55 IISS, Strategic Survey 1976, p. 41.
56 IISS, Strategic Survey 1976; N.Y. Times, Aug. 4, 1976.

台海核子戰爭的幾種可能性

1. 核子突襲

台灣想要擁有核子武器的動機，出於要反攻大陸的可能性比較小。雖然國府曾經對大陸沿海一帶採取過一些騷擾行動，據傳也曾派遣特務意圖破壞廣交會，但是以經濟力而言，國府想要擁有足夠消滅中共核子報復能力的核子武力，幾乎是不可能，事實上也不切實際。因為即使國府的核子能力足以對中國大陸發動一個成功的突襲，核子襲擊之後，中國大陸可能還有足夠的傳統武力，這個傳統武力顯非台灣一地的傳統武力所能匹敵。何況核子攻擊之後，也會在大陸上產生輻射，地理、氣象、生物等嚴重後果，這個攤子如何收拾，更是個問題。所以在核子戰爭裡，所謂「勝利」一詞，與傳統的了解已有不同，能夠把對方的核子報復能力消滅，大概就算是勝利的極限。傳統上以占有對方土地為勝利，在核戰裡的意義不大。在這個意義下，除非國府的做法非常理所能衡量，用核子武器來「反攻復國」，雖是一個可能，意義不高。

所以，台灣擁有核子武器的動機，大概在於防範中共解放台灣的軍事行動；其目的不在「反攻復國」，而在「核彈保台」。也就是說一旦台灣擁有核子武器，尤其是核子飛彈，國府可以聲明，如有任何行動對台灣的安全構成嚴重威脅，國府將使用核子武器，以此核子恐嚇達到「保台」的目的。在現代核子外交的觀念裡，絕對優勢的軍事力量已不是唯一的考慮，就如哈佛大學核子戰略專家謝靈（Schelling）所說，現代戰爭不僅是雙方力量的對抗，而且是膽量、耐力等等的較量[57]。不過，如此「保台」，其意義也很有限，核子武器備而不用，設法使中共無法對台採取行動是「保台」的唯一形式。萬一用上了核子武器，台灣只有毀滅一途，沒有「保」與「不保」的問題可言。[58]

2. 中共對國府核子武力的預防性襲擊

既然台灣擁有核子武器的目的，十有九成是在「保持現狀」。而在可預見的將來，台灣的核子武力又不可能超過中共，比較合理一點的預測，大概是國府在成功地發展了核子武力之後，會發出絕不最先使用核子武器的聲明，以防中共為了顧慮台灣的核子突襲，來個先下手為強。

中共會不會對台灣來個核子突襲呢？一般人大都認為中國人不會在中國人頭上丟原子彈，一九七三年嚴家淦對香港《明報》記者就這麼樂觀而近乎天真地說過。有些人

57 Arms & Influences. p. 33.
58 R. Aron, The Great Debate. p. 96.

也認為，既然中共在每次核爆之後必重新聲明絕不最先使用核子武器，大概也不會對台灣使用核子武器。

這想當然爾的邏輯其實非常有問題。中共固然聲明絕不首先使用核子武器，這些聲明顯然一向只適用到國際關係上。這些聲明的動機，第一是出於人道立場，不輕易使用這種殘酷的武器；第二是出於戰略的考慮，使其他國家（尤其是蘇聯），不會因為顧慮中國的核子突襲，先來個核子突襲。同樣的政策是否適用於國內戰爭，還沒有看過正式的官方聲明。相對於台灣將可能擁有的核子武力而言，中共不必做這種聲明。進一步言，如果中國人絕不會對中國人使用核子武器，那麼製造核子武器又是為了什麼呢？中國內戰死了幾千萬人，其慘狀不下於使用核子武器。何況中共絕不最先使用核子武器的聲明，並不等於絕不使用核子武器。鑒於核子武器為害之大，絕不能以中國人不會對中國人投核子彈之類的阿Q說法，拒絕去考慮台海核戰的可能性。不管是基於什麼理由，中共可能在特定情況之下，覺得使用核子武器先發制人，防範國府先用核子武器於未然，可能是最理性而代價最少的一個方法。

尤其是如果台灣的核子武力對中國大陸構成威脅，中共對台灣發動預防性突襲的方式並不限於使用核子武器。如果有成功的把握，中共也可能以傳統武力對台灣的核子設施來個突襲。問題是萬一此種突襲沒有達到完全清除台灣的核子武力的時候，情況會如何演變？國府可能在情急之下對大陸施放殘餘的核子武器，而中共也可能在同樣情形下對台使用核子武器。不管如何，情形都是不堪設想的。

3. 意外事故

引起台海核戰的另一個可能性是意外。第一種意外可能是中共或國府由於某種原因（例如誤判雷達幕的信號），以為對方正在瀕於使用核子或者傳統武器發動突襲的邊緣，為了防止被襲的損失，只有先向對方來個核子突襲。這是一種判斷錯誤的先下手為強（false pre-emption）。

第二種意外事故，可能是由於實際控制核子武器的人員的擅自行動。例如攜帶核子彈的飛機由於警報錯誤升空飛向定點，在正確的研判之後由總部下令飛回，但是由於某種原因飛行員拒絕服從指揮，非把核子彈投向對方不可。又如實際操作飛彈的人員，在台海發生緊張之後，擅作主張發射飛彈。我們服役的時候，就聽說有人在野外迫擊砲射擊的時候，為了好玩，不把砲口對準目標打去，故意把田野間的農屋給炸了。

第三種意外是機件故障。機件故障的經驗人人都有。即使簡單如電路開關的機件都有發生故障的可能，何況是複雜如飛彈發射系統或核子武力反擊系統的設計。尤其是現代的核子戰爭，自警報、研判、決定使用核武器，到實際使用核子武器，即使有計算機的幫忙，反應的時間通常極為緊迫。因此，除非是核子武力在對方的核子突襲之後，仍能具有強大的反擊能力，如果要核子武力能夠阻嚇對方發動突襲，就要有一種萬無一失的反應系統。在使用戰略飛機的時代，這種反應系統就設計得即使總部被毀之後，升空的飛機仍能向目標飛去，無須總部再下命令；在使用戰略飛彈之後，就是設計一種反應迅速的反應系統。台灣與大陸只有一水之隔，台灣的核子武力要達到這種萬全的準備，反應的時間更是短暫。而一種反應靈敏的系統，就更有出事的可能；出事之後糾正的機會，也是相對地減少。

4. 瘋狂舉動

發生核子戰爭的另一個可能性是有精神不正常的人如希特勒之流出現。甚至不需希特勒之類的人出現，只要有像以前美國空軍司令李梅（Curtis Emerson LeMay），動不動就想把北越用核子彈「炸回窰洞時代」，情況就很危險了。又如季辛吉透露出來的消息，說是尼克森對北越的反應，常常是想把它炸個稀爛，如果沒有季辛吉，美國可能一星期有一次核子戰爭。就以台灣想要發展核子武器一事來說，本身就是一件相當瘋狂的舉動，核子武器落在此種人手中，正像猴子玩手槍，難保不發生事故。

5. 衝突升級（escalation）

前面已經說過，台海之間一直有些小衝突，這種小衝突在一定條件下有引發大規模衝突的可能。核子戰爭的可能性就隱藏在這裡，甚至用不到軍事衝突，有時對外的折衝，也有引發核子戰爭的可能。例如甲方聲明，如果乙方有某種行動，將考慮使用核子武器。假定乙方果然不顧警告採取此種行動，甲方可能為了保持其核子恐嚇對外界的威信，只得依照預先的聲明使用核子武器。或者乙方認為一旦採取此種甲方預先警告的行動之後，甲方就會使用核子武器，為了避免吃虧，只有先下手為強，來個核子突襲。這種情形，尤以一方的核子武力容易為對方摧毀之時，容易發生。因為如果不發動突襲，一旦對方發動突襲，而核子武力被毀之後，只有束手待斃一途，所以先發制人的想法容易成為主要考慮。[59]

另一個可能是台海衝突之時，有一方首先使用戰術核子武器（例如原子炮、或使用小型核子彈頭對付機群或艦隊）。問題是除了二次大戰後期因為美國是唯一擁有原子彈的國家而能使用兩次原子彈之外，大家到目前所以不敢輕易使用核子武器，仍是因為

59 H. Kahn, On Thermonuclear War. p. 159.

一種默契（expectation）。這種默契就是說，儘管用傳統武器打個落花流水，核子武器是不得動用的。萬一有人首開其端，使用了戰術核子武器，是否完全破壞了不得使用核子武器的默契，因而殺戒大開或者還能將使用核子武器的範圍限於戰術武器呢？沒有人能準確地預測使用戰術核子武器的後果。可能惡例一開，所有限制都會煙消雲散（例如Brodie就如此預測[60]）。果是如此，在核子戰術武器一旦使用之後，台海或大陸直接挨核子彈的可能就存在了。

6. 判斷錯誤

還有一個核子戰爭的可能在於對整個形勢的判斷錯誤。前面所說的意外是基於某種特定事項的研判錯誤，這裡所說的錯誤是對全局的估量發生偏差。例如低估核子戰爭的後果，以為發動一次核子戰爭，損失不會很大。又如低估對方使用核子武器的決心，以為可以使用核子敲詐迫使對方就範。在這些主觀的心理狀態下，容易發生輕舉妄動的行為。

7. 鷸蚌相爭，漁翁「不」利

在核子戰爭的觀念裡，坐山觀虎鬥的道理有時並不能完全適用。一個局部的核子戰爭可能引起另一個局部核子戰爭，甚至是全球性核子戰爭。就以台海的情況來說，假定台灣擁有核子武器，台灣並不能因為一項台海以外的核子衝突，置身事外，坐收漁利。例如，假定中蘇發生核子衝突，中國必定要把台灣擁有核子武器這一項考慮在內。換句話說，中國在以核子武器反擊蘇聯的攻擊之時，必須考慮到不能不對台灣的核子武力採取某種行動。否則萬一核子武器在對蘇之戰中完全用光了，台灣豈不是要在中蘇核戰之後形成核子獨霸的地位？因此最可能的發展是中共在反擊蘇聯之時也設法清除台灣的核子武力。這是台灣不能漁翁得利的道理。同樣的推理也能適用到中美的核子衝突裡。

如果是美、蘇或蘇、歐的核子衝突，台灣是否就能置身事外呢？答案也不是肯定的。就以美蘇核戰而言，美蘇同樣地都可能不讓中國坐收漁利，因而在攻擊對方的時候，留出一部分足夠的核子武器對付中國。在這種情況下，中國當然也不會坐著挨打。

60 STRATEGY IN THE MISSILE AGE, p. 323.

如果中國不願束手待斃，中國就會反擊。於是在反擊的時候，台灣擁有核武器這一個因素必然又在考慮之內。那麼如果中共不讓台灣坐收漁利，也只有讓出一部分核子武力消除台灣的核子武力了。

8. 台灣與亞洲其他國家的衝突

還有一個使台灣挨核子彈的可能來自亞洲其他國家。例如南韓也在發展核子武力，假定台灣與南韓因海底石油問題發生衝突，也可能演變成為一場核子戰爭。不過在可預見的將來，不能不說這種可能性極低。

9. 核子武器的內部使用

最後一個使台灣挨核子彈的可能來自台灣本身。我們不能排除國府在台灣內部發生動亂之時，以核爆的方法使大家同歸於盡。不過，可能性比較高的是實際控制核彈人員的瘋狂舉動、擅自行動、意外、破壞等等發生的核爆。

核子爆炸的某些後果

因為關於核爆的效果現在幾乎是常識，僅在此簡單地敘述一下。核爆有別於黃色炸藥的爆炸是由於它的爆炸產生震波之外，還有其他效果。射線是其中之一。核爆會產生大量的熱、光和X射線，此種射線所帶的能量會產生大火，燒焦皮膚。爆炸之初所產生的射線也會燒毀衣物，殺傷生物，對電器及電離層也產生一定的作用。核爆之時所產生的餘電及附近的空氣的溫度，可高達數千萬度，形成一團大火球。爆炸之時所產生的電磁波能導致電子儀器及電器的故障，甚至會給電子計算機及通訊系統錯誤的訊號。此外，感染放射線的物體的放射性會維持一段很長的時間，因此爆炸所捲起的塵土會在風向的下方產生帶放射性的落塵，尤其是可以使用空中爆炸的方法使核爆的半徑增加，威力加大。彈頭越大，可以達到最大破壞效果的爆炸高度也能越高。

根據美國原子能委員會一九六四年的報告，一顆相當百萬噸黃色炸藥的核彈的著地爆炸，會產生二百三十呎深，九百五十呎寬的大洞，完全摧毀二點七哩（一公里等於零點六哩）半徑圓周內的建築，對建築物損害延伸到半徑七點二哩圓周之廣，在四哩半徑圓周造成捲人的狂風，在九點四哩半徑的圓周內造成二級灼傷，在九點五哩半徑圓周內燃著乾物。如果是在空中爆炸，威力更大，可以完全摧毀三點五哩半徑圓內的磚造建築，對建築的損害延伸到半徑十三哩的圓周。狂風半徑為六點五哩，皮膚灼傷為十一哩，爆炸中心外十一點五哩處仍可燃著乾物。[61]

核子恐嚇的效果

台灣要想以核子武器達到使中共不致對台灣採取行動，還有兩個問題必須解決。發展及擁有核子彈頭，研究投擲方法，只是極初步的開始，要達到真正能夠投擲，並且有效地達到目標，顯然還有一段極長的距離。這是要達到核子恐嚇的效果的技術上困難。此外還有心理上的困難，是如何使中共真正相信台灣有膽子使用核子武器。

技術上的困難，首先是原子或核子彈如何試爆的問題。有人建議在澎湖附近試爆，以示使用之決心。這種說法沒有考慮到核子輻射、輻射塵等問題，顯然沒有太大實際意義。比較可能的方式是用計算機做模態實驗（據說以色列就是如此）。鑒於中山研究院的徵人廣告中有這麼一項，加上實際試爆的困難，這種做法大概比較可能。

有了核彈，如何投擲？不論用飛機或導彈攜帶，投擲的精確度，如何突破對方防空網等都是問題。這些問題牽涉到中共的防空及反飛彈的能力。假定中國大陸防空及反飛彈的能力大於台灣投擲的能力（例如中共的雷達精密到可以偵測所有飛自台灣的飛機或飛彈；又例如中共擁有似美國斯巴達式或短跑象式的反飛彈飛彈），台灣的核子武力也構成不了真正的威脅。

除了技術上的困難之外，要達到恐嚇的效果，第一，必須中共相信台灣敢用核子武器。如果照嚴家淦「中國人不能對中國人頭上丟原子彈」的說法，台灣是否擁有核子武器，效果相同。第二，為了達到恐嚇的目的，必須使中共相信台灣的核子武力即遭突襲，仍有足夠的核子武力造成使中共承擔不起的損失。假定台灣的核子武力沒有承擔第一擊的能力，恐嚇的效果就要大大減低。第三，假定中共認為台灣所擁有的核子武力造成不了太大的破壞，核子恐嚇的效力更是減損。所以單純擁有核子武器的唯武器論並不是問題的全部。

核子恐嚇政策下附帶產生的問題是對台灣有限資源及所得的浪費。例如為了使中共確信台灣的核子武器有成功地到達大陸目標的可能，一定要台灣的投擲系統強過大陸的防空能力。當時中共面對蘇聯的威脅，這方面當然是埋頭鑽研，日新月異。台灣的投擲系統（或負擔第一擊的能力）要想達到恐嚇中共的目的，除非外力援助，只有拉緊褲帶緊跟一途，別無良策。據專家的估計，一種核子武器或核子飛彈，大概是四、五年就要落伍。以台灣有限的資源及所得，要想玩起「核子牌九」，不是玩不起，就只有對台灣的經濟造成惡劣後果。

61 參閱 AEC, Effects of Nuclear Weapons 1964.

結論

根據以上的討論，可見台灣正在發展核子武力，這個計畫有許多可能造成台海核戰的嚴重後果，可是擁有核子武力之後又不一定能「保台」。簡言之，「核彈保台」是一種火中取栗的行為。我們認為，台灣發展核子武力極可能引起台海地區的爆炸性發展，台灣擁有核子武力固然對「保台」無益，隨時要溜的統治者或人在海外的「學人」，固然吸不到原子灰，搞得不好，國府發展核子武力卻可能在台海造成禍延三代，死不羨生的慘劇。不過，從另外一方面看，國府發展核武器的舉動，是否會使中共下定決心，在國府核武器尚未發展成熟之前，提早解決台灣問題，就有待歷史的證明了。

共軍會突然襲擊台灣嗎？[62]

情緒主導證據選擇及分析

談一國兩制的前提是兩岸和平共處，不要戰爭。不過，由於我說了一句兩岸武裝衝突意圖的可能性日增（沒有說馬上發生），我一位好友批評我低估了習近平的智慧、耐心，和對中國終將統一台灣的長遠歷史性自信。他的意思是，中共正全力研發科技，發展經濟，對外是「一帶一路」，忙於中美貿易戰，時間長得很，不會想到對台灣動武。台灣的輿論界，也有許多類似意見。然後，有位我尊重的評論朋友說，多數的戰爭是許多偶然的事故，最多是連鎖反應，很少始於預謀。意思是基於這種規律，必有某種引發點，事情因而大多早就有跡可循，大可不必杞人憂天。我也願意傾向認為很可能（也希望）他們是對的。歌舞昇平，的確無法想像潛在的戰亂。

不過，決策必須考慮「不可能」；不嚴肅衡量「不可能」，保證「不可能」正確！然後，也有好像是有情資分析經驗的「退役少將」，純粹以中共兵力及武器的數量及對比，斷定中共「一定」會在二〇二〇年前後突襲。最後，大概是占少數的意見認為，只要美國一直保持強大，中共不敢自取滅亡與美國為台灣大幹一場。

總之，

1. 基於對戰亂的厭惡（情緒），認為中共一定不會動武；
2. 基於戰爭發生的「原則」（理論）（對理論的鍾愛），當成實況的寫照（與認定所謂「Thucydides Trap」「定律」就是事實一樣）。
3. 基於統一的希望（情緒）或軍人職業的偏見（情緒）（軍人，尤其是有些中共

62 原載於《風傳媒》二〇二〇年二月二十日。

軍系，卻一輩子沒真正打過仗，真是窩囊），認為中共在七十年來無法解決台灣問題的挫折下（情緒），一定會武攻台灣。

4. 中共恐懼（情緒）美國。

從政治心理學的角度看，四種「判斷」都可能只是情緒主導，不可能正確的預測。因為四者都違反了國安判斷的基本要求，脫離實際證據（或根本沒有考慮證據）的判斷飛躍。不過，我的訓練和工作不在天天跟蹤共軍的武器更新、人事、演習及布防的動向，所以不可能是對軍事情勢的立即判斷。我的興趣在對決策及判斷（尤其是誤判）可能發生的各種不同思考。

大陸兩岸政策的歷史走向及變化

由於使用武力是和平解決兩岸問題的另一個選項，我們從過去七十年中共對台政策的走向可以合理認為，武裝衝突雖不至於在短期可見的將來發生，它發生的機遇隨著時間而增加。中共從「一定要解放台灣」的嚴冬時期，進入和平解決和一國兩制的初春時期，再進入江澤民與胡錦濤延續一國兩制兩岸和平發展，可以說是盛夏時期。到了對台的反分裂法注明兩岸無限期拖延和平解決的時程，作為武力統一的考量之一，以及接下來在習近平時代日益緊縮的對台政策，我們看到的可能是兩岸和平發展的情勢，似乎是進入肅殺的秋末。堅持和平解決有可能會變成習慣性的「損益分析」，而事實上是情感上日益挫折的口號。當然，這只是比喻。兩岸關係沒有一定由秋入冬的必然，我只是說明中共政策的歷史發展，也許顯示擦槍走火的可能性比過去高。

兩岸關係完全沒有突發武裝衝突的可能？

如上所說，依據靜態的分析認為一定會發生，固然是沒有根據，依感覺情緒認為一定不會發生更是危險。隨便舉幾個例子也許可以矯正掉以輕心的「第六感」。

1. 原本應該無事，卻因國內政局的需要（例如為了壓制反對勢力），對外鋌而走險。根據美國智庫分析，鄧小平建議對越南動武，部分是這個原因（對付凡是派）。我們必須時時注意大陸內部政局的動盪。

2. 山雨欲來前的沉寂特別值得警惕。歷史學家指出一個很有意思的現象。一九四一年德國在發動對蘇聯的突襲以前，據說希特勒及德國外交高層最怕接觸當時的蘇聯外長莫洛托夫及蘇聯大使，也許這是「作賊心虛」的反應。同時，蘇聯不但不信德國會攻打，而且還提議與德意日共同瓜分歐亞及非洲大陸。德國一概不回應，因為對蘇聯的突襲已然是箭在弦上。我個人對中共就蔡英文總統願意談判的表示毫無回應不甚瞭然，除了也許是情緒不堪的反應之外，難道另有玄機？

3.美國智庫蘭德公司有幾個報告，分析中共可能武攻的不同方式。其中有以飛彈威脅阻止美軍介入台海之外，有對外島突襲，期待美國介入斡旋；或在美軍能夠反應之前，速戰速決，到時美國只能徒呼負負。這是毫無把握的希望，卻是動手方屢見不鮮，過度自信，輕視不可預見的困難的誤判。很多英國人勇赴一次大戰前線，一片樂觀，認為戰爭會很快結束，完全沒有料到死傷幾百萬人的拉鋸戰。埃、以「贖罪日」戰爭，埃及也知道突襲雖可能贏得暫時的成果，最後可能不支，希望列強最後會介入。幸虧最後的確介入。（題外話：在戰爭過程，以色列雖是強悍，美國季辛吉不准以方動用核子戰術武器，不准以軍消滅被完全被包圍的埃及第三軍，以色列首相只得擔保不會發生。這就是台灣一些教義派腦中幻想的有所謂「主權獨立、最高、排他」的實際。）

4.中共「速戰速決」的想法當然可能只是誤判。一九七九年中越邊界衝突，鄧小平認為解放軍雖不是狀況最佳，越南人不僅忘恩負義，大概不是解放軍的對手，戰爭很快能夠結束。結果事與願違，解放軍損失慘重，攻擊也不順利。不過，鄧小平不愧是務實的大戰略家，及時抽回軍隊，結束戰爭。

事後看來極為不可思議的許多軍事大突襲

歷史上其實很多事後看起來不該沒有察覺的突襲，例如二次大戰德國進攻當時的蘇聯有極多情資早有預告（譬如前線軍力軍需急增、大量軍隊調入做為進攻側翼的芬蘭）。但莫斯科高層（尤其是出名狡猾的史達林）希望而且相信德國會打英國，不找蘇聯麻煩，所以一概把預警視為「挑釁」，連戰爭發生了還以為是謊報。

日本偷襲珍珠港完全在美國沒有軍事挑釁之下的預謀。最後作為決定性人物的海軍元帥山本認為，為了去除對日本南進政策的阻礙，雖然日本國力也許不如美國，只要對美國心臟給予致命的一擊，打擊美國士氣，至少有兩年美國恢復不過來。在兩年之內，日本占領了東南亞，掌握日本需要的資源，再來與美國談判。事實證明山本錯估美國人的情感和決心，突襲的決定完全建立在主觀願望的幻想之上。美國則認為日本南進或許會在菲律賓製造事端，萬萬沒想到日本的目標是美國太平洋艦隊總部的夏威夷。消息傳來還認為有誤，不是珍珠港，而該是菲律賓。

一九七三年十月的埃及、以色列的猶太「贖罪日」戰爭，埃及蓄意已久，以色列甚至在一九七二年就取得埃及的作戰方案。一九七三年以色列國防部長又要求軍情局研判埃及發動突襲的可能性，答案都是斬釘截鐵的否定。甚至到了戰爭一個星期前，以色列在埃及最高級的間諜（前總統納薩的女婿）告訴以色列軍情頭子突襲在即，軍情局還是認為不可能（因為以前給過不實情報）。前三天蘇聯緊急撤僑，以色列認為只是兩國關係惡化。二十四小時之前，前線報來埃及在運河對岸集結大量兵力。軍情局還是認為突襲的可能性很低，因為軍情局一向認為前線的觀察情報可信度最低。最後內閣為了預防，下令部分動員，但一切都已太遲。

國安認識及決策的許多盲點

軍事判斷不能以為完全是理性的損益分析（賽局理論是最受崇拜的危險工具），要對情緒感性在決斷過程中無所不在的作用，給予一定的注意。

台灣絕大多數政治人物及一般民眾強調維持兩岸和平關係，這種願景和希望當然是對的。問題是國安判斷時常發生以情緒的希望判斷實況，也因此需要極端注意不能和不要以情緒汙染的影像，作為真正的實況，從而行動或不行動。問題是政治人物、一般民眾和國安專業的判斷有時相互矛盾，目標不同。政治人物有自己的希望、野心、歷史感，常常設法吻合一般民眾的希望和感受。有專家分析二戰的英國海軍情報署的經驗，發現國安專業常常必須對抗政治人物的妄想。國安專業固然有時看老闆行事（投上所好、團隊意識），也會受到自己感情的左右，但專業的要求是他們要實事求是，看證據講話。

國安的判斷及決策又受到至少是決策者的個性、決策過程及情資來源的扭曲。例如，上面提到的埃及、以色列「贖罪日」戰爭裡，兩個以色列軍方研判埃及動向最為關鍵的決策人物，雖然絕頂聰明和能幹，卻一向鄙視埃及軍隊的能力和決心（情緒），帶有威權人格的過度自信，喜歡簡單確定的結論（人格特質）。他們從頭認定埃及沒有能力在可以預見的將來發動戰爭。這個先入為主的偏見及結論，影響他們排除埃及突襲前不斷呈現的相反證據和評估（證據評估過程）。加上他們對某些情資來源的可信度（尤其是相反意見）給予非常低的地位，不知道國安誤判的情資來源最大的源頭是自己。

軍系決策者尤其帶有盲動的傾向。他們一般對戰爭的困難和風險掉以輕心，過分自信取勝的機率和快速，對戰爭的殘酷的切身感受較低。美國總統甘迺迪曾在古巴危機時對手癢而一味求戰的軍事將領說過，老人決定打仗，卻只有年輕人去送死。越戰中，美空軍總司令李梅極力主張用核子武器把北越炸回窯洞時代。畢竟史達林說過，死一個人是悲劇，十個師被消滅，只是統計數字！（大意）所以有專家主張，國安判斷必須由文人領導參與，二次大戰英國海軍部情報判斷做得最好的是由民間抽調的律師、銀行家、學者、股票經紀人等。

克服兩岸關係國安判斷的盲點

根據以上的討論，以下簡單做幾個總結：

1. 認識和挑戰（尤其是沒有明說的）前提假設：例如認為越南軍隊不堪一擊、阿拉伯人不敢挑釁。（台灣的國軍像豆腐做的？）

2. 嚴肅鼓勵和對待不同意見：這是避免固執己見的唯一方法。（喜歡「統一思想」的決策者，不錯也難。）

3. 實事求是，不從理論出發，不要盲從「原則」、「定理」。（好學生讀書養成的壞習慣）

4. 開放心態，接受不斷更新的專業信息。（不要過早形成難於改變的確信）

5. 刻意混合不同背景的分析。（所以有專家認為非專業平民常有重要的不同視角）

總之，中共會不會突襲，永遠必須是一個開放的議題，不能以主觀的情緒判斷，希望或不希望它發生，從而認定它會不會發生，而是不斷檢驗依據專業證據及時的判斷。

第四章　區域經濟合作的台灣孤兒如何自處？

二十年前加入世貿的困境，哪些到今日仍在申入CPTPP複製貼上[63]

折騰十五年的中國大陸參加世界貿易組織（WTO）問題，似乎可以在今年落幕，而夾纏中國大陸入會問題而擱置的台灣入會申請，也應該因此重新浮上檯面。大部分人一向以為兩岸應該可以同時入會；而入會之後，同受世貿條約的拘束，因而忽略了兩岸入會前後可能帶來的複雜問題。

會員關係的複雜糾纏

雖然中國政府表示，台灣可以參加不以主權國家為條件的經濟、社會或文化性質

63 原載於《新新聞》二〇〇一年三月二十九日。

的國際組織，對於台灣進入世貿的問題，中國政府公開宣布的立場是：台灣必須是以「中國的台北」（Chinese-Taipei），做為權宜（*ad hoc*）辦法入會。它並沒有說過如果台灣以「台、澎、金、馬獨立關稅區」的名義申請，中國不加阻擾，在中美因世貿入會問題的談判中，中國大陸對美國的祕密承諾，固非外人所能得知，而美國在去年十月談判後通過的法案，也只能表示中國入會之後，台灣入會申請應成為下一個議案，美國並應強力反對阻擋台灣入會的企圖。可知中共的承諾與認知，與其他會員國並非必然一致。因此，台灣能否順利在中國大陸之後入會，當然要看這些分歧能否事先化解。

不論台灣以何種名義入會，中國大陸與台灣雖能同時成為世貿會員，兩岸並不必然發生世貿條約下的權利義務關係。根據《世貿組織成立協定》第十三條的規定，會員可以在成為會員之前，通知世貿組織的部長會議（或部長會議沒有召開時的會員大會），引用「排他條款」（opt-out），不與會員或申請的會員發生條約關係，中國大陸或台灣在台灣入會之前會不會引用，或值不值得引用「排他條款」，當然是一個有待考慮的問題，也要看入會前的談判如何而定。

但是以中國大陸對「兩個中國」的敏感，世貿條約對台灣大陸政策的重大衝擊，兩岸的任何一方選擇「排他條款」，並非毫無可能，甚至在某種默契之下，台灣引用「排他條款」暫時濟急，可能還是兩岸同時保持顏面的一種下台階。

即使兩岸都不引用「排他條款」，因而造成兩岸在世貿條約下的一定條約義務關係，在發生重大變化之時，兩岸任何一方如果能得到三分之二會員的同意，也有可能根據關貿總協定的規定，免除總協定的適用。當然，兩岸各方在條件符合下，也都可以引用保護措施、反傾銷或反補貼的辦法。因此，兩岸在世貿組織內，也不一定能相敬如賓，和平相處。

解決爭端的程序問題

如果兩岸發生貿易糾紛，依據世貿組織解決爭端的規定，會員必須與爭端的他造進行協商；協商未果，還可運用協調或仲裁等辦法試圖解決；解決不了，可以訴諸世貿三至五位專家組成的小組，小組通過各造的文書及言詞辯論做成報告，提供爭端委員會（實即大會）採納，在正式採納之前，還可上訴。採納的報告有如判決，要求敗訴的一方改正貿易措施，在一定期間沒有改正，世貿組織即可授權原告會員，採取例如撤回關稅減免等救濟辦法。

論者以為這應該是兩岸良性協商的一個好的開始，可是問題是中國大陸一向以台灣公開承認一個中國原則，做為兩岸會談的前提，中共是否願意把世貿的爭端程序當成例外？或者台灣會不會接受這個條件？協商不成或無法進行協商，會員固可訴諸爭端小組法律解決，中共在「兩個中國」的陰影之下，願意和台灣在國際舞台上平起平坐，甚至唇槍舌劍，你來我往？這可能要看案件的內容和爭端的性質，不能一概而論了。

就算世貿組織對爭端做出了決定，會員會不會遵守也在未知之數，即使是敗訴，通常的救濟辦法是敗方自行矯正或勝方撤銷減免，以中國大陸而言，除非在兩岸全面通商之後，台灣對某些大陸產品或服務有廣大的容納量，使撤銷關稅減免成為不可忽視的行動。

這些救濟辦法，並不一定會有實效。再者，中國大陸一向以「一國兩制」為解決台灣問題的方針，對台灣的制度，承諾五十至一百年不變，而台灣更是希望兩岸是井水不犯河水。世貿的爭端程序，使兩方均能干涉他方的貿易投資政策，這豈不是與「互不侵犯」的用意，大相逕庭了。

所以，即使兩岸同時入會，對與爭端程序運用的發展，其中的變數也不少，無法保證一定如某些觀察細期望。

兩岸貿易法規的衝突

一九九三年，台灣通過了《貿易法》，根據此項法律，台灣對外國的某些貿易行為，可以採取安全措施，以及反傾銷、反補貼辦法，甚至在外國採取這些措施之時，還可使用對應辦法。

中國大陸在一九九四年也通過了類似的法律，而在一九九七年，更通過其實施條例進一步擴大其反傾銷及反補貼的適用，與台灣的《貿易法》規定非常相似的是，它也規定他國採取反傾銷或反補貼行動之時，中國可以採取報復措施。

問題是兩岸此種規定不僅與世貿有關傾銷及補貼嚴密的規定有違，而且為兩岸貿易的互動平添衝突的因素。加上兩岸對於此種貿易法規的解釋與執行，實無任何實踐經驗，如果一方勉強採取單方措施，更是增加兩岸貿易衝突的可能性。中國大陸最近四、五個對付俄國、日本及韓國公司的反傾銷案件，無論調查、審理、決定、解釋，處處捉襟見肘，步步漏洞百出，將來兩岸都是會員，情況並不自然改善，入會世貿，則不一定是兩岸對話的良性機制，或可能是增加對罵的擂台了。

最惠國待遇及國民待遇

最惠國及國民待遇這兩個反歧視規定，可以說是世貿條約義務的兩個基石，貫穿有如關貿總協定、服務業貿易協定及有關貿易的智慧產權協定等重要條約，在最惠國條款之下，會員給另一會員的待遇，所有會員自動享有，根據國民待遇條款，所有會員國的國民，都享有與本國國民相同的平等待遇，這就是為什麼台灣雖然一直沒有和中國大陸就貿易條件進行談判，將來兩岸仍然有規可循的部分原因。

但是在就兩岸貿易關係而言，這兩個條款卻帶出一些法律問題。以中國大陸而言，它對台商法律地位並非十分明確，既稱台商為台胞，所有台胞的經濟活動，卻一向準用對外國人的法規，另一方面（例如稅收），卻又有時給予台商某些優惠待遇，這些做法，不是與最惠國待遇有違，就是與國民待遇的要求不合。

而台灣依據兩地區的《兩岸人民關係條例》，對待大陸地區人民的管制，除了部分例外，實更甚於外人，而對通商及投資的禁止及限制規定，則更為嚴苛。這些限制，在最惠國及國民待遇的要求下，除安全措施等臨時辦法外，實在難以為繼。只有全盤瓦解。因此，兩岸入會將帶來對兩岸關係極為困難的適應問題。

區域經濟整合的難題

但是最困難的適應問題，恐怕是市場大為開放後所帶來的衝擊。根據台灣一項研究，進入世貿將對台灣即刻造成每年五十三億美元的貿易損失。而以中國市場之大，也只不過增加外銷約五十億美元，而且主要還依賴短期的。無論如何在二〇〇五年行將完全貿易自由化的成衣紡織產品、其他投資及服務業的開放所帶來的壓力與經濟後果，則無法準確估計。西方學者最流行的看法是，開放市場是改革中國大陸國企的唯一辦法。如此說來，再加上東歐及蘇聯的先例，國企之紛紛落馬，也是入世貿必然的結果之一了。

「大難臨頭，出路何在？」台灣一些專家，也並非絲毫沒有警覺，所以蕭萬長提出兩岸建立共同市場的主張，宋楚瑜則主張效法歐盟，依階段性達到完全經濟整合。中國大陸除了一度提出本人看來並無太大實質意義的加強亞太會議的區域合作之外，似乎也還沒有明顯的主張。

以「比較利益」為理論基礎的國際自由貿易制度，認為經由互通有無、區域分工，一個經濟地區可以將生產因素的利用達到最高效益。因此，貿易的障礙越小，總的經濟效用就越大。兩岸經濟的整合，就是希望以兩岸經濟開放所得來的區域效益，彌補兩岸入會至少是短期帶來的損失。

而此種區域經濟整合也為《關貿總協定》第二十四條所認可，並廣為世貿會員使用，像瑞典諾貝爾經濟學家默爾達（Gunnar Myrdal），甚至認為區域經濟整合是發展中國經濟發展的必要方法之一（所謂「窮人俱樂部」）。

當然，經濟整合只是一個構想，其中牽涉到許多細節。而且像歐洲共同市場這種較高程度的整合，也非一蹴可及。同時也有關制度、政治、文化的相應整合，恐不是台灣一時所能接受。但是較低層次的整合，像是自由貿易區，以內部的自由貿易，而不觸及外部的關稅，短期受益的雖是台灣，應該是比較可以同時為兩岸所接受。

兩岸的互動，雖因入會世貿而增加了許多變數，如果能夠拋棄一些僵化過時、有時又不合經濟規則的觀念，當有創造雙贏，而非零和的局面。

區域經濟合作的台灣孤兒如何自處？[64]

東南亞區域全面經濟夥伴協定（RCEP）在中國領導之下，歷經八年的談判，終於有十五國簽訂，成為全球最大的區域貿易協定。會員國相互之間得以享有比世貿組織（WTO）之下更為優惠的待遇，而不受最惠國待遇要求的拘束。台灣不幸落單，談都沒得談，更不必說加入。

RCEP對台灣的衝擊

台灣落單有什麼後果呢？官方的說法是：問題不大。即使不加入，也可另想辦法。民間比較樂觀的看法是：

1. 由於IT等產品本來在WTO架構下已是零或低關稅，所以幾乎沒有影響。至於石化、機械等雖有影響，由於台商或留在大陸，或早在RCEP會員國布局，所以近期內影響不大。但長遠來看，對台灣的競爭力會有一定的影響。

2. 台經院的吳福成教授曾經預估，在總體經濟的影響方面，RCEP對台灣的實質GDP成長率為負零點七六，遠比TPP十二國的負零點一四、中日韓FTA的負零點四四來得嚴重。而在產業的影響方面，RCEP對台灣出口產業衝擊最大的前三位依序是：（1）化學、橡膠及塑膠製品；（2）機械設備；（3）紡織。

除關稅之外，RCEP還有通關優惠、智慧產權等規定。

甩鍋「一國兩制」

何以弄得無法加入？行政院副院長沈榮津強調，台灣原本就想要積極加入RCEP，但RCEP由中國大陸主導，若要求台灣比照香港「一國兩制」模式加入，「台灣不可能以不平等方式加入。」王美花部長也說，加入RCEP就必須接受「一國兩制」，為國人所不許。民間可能的反應也許有部分的實情，但是有這種錯誤的想法，是政府故意誤導，所以上下既不知何謂一國兩制，更用來掩飾明知行不通的荒唐策略。

64 原載於《風傳媒》二〇二〇年十二月四日。

解決方法

既然行不通，如何補救？一般的說法是：

1. 努力研發，提高產品品質及競爭力。這是白說，等於沒說。任何企業都知道要不斷提升產品的競爭力，這和能不能加入RCEP毫無直接關係。好像以前有位台獨大師，當人家問到如何實現台獨。他的妙方是：各就各位，好好努力。

2. 轉移陣地。我們同情，也希望企業能以轉戰的方式生存。但是，這種說法延續經濟分析只重生產，不重分配問題的謬誤。過去有些經濟學家分析日本殖民台灣時期日本與台灣的經濟關係，以數據證明日本的殖民政策事實上是成本遠大於從台灣得到的利益。事實上馬克思早就嘲笑這種只看所得不見分配的分析。他指出，英國統治印度的支出固然遠大於從印度獲取的利益，但這不代表英國的大方慷慨，援助印度脫貧，要看到這些利益（即使不及成本）絕大部分落入英國資產統治階級的荷包。美國許多企業在國外投資（例如愛爾蘭），一分錢的利潤都沒回流美國，也就是美國大眾沒有從產業外移受益。因此，除了國內就業機會減少，或全國國民所得減低之外，反正產業必須外移生存，對大眾是不相干的問題。准此，早已存在的台商在中國大陸的投資及經濟活動對台灣本地真正的，包括分配的總體效益究竟落入誰手，應予具體分析。在從政府及全民提供某些優惠稅率及其他補貼（例如政府對科研投資）支持下的科技及企業，究竟實際上對做為「出口國」台灣的本地經濟實益（除了政治獻金）嘉惠多少，是必須同時考慮的重點。島內企業的外移，改變不了台灣企業空洞化的危機。

3. 加入跨太平洋夥伴全面進步協定（CPTPP）。從種種跡象看來，美國的拜登新政府可能有意重新拾起被川普打消的協定談判【此為當時傳聞，事後證明不確】。拜登認為不能放任中國主導亞太的貿易遊戲規則。果然如此，在競爭與合作的思維下，協定不能沒有中國。而中國也早已表示興趣。所以，台灣面對的問題仍然是中國對台灣入會的態度。這次不是WTO入會，美國比較需要中國，如果美國和中國達不到台灣入會的共識，美國很可能捨台而遷就中國的立場。當然，美國可以放棄協定，也可以不要中國而蠻幹。但後者的可能性不高。因為除了台灣敢做馬前卒，美國也了解沒有其他亞洲國家會願意聯美抗中。就像李顯龍在二〇二〇年彭博創新經濟論壇（Bloomberg New Economy Forum）開幕致辭上指出說：「沒有多少國家願意加入一個會排除其他國家的聯盟，尤其是一個沒有中國的聯盟。」並明言新加坡會拒絕任何以冷戰形式，尋求令各國陷入分裂的嘗試。

或許，美國搞美國的CPTPP。而就像沈榮津的希望，美台簽個沒有實質意義的雙邊貿易協定安慰台灣收場。只是，台灣還是進不了區域協定。

「一國無治」和「一國不治」

問題的根本在於幻想法理台獨的所謂有或堅持「主權獨立」的中華民國在台灣。但是，除了脫離實際的抽象觀念之外，這世界上沒有一種想像中的所謂「主權獨立」的政治體。簽訂夥伴經濟協定本身就是對抽象（事實不存在）的主權觀念的限制。國際關係上，中國必須妥協，美國也必須讓步。歐洲國家把所謂「主權」讓渡出來，結盟成為一個共同體。難道唯獨中華民國在台灣可以（或嚮往）獨來獨往，享有事實上從來不存在的「獨立、絕對、排他、最高」，想像中的抽象「主權」？更奇怪的是，中國對台灣的任何要求叫做對主權的「打壓」，美國或其他國家的條件叫做「交換」，川普政府強迫台人吃萊豬叫做促進「經貿互信」。

最基本的矛盾在台灣沒有好好處理及面對中國的核心利益。所謂開拓台灣的國際空間，無法以對抗中國國家基本利益的形式追求，而從對抗到釋嫌的取向只在一念之間。沒有人應該以為兩岸和平共處的努力中，雙方的關係如何安排是容易的題目。台灣應該有什麼樣的所謂國際空間（雙邊協定、區域協定、WHO、WHA、聯合國等）更是棘手的問題。只是，唯有通過有實質意義的兩岸對談，才有落實國際空間的可能。

尤其是，在像兩岸實力不對稱如何共處的努力中，不是沒有成例可以參照。芬蘭的阿蘭島以區區二萬七千人口，卻享有從國聯等源自一九二〇年的條約保護，不僅有權參加北歐會議（Nordic Council），也作為歐盟區域委員會的成員，而且享有芬蘭對外締約時的諮詢和否決權。伊拉克庫德族在複雜的情勢環繞之下，放棄獨立的幻想，轉而與伊拉克的阿拉伯多數形成「邦中有國」或「國中有邦」（federacy）的關係，對外也有某種程度的外交權，在多國設立庫德族的辦事處。歷史上多個蘇維埃聯邦成員同時是聯合國成員。而東西德、南北韓同時為聯合國會員的成例，更是耳熟能詳。最後，你真以為「主權獨立」的「中華民國在台灣」是當今WTO的一員嗎？停止幻覺，面對現實，是政治人物起碼的品德，更是國民對政府正當的要求！

打腫臉充胖子，自欺欺人，處處碰壁，「做」衰台灣，卻自以為中華民國在台灣就是「主權獨立」。RCEP這麼一個小小的夥伴協議就充分顯示，想以中華民國在台灣在國際舞台上伸展手腳，是幾乎無解的「一國無治」。考慮到台灣及台海的其他的因素，「一國兩制」或與其他類似的兩岸和平共處的思維和安排，不僅不是官員胡說八道的台灣國際空間難於開展的原因，反而是避免中華民國在台灣那種「一國」「不治」的解藥。

第三部

關於一國兩制

第一章　「今日香港，明日台灣」

兩岸和平宣言芻議——兼答友人質疑[65]

面對兩岸互不通氣，關係日緊的局面，有人對和平表示悲觀，對武裝衝突心懷顧慮。我們雖不必然過度憂心，卻也必要重申對戰爭的厭惡，對和平的期待；對生命的歌頌，對進步的堅持。

既然我們塑造人文世界，就能重建人文世界

文化世界的一切觀念、理論、制度，還有什麼結構，包括兩岸關係，統統不是有如自然界的實體，而是人為的建構。只是，人的意識通過了物（異）化，這些文化物件，

65 原載於《風傳媒》二〇二一年一月一日。

有時被人誤認為客觀的實體。文化世界既然是人的構想，不是什麼天生自然，也就能夠由人加以解構，重新建構。哲學家告訴我們，自然不是人所創造，所以我們不能完全了解；文化社會既然是我們人所建構，人沒有理由不能了解。這麼看來，我們的想像力應是無遠弗屆。想像力的極限是兩岸和平如何安排的唯一限制。這不是說我們的想像力可以決定一切，我們推動一些理念，不但一定要務實，而且最後不免受到現實某種程度的制約。但是手段上的務實，不表示接受思想上預先打折，自我打折的結果是改進的程度離我們的理想更遠。所以說「矯枉必須過正」，矯枉而不過正，常常半途而廢。

歷史上有無數的例子似乎在暗示，人和社會只有在壓力、危機、慘況、戰爭的威脅之下才有重大改變的可能。啟動的改變，無論成功與否，或成就到哪一個程度，人們常常又撤退到舒適的例行公事般的存在。第一次世界大戰首次看到科技進步，同時導致史前無例的殘酷，人類的反應是國際聯盟及某種程度的戰爭預防和軍備限制。但這種改變證明是遠遠不足，而且無法完全實現。雖然，二十世紀三〇年代世界經濟大蕭條，至少在工業國家推動了修補式的某種程度的社會民主。而人類在幾乎是從反戰的全盤撤退之中，經歷更加殘酷的二次大戰。其結果帶來像聯合國及人權宣言等，凸顯對世界和平及人類生命及生存權利的重申及希望。存在的意義在於生命的延續，生命的延續必然要有和平的環境。一旦戰爭終止了生命，存在以及由存在追求社會進步從而帶來的物質和精神的提升，對不再存在的人即無意義。

就台灣而言，它既是二次大戰試圖解決但遺留至今的問題，自然不能自外於和平及人權的呼喚。而二十世紀末第三波民主浪潮和某種程度的台海危機，也間接促成台灣社會解嚴和幾次修憲的改變。然而，台灣社會是否必得等待另一個危機，特別是戰亂的威脅或發生，才有再度變動的可能？不管如何，我們的使命在拒絕臣服於這種宿命式的惡性循環。

中共不一定要實行一國兩制

海峽兩岸既然風雲日緊，戰爭如果不免，和平希望的一國兩制還有它的相干性嗎？中共的確沒有非談一國兩制不可。要不是鄧小平的資歷和威望，沒有人當時能或敢提出這種大膽的構想。在解決族群衝突的努力當中，通常是弱勢（台灣）應該才會要求強勢一方（中國大陸）讓步。前蘇聯解體過程中，少數民族紛雜的許多前共和國脫離聯邦獨立時，經驗顯示當共和國越是比較站穩腳步，境內的少數民族的自主要求，越是得不到多數族群的考量。現在一反常情，是大陸一方願意讓步，台灣連拒絕什麼都沒搞清楚就盲目否決。到目前為止，台灣當局「絕對」不會接受一國兩制的宣示，而在野黨不知就裡，也一直噤若寒蟬，默認接受，都是極端不智的表現。

不論中共是否還在乎一國兩制，習近平至少已經提出所謂「台灣方案」，意思是你們覺得什麼都不好或是陷阱，你們不妨提提看。但到目前為止，台灣朝野是來個相應不理。這是解決族群衝突中常見的致命錯誤。北京和台北雖然不是在正式談判，但是要了解兩方對應時不能只考慮官方或自己的政治立場和風險。像一國兩制這樣的提議，是化解族群衝突，達到兩岸雙方共存真正的「橄欖枝」，它建立在對方可能會有善意回應的假設及風險之上。現實是四、五十年台方沒有任何積極的回應，只知迴避，毫無了解。要不是這個政策已經經過幾代領導人的背書，以台灣實際的反應而言，我們很難設想一國兩制可以無限期地成為台灣單方隨時召喚的選擇權。

可能不想實行比香港更為寬鬆的一國兩制？

若說中共沒有意願同意台灣實行比香港更為寬鬆的一國兩制，我想那是過分悲觀之言。鄧小平說過，對台灣要有對港澳更為寬廣的條件。此話雖是言猶在耳，不能保證已非時過境遷。不過，好歹兩岸隔了一條海峽，又有美日既得利益的干擾，台灣面積也非香港可比，至少表面上擁有世界排名二十幾的軍事實力。這些都是香港無法比擬的情況。再者，中共有理由擔心香港的動亂，造成對大陸境內社會秩序的不良示範。台灣境內如果有什麼騷亂，幾十年來，大陸已經見怪不怪。中國大陸沒有理由以現行的香港一國兩制，做為強加台灣的天花板。台灣不會接受，兩岸也似乎不必為此浪費精力。

反之，就是因為香港的一國兩制不如人意，台灣要積極了解，徹底研究，為什麼不能或不願接受香港式的一國兩制。而香港的一國兩制如果有任何更加寬鬆或合宜的改進，台灣對一國兩制的反應，將是香港的助力。

台灣人不相信一國兩制

不要為一些自以為勇敢，其實是愚蠢的「絕不」態度和言論而沮喪。除非社會正在經歷激烈的變動，社會民意的結構總是像一顆番薯，兩頭尖中間大。兩頭極端的意見總歸少數，我們的使命在把中間做大，這個中間同時拒絕死硬仇中和全盤反台的極端。做大理解和相信兩岸必須為和解達到某種兩方同時可以接受的安排的中間這塊，抱有極端意見的無知少數，不是敵人。但是，就如西洋諺語所說，敵人想要自殺，你不必去阻止。既已仁至義盡，只能隨其自然。更重要的是，我們從積極方面實事求是，分析真相，不以戰恫嚇，而以和想像。試圖掙脫不見棺材不流淚，那種史不絕書的宿命論「危機處理」方法。

中共的武力威脅是真的嗎？

目前民進黨以為擴大中共「武力侵台」、「併吞台灣」，是他們無往不利、萬無一失的銀子彈（silver bullets），這且不去說它。據說國民黨中有人認為，國民黨過去動不動就拿中共武力威脅及「入侵台灣」恫嚇選民，然後擺出一副只有國民黨有辦法和中共周旋的姿態，好像維持兩岸的和平，只有跟隨國民黨的屁股走。但是，武力威脅論既沒有成為事實，也傷害台灣人的自尊，最多成了「狼來了」的把戲，已經沒有什麼公信力。國民黨的把戲被選民唾棄，是因為被看穿了它為了一黨自私自利的政治目的，至少是因為「狼來了」說久了，造成又來說謊的形象。國民黨黨內有人願意自我反省是好事，只是，沒有說到問題的要害。

我們的分析，與兩黨（或某些個人）的宣傳有很大的不同。也就因為這點不同，才能取信於民。首先，今天兩岸的客觀脈絡，無論是中美關係、東亞局勢、台海軍事對比，與過去以及可以預見的將來，已有根本的變化。一般而言，這個變化有利中國，使得美國必須在與中國不得不競爭之中，避免衝突，更不用說戰爭。而兩岸大戰略最基本的現象是，解決台灣問題是中共認為的國家核心利益，維持兩岸及台灣的現狀只是美國的既得利益。前者很難改變，後者權宜調整。

其次，我們的分析不是出於個人或政黨的政治野心，或其他自私自利的目的。就是因為純粹出於政黨對權力的貪靡，無論是完全仰賴美國保護，甚至是撒賴的一面倒政策，或基於幻想或錯誤的什麼「親美和中」，都是與上述分析背道而馳，一廂情願的危險策略。

還有，我們看到的不止是兩黨為了政治目的渲染，有些所謂「統派」的言行和作為，有時也不免讓人懷疑是否是以統一做幌子，而借中共的武力為恐嚇。即使是誠心出於民族感情，主張武力統一，有時也給台灣一般民眾一種民族情緒宣泄過激，甚至是（也許不盡公平的）「吃裡扒外」的感覺和印象。出於這樣的動機或形象，當然不能說服民眾，尤其是新一代的覺青。

反之，我們的出發點是基於時下的大脈絡的判斷，為了台灣，甚至大陸廣大的人民的生存及福祉，尋求一條可行的和平道路。各方或許一時不於詳查或不盡信服，但是，假以時日人們一定會了解，我們沒有墜落到投機政客「動機懦弱、公信不立、思維怠惰、結果偏頗」的陷阱。

兩岸關係既然有兩岸，其思維及解方必須（也一定會）運用辯證的方式。辯證思維和發展是由「正」與「反」的互動，朝向更高層次的「合」運動。這不是老共的什麼伎倆，而是黑格爾哲學的精華。在這種思維之下，兩岸必須是「正」和「反」的對等。也許有人會說這會是中共忌諱的所謂「地方主義」，一開始就是死棋，動彈不得。我們認為這不是傳統的所謂「地方主義」，如果是，那也不過是大陸及台灣兩方各自的所謂「地方主義」（切忌落入不同於，也不是，中央／地方的俗套）的激盪，是作為辯證發展的必要過程。換句話說，我們同時拒絕大陸人多地廣，所以可以包辦真理的自大；及台灣地寡人稀，必定無足輕重的自卑。在辯證的思維運作之下，我們不怕談統／獨，我們期待（而且一定會）從統／獨的辯論之中，昇華到兩方都可以接受的一個更高層次（不必也不會是「單一國」）的「一國」。在我看來，真正的死結是已經僵化的「九二共識」，它雖曾扮演歷史的角色，已經成為單方的強加，喪失辯證發展的能量。不僅台方要有這種認識，大陸方面更應有所了解。同樣的思維也指導和／戰的二分。二分不是辯證，但是，在和／戰的正反互動之下，我們期待兩岸未來的關係是更高層次的合作和競爭——在共存共榮、相互激勵的合作之中，各自實驗、試探、推動、轉變，朝向廣大人民物質及精神更高度的提升和解放。

進「一國」退「兩制」——從港版國安法論香港的司法及立法自治[66]

一九九七年，香港在北京承諾實行「一國兩制」下，回歸中國。由於北京和香港對「一國兩制」如何實施沒有實際經驗，對國外的例子也不甚瞭然，究竟如何落實「兩制」的所謂高度自治，完全只有摸石子過河，且戰且走。這幾年來，「一國兩制」的實踐，過程曲折，有亮麗，也有黯淡。最近人大要通過港版國安法，我不想評論各別法條的優劣或妥適，而在指出整個趨勢看起來像是一國兩制精神的倒退。

《香港基本法》的序言一開頭就言明是根據中華人民共和國憲法，由全國人大制定。其第二條又規定，全國人大「授權香港特別行政區『依照基本法』實行高度自治。」所以，香港高度自治的權力，源自憲法及人大的立法授權。這點不應該有什麼太大的爭議。但是，這不能代表北京及全國人大可以忽略基於憲法制定的基本法的基本架構及實質內涵。

基本法明示關於立法權的歸屬及劃分，香港特區「享有立法權」。只是，香港特區的「立法機關制定的法律須報全國人民代表大會常務委員會備案。備案不影響該法律的生效。」（第十七條）人大常委會在「徵詢其所屬的香港特別行政區基本法委員會後」，如認為特區制定的法律不符合基本法「關於中央管理的事務及中央和香港特別行政區的關係的條款，可將有關法律發回，但不做修改。」（第十七條一項二款）所以，基本法下，即使是涉及中央管理的事務及特區關係，香港與中央基本的立法機制是香港立法，向人大「報備」，人大有權拒絕而「發回」。

關於司法，基本法規定「香港特別行政區享有獨立的司法權和終審權。」（第

66 原載於《風傳媒》二〇二〇年五月三十日。

十九條一項）所以，在保留香港大部分行之有年的普通法效力等措施下，香港的司法權及審判權具有高度的獨立性。

從香港的司法自治說起

在前引第十九條的基本規定之下，第一五八條前段又規定：本法的解釋權屬於全國人民代表大會常務委員會，全國人民代表大會常務委員會授權香港特別行政區法院在審理案件時對本法關於香港特別行政區自治範圍內的條款自行解釋。香港特別行政區法院在審理案件時對本法的其他條款也可解釋。但如香港特別行政區法院在審理案件時需要對本法關於中央人民政府管理的事務或中央和香港特別行政區關係的條例進行解釋，而該條款的解釋又影響到案件的判決……應由……終審法院請常務委員會對有關條款作出解釋……。

必須特別注意的是解釋權固然屬於全國人大，人大授權香港法院「自行解釋」，只是在涉及「中央事務」或「特區關係」影響具體判決時，必須提請人大常委會解釋。

基本法的概括規定雖然如此，無論行政權、立法權或司法權如何在「兩制」下落實，當然一開始就是問題。本文所要論及的立法權，政治性較高，過程較緩。基本法第六十八條也只做了議員最終由普選產生的承諾，矛盾沒有立即呈現。但是法律爭議天天發生，終於在一九九九年有關香港居留權爭議的「吳嘉玲」一案，終審法院做出香港法院有權「審查全國人大及其常委會的立法行為是否符合基本法，並有權宣布有關行為因牴觸基本法而無效」的決定，引起北京及許多大陸學界激烈反彈（「荒謬」、「明顯錯誤」等）。於是終審法院應香港特區政府的請求，做出補充解釋表示：（1）香港法院的基本法解釋權是人大根據基本法第一五八條授予；（2）人大依此條對基本法的解釋對香港法院有拘束力；（3）香港終審法院一九九九年一月二十九日在吳嘉玲案的判決沒有質疑人大及其常委會「根據基本法條文」及「程序」行使的任何權力。也許很多人以為在這番「澄清」之下，終審法院對原來主張有審查權的立場做了修正，其實不然。又許多評論認為此種事後解釋的做法如果不是不當，至少是罕見。罕見也許，不當未必，法國憲法委員會或加拿大法院的實踐裡都有類似的例子。

人大與香港法院對司法自治分際的妥協

如果仔細看終審法院的三點主要補充解釋，法院沒有質疑人大常委會「根據基本法第一五八條的權力」，這是同義反覆，理所當然。意思是，人大常委會沒有根據基本法行使權力時，終審法院依其「吳嘉玲」案的判決，在司法審判時仍然有其審查權。至少這是邏輯上合理的結論。所以，終審法院其實是在強大壓力下，極其高明地維護了其本身的獨立和尊嚴。

但在同年其後的劉港榕一案，法院認為，即使是本於主動做出的解釋，人大常委會解釋基本法對香港法院都有拘束的效力。這個不細分一五八條裡的各種不同授權的籠統疏鬆解釋，在文義和邏輯上都說不過去，在一國兩制及「共存」的精神下檢驗，似乎也不理想。

我的理由至少有下列三點：

1. 人大常委會固然有解釋基本法的明示權力，基本法適用及遵守的的對象包括人大常委會本身。就是由於制法機關必須遵守本身制定的法律，如果常委會對權力設立一定的限制，它本身也必須遵守。仔細分析，基本法第一五八條一款二項的授權有三種：有關特區事務條款（「自治範圍」）解釋的完全授權；其他條款解釋的保留授權；及條款涉及中央特區「中央事務」及「關係」領域的，並對判決有影響的條件授權。尤其是完全授權部分，人大不能在基本法另有修改以前，隨時做出指導性解釋。否則，只像「我說了算」的「凱迪裁判」（qadi justice），授權形同具文。這種看法，在法理上全然不通（下詳）。

2. 即使是「保留授權」和「條件授權」，程序是特區法院「自行解釋」，而由人大常委會保留不同解釋的權力及機制。沒有劉案判決文裡所謂隨時可以由常委會自動解釋的機制。

3. 最重要的是，從「共存」精神減低衝突的角度及功能看，解釋權下放才是治本之道。至少以特區內部事務這一塊，在現行第一五八條的文字及精神下，即使在一定有時會對香港終審法院特定解釋不會完全同意，人大常委會正確的做法，應該是以保持和維護香港法院最終解釋權的立場，不需保留隨時干預的主動解釋權，以消除不必要的衝突，發揮一國兩制的真正功效。

不過事實上，以人大常委會在「吳嘉玲」案後，做的相當嚴格和狹窄的解釋，和對終審法院「澄清」之後的沉默，以及到目前為止極少的主動解釋，其理解一國兩制的精神及實踐，相當得體，遠遠超過一般單一國論學者主張中央擴權，和香港終審法院在劉港榕案，以我看來反而是畫蛇添足的擴張解釋。不過，以我的觀察，像當時人大這種相當克制的態度，似乎已經不再是當前大陸決策及輿論的主流。

香港立法權自治及基本法第二十三條的實踐及爭議

如上所述，基本法中給與香港高度的立法權，只由人大保留「報備」及「發回」的機制。不過，在此次國安法爭議裡，多了一個基本法第二十三條的因素。該條規定，特區「應自行立法禁止任何叛國，分裂國家，煽動叛亂，顛覆中央人民政府及竊取國家機密的行為。」並禁止外國的政治性組織的活動或聯繫。我雖不認為任何政府在國安問題上必須因為某種法律的規定而動彈不得，甚至坐以待斃，因此人大的港版國安法的立法行為終究是國家一種自衛之道。只是，無論香港如何騷動，是否即構成對整個中國安全的威脅，必然是見仁見智的判斷問題。我看除了一些面子問題之外，似乎有點小題大作。

這樣子的法律規定引發的政府之間（包括中央與地方）的權力分配問題的分歧和爭議，固然不必排除機關或單位的協調，必要時也可以訴諸司法機關的裁決。政府體制下無法解決，最終只有民主程序的民意判決。這樣的觀念在「我是中央，你是地方」的單一國「基本教義派」看來，如果不是匪夷所思，當然至少是非常不習慣。而這也是為什麼香港法院認為它有權力及義務在法律解釋中審查（即級別高於香港）的人大通過的法律，而國內大部分論者（至少在情感上）以為，以特區法院的地位，要來審查中央人大的法律是「大逆不道」在觀念上的基本矛盾的根源。

隨時隨地可以回收或改變的授權，本質上不是授權，法律上根本無效

無論立法授權或司法授權的本質和分際，無論其細節如何不同，許多最近的實踐，

最基本的是由於對法律授權錯誤的了解導致。法律授權是一種非常特殊的權力移轉形式，不是一般人想當然的權力本來屬我，授權可以隨時撤銷；或國家治權本屬中央，中央自然有權收回或對香港的立法或司法的「不足」，隨時隨意予以改進或更正（另一個常見的說法是「基本法是全國憲法授權，基本法也是人大常委會授權，中央有權改變等等」，不一而足）。

法律上授權同時保留隨時絕對回收權力是無法成立的矛盾命題，因為這不是授權，也沒有授權（「我百分之一百授權你決定，但決定必須得到我同意」，或「你可以隨便花我給你的一千塊錢，但是你必須隨時還我這一千塊」，是一句邏輯和法律上本身無法成立的悖論）。授權可以帶有不是完全否定授權的條件，例如以某個期間（或事件）為限，保留以後回收的權力。但保留隨時絕對撤銷授權的權力，等於沒有授權，因此不成授權，法律上根本無效。

同樣重要的是，有效授權同時拘束授權及被授權人，沒有只拘束被授權人的道理。授權人必須根據原來授權的條件解除或變更授權。當然，權力本屬授權人，不依條件撤銷授權在事實上使被授權人或第三人只能徒呼負負，但這不影響已然已依授權所作的決定和授權人違法的事實。

我還必須明白指出，基本法第二十三條雖然課與香港特區在國安議題上有積極作為的義務，這種義務沒有改變立法授權及立法自治的性質，也沒有造成授權的任何例外。如何落實積極義務的履行，是與立法授權不同層次的法律問題。

「進一步，退兩步」：進一「國」，退兩「制」

從「一國兩制」的精神著眼，基本法第二十三條的設想依規定是相當得體的。由於香港的特殊經驗，即使是國安問題，也很可能在觀念和實踐上與國內會有不同的理解。舉一個已經發生的焚燒國旗的例子。即使我們自己不一定贊同此種行為，但是這種國內認為大逆不道或至少是下流的行為，卻也有人可以認為是言論自由的表現。第二十三條至少留給特區一個先行審議的機會和空間。

再者，對立法精神及立法實質分治的分歧，不能孤立地以為這是政治性的權力分配問題。香港可是法治行之有年的地方，即使是政治性質濃厚的爭議，法律程序的介入必不難想像。假定有人認為人大通過的國安法違反憲法及香港基本法對一國兩制的精神、規定和立法程序，因而提起訴訟，香港法院如何審查，審查的過程和結果對香港的司法自治及法院終審權的解釋及落實，究竟會有什麼結果或變化，將是極為敏感和複雜的問題。

所以我認為，像促成香港特區履行國安立法責任的問題政治解決是上策，司法解決雖不習慣仍不失是為中策，由中央越俎代庖則是為下策。由人大略過特區立法審議這種做法，政策上說是不智，法律上說是不通，情感上說則為不堪。

列寧曾經批評一些「革命同志」不務實和幼稚冒進的主張和做法，稱之為「進一步，退兩步」。看起來現在在中國大陸真正懂（沒說贊成）列寧的很少了，看起來真正了解或願意了解「一國兩制」的精神和內涵的決策者似乎也不多見。套用列寧的批評，在香港強行中央版的國安法，豈非進「一國」，退「兩制」。香港彈丸之地，也許無可奈何；但這對台灣是（或想要起）一種什麼啟示呢？

「今日香港，明日台灣」67

最近根據中國人大通過的標準，有四位香港民主派議員被取消資格，引發全體民主派議員辭職抗議。於是有人認為香港的「一國兩制」已死。我的一些朋友也說：「你看！不要談了。今日的香港，就是明日的台灣。這就是接受『一國兩制』的結果！」我很惋惜香港的實驗，落實得如此不理想。我也同意，今日香港，很可能是明日台灣。但是，我不是說因為香港實行了「一國兩制」，但就民主選舉而言，落實得實在太不理想，所以，台灣如果接受了「一國兩制」，也會變得像香港一樣。我是說台灣如果盲目拒絕

67 本文為受邀在二〇二〇年十一月十五日「左翼聯盟」講座部分講稿。

「一國兩制」，而不思如何談判和落實兩岸都能接受的「一國兩制」，台灣也許最終不得不接受我朋友心目中的香港「一國一制」。

批評是對的，以偏概全是錯的

首先，我們也許可以認為香港的「一國兩制」有許多差強人意之處，但只因為立法選舉無法達到香港某些民主人士（也許是合理正當）的期待，或因國安法的規範不如許多人的期待而過分嚴厲，或許不能就此以偏概全，主張其他一國兩制的措施（例如司法的英美法傳統）完全失敗。所以，我當然絲毫沒有辯護中共在香港一些政治措施的意思（如果有，只要符合事實，也沒啥不對），而且更以為例如中央直接訂立國安法並不明智。不過即使「一國兩制」或許不夠完美，不能誇大地宣稱香港已是「一國一制」。

沒有因為／所以的因果關係，比附援引也沒有邏輯效力

其次，我們來看看到底有今日的香港，就會有明日的台灣，是什麼意思？無論如何，香港的一國兩制，八竿子打不到台灣，不可能是台灣（如果採取）一國兩制之「因」。如果說香港採取了「一國兩制」，最後落得了一個「一國一制」（不盡正確已

如上述）的下場，台灣如果採取「一國兩制」，也會有同樣的結果，那這絕非邏輯推演，最多是類比。類比是猜測，沒有絕對正確的效力。沒有某人（香港）那天吃了蘋果肚子痛，我（台灣）吃了蘋果也會肚子痛的「邏輯」。

兩岸關係的和平解決以台灣能夠同意的「一國兩制」最為有利

還有，如果接受兩岸終須就兩岸關係以和平手段達成某種妥協，經由談判的「一國兩制」是台方最為有利，必須堅持的立場。「一國兩制」是解決族群衝突不得不採取的「共存」策略。尤其是像中國大陸和台灣這種實力不對稱的情況，更是衝突弱勢一方（台灣）必須堅持的立場。世界上已經有數十個先例（北愛爾蘭、芬蘭、坦桑尼亞、蘇丹、伊拉克庫德族，不勝枚舉），不是容易成功，而是沒有辦法中的辦法。強勢一方對弱勢一方的高壓，一定只有離心，甚至是動亂或戰爭；弱勢一方分離的策略，也只有雙方兵戎相見。和平共處只有強勢一方願意尊重弱勢一方自主的願望，弱勢一方承認雙方某種統合的必要。雙方改變敵意或對立情緒，謀取和平，才有可能。

台灣方面絕不接受「一國兩制」是策略錯誤。就因為是中共的首先倡議就以為是陷阱或不值一顧，那是心理學上指出的判斷謬誤。台灣沒有全部接受香港模式的必要，但是不去了解研究香港的「一國兩制」有何缺點，為何無法接受，如何改進，那是愚蠢！

瘦肉精含量和標示——中央「自主」還是「地方」自治？[68]

自蔡英文總統倉促拍板萊劑瘦肉精豬肉進口之後，問題沒有立即解決。不但連帶的檢驗及標示議題浮現，各縣市政府也因地方及豬農的關切，紛紛採取不同的因應辦法。台中市要求「零檢出」瘦肉精；彰化縣議會多位議員表示反對瘦肉精豬進口，要求標示明確；新竹縣要實行「零檢出，要標示，設專區」；而台北市忽然發現原來還有不得歧視他國瘦肉精肉進口的義務，大呼上當。在好像是四面楚歌、烽火連天的態勢之下，也有縣市勤王效忠，認為不能就此問題搞軍閥割據。衛福部則效法李鴻章割讓台灣，打擊「台獨」，不使「朝廷號令不行」的反應，急忙下令（行政命令），指示各縣市瘦肉精檢驗標準一致。

局勢看似混亂，問題只有一個：縣市有無權力制定不同於中央的食安標準？換句話說，可否規定瘦肉精的含量必須低於中央認可的劑量，以及採取例如標示等的預防或更高標準。

以下要先說明，憲法的地方政治安排是一種中央與地方對等的分權關係，因此，所謂法規的牴觸，不是地方下級法規牴觸中央上級法規的單向思維，而是包含中央法規及政策侵犯地方法規的違憲現象。如有爭議涉及憲法列舉的地方權力，中央法規或必須因違憲而修改，或在解釋上盡量調和地方法規的合憲性。

而具體觀察瘦肉精的有關爭議，我認為地方檢驗及標示的規定，基於憲法對地方管控地方衛生等的列舉權力，不違侵犯中央列舉的權力（包括外交、國際貿易、涉外財經，甚至全國公衛等）的程度，與是否有「下級」法規或命令牴觸「上級」法規或命令的問題無涉。

自治還是自主——先要釐清的前提

我們一向習慣把非全國性的自主安排（autonomy）稱為地方自治。這是國民黨的意識形態中重要的主張，因此也表現在憲法之上，成為單獨的一章。難得一見的是，民進黨的理念基本上與國民黨重疊，甚至在觀念和用詞上，有過而無不及。民進黨黨綱稱之為中央與地方的「均權制」，有所謂「垂直的制衡」保護地方自治體制。問題是，一旦把自主稱之為「地方自治」，我們腦海中所呈現的影像在下意識左右之下，是一種上下的垂直統屬關係，認為有所謂「垂直的制衡」，如果將其刻畫為有上下的宰制關係也不為過。以至於儘管有「均權」（權力的比例分配而已）和「制衡」的表述，骨子裡

68 本文為二〇二一年三月十一日於立法院記者會發言稿。

是上下統屬關係的思維。所以，我雖不反對約定俗成的用法，用「地方自治」討論問題，但是必須有意識地排除上下宰制的影像，認識自主的政治安排中，權力的分配有「分權」（devolution）和「授權」（delegation）兩種性質完全不同的法律觀念。前者是兩個政治實體（稱為中央／地方無妨實質）平行（bilateral，而非垂直）的對等關係；後者是中央／地方的上下垂直管控關係。分權不一定是「均權」，均權似乎只指權力的某種比例分配。無論如何，分權絕不等同授權。

因此，在分權的設計之下，中央不能單方剝奪（收回、指正、撤銷等）「地方」的權力。例如，芬蘭本土與所屬阿蘭島（Aaland）的關係中，後者有對侵犯該島列舉權的中央法律的否決權，甚至對芬蘭中央影響該島的國際協定的簽訂有同意權。如有爭執，有「中央」與「地方」各有兩名代表的代表團協商。再無法解決，交由最高法院審理。而中國大部分意見對港澳自治的看法，不知有「分權」這種觀念，認為特區是中央及憲法的授權，權力可以隨時收回。法律觀念已經偏斜，政策更是不智。而又如美國的聯邦制度，實踐上的演變不說，而除了所謂「聯邦問題」，原來是獨立州對聯邦有限度的授權。所以憲法修增案第十條規定，憲法列舉的聯邦權力之外，權力由各州及人民保留。這是否達到「均權」的目標，可以是見仁見智。但這是授權，而非分權。

台灣學界傳統以聯邦制或單一國，而非分權或授權，討論所謂中央與地方的關係，已經不甚精準；何況如上所述，芬蘭的單一國也可以有與阿蘭島的分權安排。

憲法採用分權，而非授權觀念

由於憲法對中央及地方的權力個別列舉（第一〇七至一一〇條），而第一一一條更進一步劃定無列舉事項只有全國一致性者屬於中央，憲法無疑是採用中央地方各有專屬的分權制度，而非中央或地方向他方授權或讓權的設計。也因此，學者像許宗力認為，為免地方自治淪為具文，應在中央與地方權力重疊的情況下，盡量保留地方法規的效力。我則認為法律適用雖不排除道德及技術性的訴求，要看到不是只有地方法規牴觸中央的片面，要了解在憲法列舉地方權力的情況下，中央法律和政策也不得牴觸地方政治權力的保留和運作。這是從列舉權力的對等制衡關係下必然的邏輯結論。

呂炳寬教授在一篇相當工整而不失邏輯的論文中建議，在憲法中的中央和地方的列舉權力有重疊的情況下，而規定有全國一致性需要者，中央的規定視為上限，地方規定不能更嚴格而超越中央標準。如果無一致性的必要，則效仿大法官有關電子遊戲場的七三八號解釋，接納最高行政法院會議的建議，將中央法規的規定待之為下限。除了有時法規的要求到底有無一致性的必要，難於認定之外，我則想提出對所謂「重疊」或「牴觸」有一點不同的解釋——

憲法第一一一條規定：除第一百零七條、第一百零八條、第一百零九條及第一百十條列舉事項外，如有未列舉事項發生時，其事務有全國一致之性質者屬於中央，有全省一致之性質者屬於省，有一縣之性質者屬於縣。遇有爭議時，由立法院解決之。

重點不僅在有無一致性，要注意「未列舉」這幾個字。只有憲法未列舉的權力，才有有無全國一致性判斷的餘地。列舉為縣的專屬權力，則非在是否有全國一致性的考量之內。因此，也就無所謂是否有不得「超越中央」，或上下限的討論必要。當然，由於制憲技術的缺漏，憲法第一〇七、一〇八及一一〇條的文字，的確有中央地方權力重疊的顧慮。例如一〇八條中央對公衛，縣對縣衛生各有專屬管轄權，其有無重疊只有個案具體判斷。無論如何，在法律解釋的方法而言，必須假定制憲者沒有混淆兩者的意圖。解釋上也必須往中央/地方規定沒有衝突的方向努力。實務上這種例子很多。例如，美國的憲法、聯邦法律及條約在憲法上均為全國最高法律，但條約必須盡量往不違反憲法及聯邦法律而且沒有衝突的方向解釋。

在瘦肉精爭議裡，地方有關劑量及標示的規定，在其他方面都可以合憲的情況下，或其他中央有所牴觸的法律沒有修正或認定為違憲之前，也應該盡量解釋為合乎地方專屬權力的行使而合法合憲。

首先檢驗中央法規的合憲性

由於憲法裡，中央的列舉權力包山包海，地方根據憲法列舉的地方權限制定自治條例，應該推定其為合憲已如上述。無論在何種中央與地方法規衝突的場合，中央法規命令的合憲性必須首先審查。憲法第一一六條固然規定「省法規（即地方）與國家法律牴觸者無效」，在地方自治的爭議中，必須進一步檢驗國家法律的合憲性。也就是說，不是中央說了算，國家法律必須合憲。如果合憲（例如沒有侵犯地方在第一一〇條的列舉權力），地方法規才有可以解釋為因牴觸中央法規而失效的餘地；如果國家法規本身違憲，即不生一一六條的無效問題。

同理，憲法第一二五條對縣單行法規符合國家法律或法規的要求，尚需先檢驗國家法律及省法規的合憲性前提。處理方式相同。進一步而言，像地方制度法第三十條中規定自治條例與法律或法律授權之法規牴觸即為無效，也是沒有檢驗合憲前提，看來是違憲的過度擴張。又如今春環保局在中火案撤銷台中環保煤炭處分中，似乎將行政程序法通用中央地方的自治關係，把地方視為純粹的行政下級單位，其合憲性也有問題。地方制度法（第二十六條）要求地方法規涉及罰則應經中央審核。這種解釋不分地方法規是否基於憲法賦予地方列舉的專屬權，反而完全是出自上下授權的宰制關係的擴張運用。如果地方行使憲法賦予而列舉的權力，制定一定的自治條例，中央部會不僅不宜審查其適當性，連適法性應不應該審查，不但如此，其審核監督措施的合憲性本身，都有待檢驗。

綜合觀察

如果萊劑瘦肉精肉得以進口，又加了某種標示的規定（不管是產地或萊劑含量），中央基於憲法的權力基礎，也許是憲法第一〇七條的國際貿易，涉外財經經濟，及第一〇八條有關公衛的綜合權力。但是，對於進口後的豬肉，地方政府也有對基於憲法賦予的衛生要求的食品管制權。由於中央地方各有憲法列舉的權力，不生是否有全國一致性要求的憲法第一一〇條的劃分問題已如前述。根據以上的分析，縣市規定零檢出及標示萊劑的規定有憲法基礎，這些措施並沒有干擾中央進口萊豬及標示的措施。何況由於有憲法列舉權力的基礎，縣市的規定應推定為合憲合法。反而如果因為中央的措施，干擾和架空了地方本於憲法的自治權力，這些中央法規及措施的合憲性必須通過合憲審查，才談得到效力的問題。如果這些措施本身侵犯憲法列舉或其他專屬的地方權力而違憲，那就談不到中央地方法規有無牴觸的位階性問題。

這樣看來，衛福部的一紙號令，甚至對地方有關衛生的瘦肉精管制的後續法規，其是否有違憲之疑慮，因而無法號令天下，恐非即無斟酌餘地。

第二章　一國兩制處於危險的路口

一國兩制不是台灣的主要顧慮[69]

中共早些時候由習近平發表「台灣方案」，提倡「一國兩制」，最近又發布習二十六條，無不成為熱烈的選舉話題。

針對習主席的談話，蔡英文總統認為，一國兩制已經變成「九二共識」，不接受「九二共識」也就不能接受一國兩制。又說：「台灣人為什麼會對一國兩制這樣的戒慎恐懼，不能接受呢？……第一，就是中國在民主體制的欠缺與不足。第二，是他們不佳的人權紀錄。第三，他們從未放棄武力犯台。」

我的看法不同。「九二共識」是抽象主權意識的糾纏，「一國兩制」是共治共存之道。前者是觀念遊戲，後者是務實解方。兩者不能張冠李戴，混為一談。還有，不論

69 原載於《風傳媒》二〇一九年十二月十日。

「民主」、「人權」、「武力犯台」的論斷正確與否，一國兩制的共存的精神和取向，正是為了避開這些歧異的糾纏。以歧異存在之故，拒絕一國兩制，是不合邏輯的冠履倒置，因噎廢食。論者（例如McGarry, O'Leary, Horovitz）無不指出，接受「共存」的安排，通常對少數（即台灣）比較有利，而且常常包含多數（即中共）在正常情況，不在做「共存」的必要妥協下，不會接受的安排。因此，如果「一國兩制」真正體現「共存」的精髓和制度（我看還沒有），台灣方面雖不必一定接受，其正確態度及策略，如果不是積極回應，還是應該是認真考慮，更沒有必要「戒慎恐懼」。

怎麼回應？

一、發揮真正的民主精神，建議正式組織兩岸非官方各界，參與一種沒有預設立場的工作坊（已廣泛在中東以、巴關係中使用）；試圖為正式談判找出兩岸關係的矛盾，發現必須討論解決的議題，建立啟動官方願意接觸前某種程度的互信。使中共了解台灣為何偶爾蜻蜓點水，卻不積極對談的不解；並且消除目前各方「八仙過海」，到北京亂放炮的（我指台灣，不是中國）「代理人」問題。

二、避免道德高度的譴責：談判和平共處的嘗試之中，「強加予人」、「自認優越」，無論如何在精神或事實上站得住腳，古今中外的實踐經驗證明是對改變態度完全無用，對談判更是一無建樹。

三、主張雙方官方與非官方為一國兩制接觸時，除非有絕對無法接受的其他因素對雙方生存利益構成最嚴重的威脅，在一定期間（一年，兩年，五年？）內放棄以任何形式的武力行動解決兩岸關係問題。

台灣要看到主要矛盾是如何擺脫台海潛在（但我看是與日俱增）的軍事危機，確保一定的生活方式及所謂的民主價值，更進一步期待轉移對外部兩岸關係論爭的內耗，到如何實現內部的社會正義。

張亞中教授的「一國兩制」[70]

張教授在參選國民黨黨主席的政見中，提出國民黨與中共簽署「創造兩岸和平備忘錄」的構想。張老師集數十年的功力，其提議自有可觀之處。而兩岸必須對談，既是許多明理之人共同的願望及信念，又是我認為在台灣的有心之士應該一起討論批評，相互砥礪，甩掉包袱，凝聚共識的一件要事。既然張老師公開這樣重要的意見，我想或許是群起呼應，把討論深化的時機到了。為使讀者容易跟隨張老師的思路，我以下依照張老師的備忘錄的規格加以分析。又為使討論不會不必要地失焦，我對張老師備忘錄的每一條文的評論，只專注一個議題。

70 原載於《風傳媒》二〇二一年四月二十三日。

前言

和平是人類的最高價值，兩岸應以和平作為推動兩岸關係之原則……雙方認為：兩岸應以共同努力促使結束敵對狀態……兩岸平等相待是促進和平的基礎……促進兩岸融合是未來的必要路徑；雙方也認知到，本備忘錄的簽署有助於未來兩岸官方正式結束敵對狀態簽署和平協議。基於以上認識，雙方願意達成共識如下。

除了前後的思緒和論述可以略微調整之外，此備忘錄以結束敵對狀態，兩岸平等相待，作為實現兩岸和平，促進兩岸融合，及簽署簽署和平的先行條件。雙方如果對此不止「願意」，而是真正達成共識，當然有助台海的穩定。

第一條：民族認同

雙方認識到整個中國……處於分裂狀態，但兩岸人民仍同為中華民族一份子之事實。

促進和平的目標和兩岸融合的希望，以及結束敵對及平等相待的手段，與民族已經的認同，沒有條件式必然關係。要以解決主要矛盾為重，不必節外生枝。台灣住民很多固然沒有認同的困難，但不要說中國大陸人民的民族認同用不到國民黨操心，面對台灣境內不斷升級的所謂「雙重認同」，備忘錄不必畫蛇添足，自設路障。

第二條：主權不分裂

雙方……堅決反對分離主義；認識到兩岸同屬中國，整個中國的主權為兩岸人民所共有及共享；共同承諾不分裂整個中國的主權，並共同維護其主權及領土完整。

由於大概無法期待一般人能夠一下子放棄或轉換傳統（但是虛幻及過時）的主權觀念，我想這可能是中共會堅持的論述方法。不過，麻煩的問題不在宣示主權為兩岸人民所共有，困難在如何行使。尤其是在兩岸對主權行使的內涵及方式有不同解釋時，如何調整？隨便舉一個例子。假定兩岸對釣魚台（或南海某島），一方堅持「主權完整」，他方主張擱置爭議，共同開發（鄧小平就曾經如此主張），這是分裂主權？如何共同維護領土完整？以傳統主權觀念的原則宣示，隱藏極多的問題。既有整個中國的觀念，加上許多不一定周全的論述，節外生枝，反而引起解釋上的困難。

第三條：治權平等分立

雙方同意……未來兩岸官方簽署和平協議後，兩岸同並尊重對方為憲政主體……

此條最大的問題是，混淆備忘錄這種黨的指導性文件，與兩岸官方可能簽署的政府間協議，兩者中間有一道有待跨越的鴻溝必須思考。不論什麼善心和好意，國民黨沒有權力簽署任何超越該黨之外的備忘錄，更不用說代表台灣當局或民眾做任何沒有授權或同意的承諾。或許本條的意思是如果和平協議是國民黨政府所簽，備忘錄所指的「對方」及「憲政主體」是指國民黨？所以，本意固佳，要守住國民黨一種「推動」的角色，以免落人把柄。同樣的混雜也在整個備忘錄中一直出現，以下不再重複討論。

第四條：不使用武力

未來……兩岸同意不使用武力……完全以和平方式解決雙方歧見。

目的與訴求的手段都非常正確和崇高，但以「完全以和平方式解決雙方歧見」試圖禁止使用武力，是想像可以用希望實現希望。綱領性的論述固然不一定要深入細節，但總要指出一個實際可行的方向。這樣的陳述，等於要求中共幾乎無條件放棄武統，換取可能毫無解決問題可能的所謂「和平方式」（談個不停？）。這和過去民進黨抱怨中共從未答應不使用武力，因而不談或無法談，沒有實質的不同。我不在長他人志氣，而是要務實地指出，爭端的和平解決機制有很多不同的設計方法，但不是一句「完全以和平方式」這種近乎無底洞式的宣示可以落實，反而會被台灣很多「智者」，批評我們只會做「不切實際」的「書生論政」。

第五條：國際參與

> 兩岸同意雙方與其他政府行為體享有官方關係，在國際組織之共同出現並不意涵整個中國之分裂，並有責任共同合作，維護中華民族之共同利益。

如果兩方真能接受這樣的陳述，那再好不過。不過，我想這可能是過分樂觀。台灣的國際參與固然是台灣民眾的希望，但認為中共可以就這麼滿意於「並不意涵整個中國之分裂」一句宣示，太理想化了。客觀第三者的觀感和解釋會如何呢？我想注意力不應該用在期望之上，而是思考如何在事實上消除中共對實質台獨的疑慮，才有實現國際組織參與的可能。

第六條：推動融合

未來……決定在雙方同意之領域成立共同體……

張教授多年來主張「歐盟模式」，有他一定的道理，支持者不少，我們予以尊重，也應該進一步討論。但是，我希望持有這種特定觀點的朋友，暫時不要堅持這種細節，把眼光拉回去除兵凶戰危的主要矛盾，不要以先入為主的「模式」試圖打造一個相同的「模式」。雖然法國的摩內早期構想法德煤鐵合作時，也有借此消除法德再次戰爭的不幸的想法。但後來的歐盟模式不是出於防戰或化解族群衝突的考量，與台海的可比性不高。要從事實出發，不是以現實擠入理論。也許更實際的想法是從將來的實踐中，摸索一套切實可行的制度。連鄧小平都說他必須摸石過河，所以，也許一位真正智者的觀察有點道理：「所有神祕主義的神祕……都會在人的實踐及實踐的了解中，找到適當的解決。」

第七條：互設代表處

我不知道這種十九世紀式的外交實踐，在當今通訊科技如此發達的世界還有多少綱領性的象徵意義。不過，在族群共存安排的案例中，有些很有價值的實踐可以借鏡。例如北愛爾蘭一九九八年復活節協定有關愛爾蘭南北部長會議，及有關北愛爾蘭的英國和愛爾蘭政府會議[71]；芬蘭關於阿蘭島（Aaland）的代表協商會議（Delegation Conference）；義大利關於南提洛（South Tyrol）在總理辦公室設立的專門委員會[72]。這些部長或內閣層次的制度化（所以不依賴當時人的情緒喜怒）協商機制，層級高，而有能力比較客觀地解決問題，對化解矛盾發生很大作用。

連鄧小平都主張大陸不派人到台灣，設立事務性的代表處很容易使台灣民眾產生「今日香港」的在香港的中聯辦。因小失大，何苦來哉？

71 可參閱 Consociational Theory：McGarry and O'Leary and the Northern Ireland Conflict 32 (Rupert Taylor ed., 2009).

72 可參閱 Asymmetric Autonomy and the Settlement of Ethnic Conflicts 31, 41 (Marc Weller and Katherine Nobbs eds., 2010).

第八條：統一後政治制度安排

雙方認識到……對於統一後的政治安排有不同意見。中國共產黨主張「一國兩制」……中國國民黨認為孫中山先生所主張「民有，民治，民享」之精神是統一後應有的共同政治制度基礎。

這條是「三民主義統一中國」幽靈下的敗筆，更顯示中共一國兩制提議的務實和高明。一國兩制可以允許台灣搞你的孫中山的三民主義（如果人民買你這一套），但是此備忘錄所堅持的三民主義是「統一後應有的共同政治制度」，那是相反的「飛象過河吃卒」，完全違反了解決族群衝突中求同存異的精神，無待多言。

第九條：未來依循原則

簽署後之備忘錄在交由雙方黨員同意後，成為兩黨推動兩岸關係之神聖原則。

備忘錄雖沒有法律效力，但以法律文書的形式做成；既然是法律形式，最好照顧一些法律技術性的問題。例如：如此路線性的文件，到底需要多少黨員同意？文件有時效限制嗎？是否加入某種落日條款？文件可以變更嗎？如何變更？解釋有歧義如何解決？總之，文件作為一個好的開始，一定還有增強的空間。

本來國民黨的家務事與外人無干。但張老師的備忘錄實質上是花了心思的「一國兩制台灣方案」的嘗試，這是何等重大的工程！大膽創新，難免小誤。我們應該實事求是，出點主意，鼓動風氣，祝他成功！

一國兩制的基本盲點——閉門造車[73]

在研究一國兩制的過程中，我對內容及水平印象最為深刻的發現有二：一、中國大陸的討論裡，常常強調堅持走「有中國特色的社會主義」的一國兩制觀念和實踐，幾乎到了走火入魔的境地。二、兩岸同時缺少國外案例及理論的比較研究。我不知道王冠璽在批評台灣的大陸研究水平低落時，是否即是心含此意。如果不是因為我的孤陋寡聞，兩岸研究的毛病其實是難兄難弟，無分軒輊。

73 原載於《風傳媒》二〇二〇年二月三日。

例如，看起來是一篇大陸權威論文，引用了幾個例子佐證一國兩制不是胡思亂想，而是其來有自。其中除了十八世紀荷蘭政體略為切題之外，西藏解放關乎自治及和平解放，不關共存設計；北魏的奴隸制度已早不在我們的歷史記憶和意識之中，根本無法證明什麼。再引用歷史大師黃仁宇認為英美衡平法普通法同在也是一國兩制的先例，那就完全不知所指了。

但是，比較分析的功用在避免人在單一環境之下的「青蛙效應」（不知冷水逐漸沸騰）；人也只有從不同認識自己的獨特。所謂「他山之石可以攻錯」，防止坐井觀天，那麼，我們是否應該參酌將近三分之二世紀的外國處理族群衝突的和諧民主理論和實踐，還是一味悶著頭以「靠兩條腿走路」為樂呢？

當然，根據中國的國情，建立有中國特色的社會主義國家，是極為正確的分析和主張。因為，馬克思－列寧的理論學說是外國的理論，無論是多麼科學或先進，大部分是根據外國，而不是中國的理論和經驗建構的學說。再者，中國早期的社會主義建設，極大程度受到當時蘇聯實踐不盡正確的影響。所以，無論理論或實踐，多有（而實際上的確）產生脫離中國實情的重大誤差。從這個角度看，主張走由中國特色的社會主義道路，是以解決問題的務實態度矯正抽象論述的教條主義，應舉雙手贊成，大聲喝采！

雖然以「有中國特色的社會主義」做為解決盲目以「洋為中用」的誤差，是正確的；但是，如果是一味以之做為中國發明或經驗的，沒有事實支持的自我陶醉，或只是見短識薄，力有不逮的「閉門造車」，那就是從錯誤的一個極端，掉入錯誤的另一個極端。一國兩制既然是大部分人認為的完全本於中國大陸自身的實踐和經驗，而我也沒有任何理由懷疑此種主張的正確性，那麼，一國兩制的本土發明和實踐，既然沒有像從前盲從外國的馬列主義或蘇聯經驗（鄧小平的兩個例子）的偏差的可能，何有努力尋求「中國特色」的餘地？防止「外國月亮」的思維錯誤，要同時警惕「土法煉鋼」的教訓。從結構哲學及量子力學的觀點來說，兩個現象，一明一暗，同時存在；兩種原則，互補相成，缺一不可。以中國的一國兩制的立論及落實而言，由於原來就是出於「中國特色」，更應該有意識地接受解決族群衝突及和諧的豐富的國際理論及經驗的檢驗。而正只有在如此檢驗之中，才有發現「中國特色」的理由和機會！

所以，反對教條的同樣邏輯，要求「國際檢驗」做為「中國特色」同時存在的並行原則。換句話說，如果主張建設有中國特色的社會主義被抬高到有似極端民族主義或「中國特殊主義」（China's exceptionalism）；變成凡是中國的就必定是符合中國需要的「有中國特色」，無需參照國外類似的理論和實踐，那顯然是從教條主義的一端，墮入它的另一個極端，不是解決問題的務實態度，與盲從外國學說和實踐，同樣有發生重大錯誤的可能。所以，不分具體情況的「特殊」或「盲從」，看似不同，與其錯誤的根源——教條主義毫無不同。

如果「一國兩制」完全是從中國的自我摸索得來，它當然已經具有完全的中國特色。這時，討論的缺憾與其可能發生在缺乏「中國特色」的著重，不如小心「他山之石」的忽略。缺乏對國際上對於化解文化／價值／族群衝突，政治學及文化／心理學豐富的實踐及理論的認識及探討。甚至以為探討西方的理論和實踐只是崇洋媚外，脫離中國特有的脈絡，那是不可能正確的想法。

所以，兩岸的民間有志之士應該聯合起來，組織深度探討交流「一國兩制」的議題，從兩地實況，參考各國經驗，從討論及自我實踐認識他方的觀點、價值、感受及恐懼，將自己蛻換成為有異官方僵硬觀點及態度的民間外交特使，擴散自身的影響力。經過長久的努力，希望能夠與比較正式的官方接觸談判，同步以二軌外交化解兩岸人民之間的衝突。

一國兩制——就是要「民主」與「威權」和平共處[74]

蔡英文總統在新年（元旦）談話說：「感謝台灣人民給了政府最強大的後盾，台灣人民不可能接受一國兩制。看到香港局勢不斷惡化，政府濫權證明一國兩制破產，也說明民主與威權無法同時存在一個國家。」而且，不只是民進黨如此宣示，國民黨候選人也是信誓旦旦：「絕沒有說過贊成一國兩制。」甚至其他主要政治人物，大都指天發誓，避之唯恐不及。我認為，這種言論繼續傳播對一國兩制共存精神的誤解，顯示對穩定兩岸關係缺乏務實的判斷，削弱各地中道力量的威信和力量。

一國兩制是和平共處的良方

我們一般討論民主政治，腦中浮現的影像是本於英國民主發展的多數決政治，贏者整碗端去，輸者期待有朝一日成為多數，也來個唯我獨尊（所謂得到「mandate」）。但是，幾十年來，部分政治學者發現，多數少數的輪替不是民主的唯一形式。民主的形式，還有各黨各派，民主協商，共存共榮的安排。這種「共存」的民主理論，在過去幾十年來在世界各地，被運用到一些看來沒有希望的族群衝突，不斷努力，勇敢實驗，解決或至少緩和了流血暴力衝突。證明「基督教」與「天主教」、「國協派」和「統一派」世仇可以共存；回教徒和基督徒可以嘗試相處；過去的白人殖民主可以安全生活在絕大多數的舊日黑奴之中。一國兩制是為了和平共處，細節容有不同，其精神相符。

74 原載於《風傳媒》二〇二〇年一月二十五日。

族群共存要務實處理

舉個實際的例子。當北愛爾蘭的基督教國協派和天主教的統一派流血鬥爭不可開交之時，民主共存理論的鼻祖李普哈特分析了北愛爾蘭的可能走向大致有六：一、不管族群衝突，埋頭經濟發展（這也是台灣某候選人「談統獨太早，應該發展經濟」的鴕鳥心態）；二、去殖民化（即英國對族群衝突撒手不管）；三、強行族群融合（某些大陸學者認為的良方）；四、共存共治，族群共享權力；五、各自分割獨立；六、外部強加的控制。

我雖同意他「四、共存」的建議，但也不認為他的論述一定詳盡。不過，就分析而言，顯然一、二、三都沒有針對族群衝突提供解決的辦法；北愛爾蘭本身內部也辦不到，與台灣問題也相去較遠。比較對兩岸情勢有關的是「四、共存」，即一國兩制；「五、台獨」；「六、武統」。如果一般的觀察正確，即台灣絕大多數不同意五和六（急獨急統），剩下的唯一出路是四（和平相處，保持現狀）。如果是這樣，所有台灣政治檯面上的人物一致拒絕一國兩制，無異反對維持現狀，只是談空說有，台語「畫隻虎爛」。

重複一次：就台灣而言，完全拒絕一國兩制對台海局勢的穩定沒有好處。從當前及可以預見的環境和局勢，我們能想出比一國兩制和平共處更能穩定局勢的方法？從中國大陸的角度，台灣「維持現狀」就是一國兩制。台灣的所有決策者要是主張大陸的體制無法與台灣現狀共存，大家在忙著維持什麼現狀？或者，已經說過，馬上台獨或一統可能嗎？大多數的台灣人民同意嗎？

中道的力量值得珍惜愛護

各地的聲音輿論不是鐵板一塊，要了解和珍惜對方的中道力量。一國兩制不是洪水猛獸；剛好相反，它代表中國大陸中道的見解。

無可諱言，一國兩制有許多必須改進增強的地方。可是，這不代表應該完全否定一國兩制。即使香港局勢不斷惡化的觀察正確，這最多只能說是一國兩制的落實不力，說是兩制「破產」，對香港沒有幫助。如果無論台灣、大陸或港澳一致認為香港式的制度無法與大陸的制度同時存在一個國家，那麼言下之意，只能一制。可以想像（也許有人早已認為），像印度尼赫魯在一夜之間將坦克車開進葡萄牙前殖民地的果阿，才是香港問題的解決辦法。

台灣領導人這種自我中心、情緒直覺的宣泄，不僅不能說明香港局勢，證明一國兩制無效，反而是助長部分中國大陸輿論對適用一國兩制的不耐與批判的氣勢。「民主」與「威權」無法共存，看似大義凜然，換個角度，同樣的邏輯可以把「真理」說成「社會主義」與「資本主義」無法同時存在一個國家。換句話說，可以沒有什麼一國兩制。這豈是大家所樂見的一國兩制真正的「破產」？

掙脫意識形態的宰制

德國思想家韋伯曾經有過一句名言：「從事政治最大的罪惡是不能超然」，因為權力使用的誤差，影響萬千人民的命運。所以，我想還是放下先入為主的情緒反應，花一點心思研究到底什麼是（而且可以是）「一國」「兩制」吧！

一國兩制處於危險的路口——先談情緒再談制度

75

一國兩制多以制度安排為重點

什麼是中共所提的一國兩制？其大致內容不外台灣可以「保留原有的制度」、「特區」、「司法獨立」、「終審權不必到北京」、「保留自己的軍隊」、「不派人到台灣」、「比對香港更為寬廣的條件」，這些都是接受一國兩制之後的制度安排。但是，台灣對此一概不予考慮，令鄧小平都百思不得其解。「一國兩制對台灣來說，有什麼損失呢？」（鄧選三，三六二）盡在不言中的假設和影像是：兩岸問題的解決完全是利害權衡，損益計算，像是供需調節的市場問題。換句話說，如此慷慨的制度安排，對台灣方面幾乎有百利而無一害，台灣方面的反應竟然是來個「不接觸，不談判」的「非理性」的無動於衷。在制度主義者看來，幾乎是不合趨利避害的「人性」。

不過，要是說一國兩制完全忽略情感問題，那也不盡情理，一國兩制也有心理的成分。傳統地緣政治的安全恐懼因素，即「你不吃掉我，我也不吃掉你」，以及類似家庭內部糾紛的「都屬一個大家庭」；只是，實踐證明制度的安排與感性的呼籲脫節，如何「從此岸到彼岸」？

族群衝突的文化／心理因素

問題出在哪裡？我想首先要拋棄傳統「實在主義」、「實證主義」的偏見和包袱。了解制度的良否固然重要，人不僅可能是「理性」的動物，她／他還有情緒和感受。況且，「理性」不是過去長久被論者扭曲的毫無情緒的認知狀態，而是認知和感受混合的

75 原載於《風傳媒》二〇二〇年一月五日。

心理狀態。制度的優良與否的判斷，不僅在建議者的認定，更需對方同時以智性和感性的接受。不僅建議者是否可以信賴（因此相信建議可能不會是陷阱），取決於對對手的情緒感受；信任與否，不是理性分析，而是情緒和感覺的作用。即使認知衡量，也不能自外於情緒感性的左右。損益分析分析什麼？什麼因素必須分析？即證據的認定、選擇、信賴、分量，極大程度受到感情的左右，不是純粹智性的考量，因而沒有不帶情緒感受的損益分析。如果人能有不帶情緒感受的分析，那他／她正是「非理性」的動物。

文化心理因素是認真解決兩岸關係的先行和重要考量

任何化解族群衝突的談判如果有開始的希望，必須至少兩階段的設計：

一、先行程序，也就是談判的前提，要求衝突的各方改變敵意，至少是相信對手有接觸的價值。這是情緒感受的心理變化。心理變化固然會受到制度安排的利弊所影響，如何衡量制度的良否，卻也取決於心理的感受。

二、一旦有了初步的認識和了解，才有胡錦濤「從易入難」，進一步探討困難議題及安排的可能性。

兩岸關係中的文化心理糾結

群體認同

社會心理學告訴我們，必要的群體認同是自我定位，社會生活的必要。不論政治心理學家將民族主義視為主要是群體認同的自尊或自大的來源，族群衝突研究指出，極端的民族主義（或群體認同）常常有轉換為自視優越，鄙視外人，甚至形成一種對「異己」可以為所欲為（entitlement）的心態。在我看來，大陸某些（也許是對香港缺乏切身經驗的人士）對香港問題的情緒反應，可以理解，但是正處於這種危險狀態的邊緣。

被害情結

與族群認同息息相關的被害人情結是俯首皆是——中國大陸的「中國人站起來了」、「百年恥辱」、「民族復興」。在台灣社會則可以聽到「外來政權」、「白色恐怖」、「高級外省人」。很多被害人情結並非與事實不符，重要的是在試圖化解族群衝突之時，理解其存在，提防其負面效果。

心理投射

「骨肉同胞」、「兩岸一家親」，這樣的呼籲當然是基於民族主義，無可厚非。問題是，這是心理學所說的心理投射，也就是以為自己的情緒，一定也是對方的心理感受。但是在族群衝突的化解過程，對方的情緒才是關鍵，這也是傳統國關理論和紛爭解決研究的弱點所在。例如資料顯示，當年朝鮮戰爭的各國決策有許多情緒上的決策錯誤。美國原來幾乎已從南朝鮮撤軍，但是，為什麼對各國戰略價值撤軍前後沒有不同的朝鮮半島，卻有美國做一百八十度轉彎，並動員聯合國干預的決定？一個決定性的理由是美國總統杜魯門相信（情緒）美國不能示弱，否則今後絕無威信。事實上，當時的蘇聯及中共的判斷是基於朝鮮對美國的戰略價值，沒有以為美國不會重回南朝鮮是因為軟弱。換句話說，美國決策者將自己的情緒投射到對方頭上，根本是無中生有。

值得注意的是，情緒只能化解或培養，感覺無法命令或要求。我不能命令別人愛我或信任我，我最多只能理解別人的情緒，設法培養別人（或對手）對我的積極情緒。總而言之，就像大陸無法「命令」香港所有人根據自己的標準「愛國」，台灣也不能「要求」中國大陸的民眾，切割對台灣問題的看法和某種程度的被害情結。

預設立場

例如中共說，在承認一國的共識之下，什麼都可以談。什麼是自己潛意識中的「一國」呢？詳究之下，更正確的陳訴或命題應該是：「在承認目前體制的一國框架條件下，其他議題都可以談。」什麼都可以談，的確是願意談判的前提要件。什麼都可以談，既不代表也不要求什麼都可以同意，只是表示願意聆聽考慮的談判心態，沒有這種心態，即不足以調動談判的意願。衝突雙方必須走出原先的敵對意識和預設立場，才有開始對話的可能。

一個小小的例子：入聯

由於詳細的長篇大論不是短評的目的，此處只舉台灣入聯的一個小例子，解釋細察情緒感受的重要性。雖然，聯與不聯，與台灣民眾的真正福祉似乎沒有直接關係，但是很多台灣民眾認為台灣應該進入聯合國（據說有八成民意），這不妨看成是很多台灣人自我認同的自尊要求。台獨基本教義派當然也以此為主要訴求。但是，當前及可預見將來的環境顯示，以唐吉訶德的態勢，挺進聯合國的大門，台獨辦不到，中華民國派也無能為力，美日單獨也做不出來。不過，如果烏克蘭、兩德、南北朝鮮是先例（我只是舉例，沒有說有什麼「模式」），那唯獨「骨肉同胞」的中共可以辦得到。只是，大陸同胞似乎聞「國」則怒，認為台灣入聯一定是分離主義的台獨；也許因此大部分台灣民眾也默默接受這種定義，既不檢驗和中共如此理解或誤解的根源，似乎也不認真考慮這個選項。

我沒有說入聯是單一或獨立議題，更沒有說取得入聯的共識，即是天下太平。我只是覺得，中共似乎不僅不去設法發掘台灣民眾細膩的情緒感受，甚至是搬石頭砸自己的腳，平白放棄可能是對大部分台灣民眾極具吸引力的話語權。

所以我說不要被制度安排的思維所綁架，一國兩制的思維要多多照顧情緒感性的因素。雙方都要設法理解對方在群體認同中的自尊情緒，才有善意合作的可能。

在十字路口徘徊的一國兩制

對有些人來說，共存觀念下的一國兩制不是最好的安排。這個看法有它某種程度的道理。但是，共存即使也許是處置族群衝突的下策，它可能是戰爭之外的唯一選擇。由於香港問題，北京官方或半官方的氣氛是對一國兩制感到挫折和不耐。據說江澤民的「井水（香港）不犯河水（中國大陸）」說，強化了「兩制」間的張力，還虛化了「一國」

前提。好像快意馳騁（情緒），猶重於平等尊重。另一方面，台灣當局到目前為止也說絕不接受一國兩制。我了解這種情緒感受的存在與宣泄的形式。不過，表面看似立場不同，骨子裡官僚對一國兩制的定義、內涵和了解，北京與台北完全相同——既不務實，又乏創意——可笑的是，台北完全沒有意識到自己是接受中共的定義對待一國兩制。

看來，一國兩制正處於危險的十字路口，也許兩岸的和平共處，必須而只有「寄希望於兩岸的人民」！

第四部

訪談錄

第一章　訪談黃維幸教授

主訪人：鍾秀梅、林深靖　受訪人：黃維幸教授

鍾秀梅（以下簡稱鍾）：

您的外祖父嚴復是位思想家也是位翻譯家，從出生到現在已經一百六十四年了。好奇的是過了這麼長時間，中國與台灣都經歷了巨變，特別是從一八九四到一九二一年的期間，他本人就經歷過甲午戰爭、戊戌變法、辛亥革命到袁世凱稱帝一系列的變革，可不可以來談談您的外祖父，對您還有對您兩代人的家庭有怎樣的影響？

黃維幸（以下簡稱黃）：

我給妳的答案可能會讓妳吃驚。我的外祖父是嚴復，我幼年也開始知道我母親的歷史，包含我的父母親如何在北京認識以及嚴家的狀況。長大後，當然就對外祖父有超出親人範疇的認識，包含思想、背景以及歷史。

我逐漸了解到嚴復在清末扮演著怎樣的角色。我的媽媽也提過他是因為當初家裡

外曾祖父去世缺錢，沒有辦法只好去當兵。以前我們都說好男不當兵，但是在當時的情況下，剛好福州造船廠在招生，為了支持外曾祖母，嚴復就去了造船廠學習。所以這也是一個奇特的偶然。造船廠是後來所謂的南洋艦隊的前身。學堂主要傳授的領域分為英法兩派。前者主攻航海駕駛，後者集中在造船。他是學習駕駛指揮，也就是軍事方面，而非造船技術。英國是一個帝國主義的國家，他們來中國的目標是打開中國的市場，有可能的話也想占據一些地方。但是個別教官也許不一定贊同這樣的目的。當他們教到我的外祖父時，認為這個小夥子非常聰明，值得培養。所以不但傳授他很多學堂正式科目之外的西洋知識，而且最後也鼓勵他到英國去學習。在這之前，他也可以說對中國的四書五經有某種程度的了解。他自己父親的家裡還有錢的時候，就已經設了私塾，為他的古學打下了深厚的根基。如果嚴復在家境還好的情況下，肯定是如一般人走向科舉的道路，但是當時沒有這個條件。他在造船廠及歐洲念的都是西方的知識如幾何代數、數學、觀測工程等。因此他幾乎與所有當時的士大夫不同，很早就接觸到西方的科學教育。後來嚴復被派到英國格林威治海軍大學進修。這期間，他其實並沒有真正到軍艦上面去實習。可能的原因，據說因為學習成績和能力非常好，所以當時的駐英大使郭嵩燾和英國那些教官認為他應該是念書的料子。郭嵩燾認為嚴復將來應該是外交人才；英國教官認為嚴復算是屬於智商好的那種學生，有能力成為教導他人的教官，不需要去學指揮術或是開軍艦。郭嵩燾是當時的駐英大使，常常和嚴復討論中國及西方的情勢，以及社會人文的發展。他對嚴復非常欣賞。一個是垂垂老矣的駐英大使，另一個只是小蘿蔔頭，兩個人常常聚在一起談中國的情況和未來。形成忘年之交，幾乎成了莫逆。

我從媽媽的講述裡已知道一點外祖父的這些背景。而文化或是思想上面對嚴復的認識，大部分都是後來經過讀書了解的，屬於後天學到的。你說他對我有什麼直接的影響，當然也許因為家庭關係比別人容易了解一點。但若說生活經驗，我的價值觀念跟我對人生的一些想法等等，其實還是與台灣本土的比較接近。所以就家庭關係的直接影響而言，基本上很少。畢竟我們已經隔了那麼多年代，而且他在中國大陸，我在台灣出生。當我真懂事的時候已經是國民黨統治的時代了。我最早對國民黨的記憶是二二八事件。事件發生後，我這小孩很調皮，還跑到隔壁的一家洪外科醫院，看醫院前面地上排滿一些好像是釘在或綁在木板上被打死的屍體。所以如果說我真正對中國或者有關中國的事情有什麼了解的話，都是我間接得到的印象。就算我大姊大哥是在北京出生的，一兩歲才回到台灣來，但其實在二二八事件的時候，我哥哥是去參加示威的學生。那時他還在台大經濟系念書，示威的時候，差點被國民黨軍隊打死。走在他後面的那位學生就是被機關槍打到，哥哥剛好差一個人就被打死。我還記得他跑回家在我們面前講那些示威的事，還被我媽媽說了一頓。從我哥哥的故事就可以看出來，他的經歷也不是中國大陸的。人常問：「嚴復對你們的影響是怎樣的？」基本上可以說很少，至少不是直接的。哥哥的經歷基本上就是台灣的經歷，跟我一樣。

我不像李敖，他從中國大陸來到台灣的時候已經十五歲了，基本上他人格塑造的過程在中國大陸已經形成了，所以他的思想跟我不一樣。他來到台灣後的經驗已經是先經過一輪社會化後再次社會化的經驗。我跟李敖是很熟的，但他的經驗肯定是跟我不一樣。雖然我的經驗是台灣本土的，但為什麼我會很想知道嚴復是怎麼樣的人物。第一，當然是因為我媽媽的關係，從北京嫁過來台灣，是一種很奇特的經歷，使我有好奇心想去了解嚴復。第二，我們當時的知識分子有一個很大的關切是現代化的問題。或許說當時還沒有現代化的觀點，而是關切經濟發展的問題。台灣做為第三世界如何發展經濟？如何變成先進的國家，這是很多知識分子當時的關切。而嚴復他的關切點也剛好是這樣子，只是他關切是中國的情況而我們關切的也許是台灣的情況。第三世界當然包括中國，也許我們看的東西是比較大一點，不是大一點應該說是廣一點。這方面在我思想以及學問的追求上很有共鳴。所以我一直想了解嚴復的思想，不是因為他是我的外祖父，我才去研究他。而是因為我覺得他的切入點很多很值得去思考。你剛剛說他出生到現在已經一百多年，今年正好是他逝世一百年。假若我有時間，有能力在這一年之內寫出什麼作品，應該是件很有趣的事情。總的來說，我很多的認同是本土的。雖然有我外祖父這樣的背景，但自己還是屬於本土的思想。

鍾：可不可以述說你祖父這邊的情況？

黃：祖父在世的時候是一個企業家，是萬華一個很成功的生意人。至於學問或是思想上，我跟他是沒有什麼交集的。我的印象就是小時候常常與堂弟跟在我的祖父後面跑，就是想跟他要幾個銅板去買零食。不然就是晚上跑到他床上睡覺。我的家族也很大，他有傳統中國的大家族的思想，在他觀念裡他的堂表兄弟姊妹都是屬於同一個大家族。他認為自己是一個大家族之長。我跟他的互動不是很多。

鍾：從媽媽身上有沒有看到嚴復對她的影響？

黃：談到對她的影響，我覺得嚴復應該是非常典型的傳統教育下的知識分子。我媽媽在家裡的時候是受到很嚴格的私塾和後來的新學教育。中國那時候的學校也許剛開始試辦小學中學什麼的，但因為剛剛起步，所以嚴復對當時的教育不太信任，還是用很傳統的私塾式教育去教育他們。除了中國的經史子集等之外，因為他的背景關係，很注重外國的學問，所以還請了法國家教教他們法文，也請了英國家教教英國的東西以及科學相關的東西。看家母在書房的照片，也有很多日文和日文文法之類的書籍。據說媽媽去了北大讀了外文系。不過就是說她受的教育是非常好。像是小說文藝、音樂都是教養非常好的。家母在日據時代還和日本上流社會女士們一同開室內音樂演奏會，據說日本人聽不出她的日文開始是在台灣之外的大陸學的。毛筆字也寫得非常好。所以她是受了很完整的私塾和新式教育。這從她的後來寫文章，還有跟我們講話都能看出來，是一個大學問家家裡的閨秀，可以看到他的影響。至於她與我外祖父的互動，我不清楚。但有一次我問媽媽天上那些星星都叫什麼，她居然如數家珍，一一道來。教我看星星先要抓住北極星。我問她為什麼對星星那麼熟悉，她說是外祖父在她小時候教的。因為嚴復是海軍出身，那時候的航海技術中是要會看星斗的。

鍾：聯繫到本土經驗恐怕與父執輩有一定的連帶，我看到資料您的父親黃聯登事實上是高雄選區選出來的參議員（日據）到省議員（民國），我們也可以看到他很多請願是為了老百姓如水利工程等等的，您怎麼看待您父親這一代人？

林深靖（以下簡稱林）：我插一句話，黃老師你小時候是在台北哪一帶成長？

黃：大稻埕。在這之前的老家在萬華，萬華的龍山寺隔壁。小時候從我家大院後面出去就是龍山寺。現在房子都拆掉了。我後來住在延平區南京西路的房子大概也拆掉了，就在九號水門那邊。

回到秀梅的問題。我爸爸這方面的話，我因為很小，他為什麼到中國大陸，後來去北京大學念書碰到我媽媽，我也沒直接與他談，據我的了解，大概是在日本人的殖民統治之下，很多台灣人嚮往中國。當時台灣人有兩種選擇，至少政治取向

（orientation）可以有兩種。第一是認同日本殖民，已經被占領就是走日本人的路，頂多走改革的路子。但是有某些人像我以前的岳父（陳逸松）就是第二種不同的取向，即在台灣的所謂祖國派。認同（identity）的形式也許會受到如何看待中國跟台灣將來應該是怎樣的關係的影響。除了血緣關係外，還有文化的影響，畢竟日本只有占領台灣五十多年時間，是很短的。像我祖父那輩，我沒記錯的話是清朝跟日本同時經歷過，可以說嚮往祖國是非常自然。當時的年輕人有些人去念黃埔軍校，有些去念其他學校。但是我爸爸因為家裡有錢跑去北京待了很久，待了七、八年。

林：主要去念書嗎？還是去做什麼？

黃：我想應該是去玩吧？（開玩笑）

鍾：他去北大什麼系？

黃：政經系，政治經濟系這也是待考。我媽媽也講她是北大肄業。

林：大概是哪一年？

黃：正確年代我需要查一查。大概是二〇年代，待了七、八年不會全在念書。

林：那他是在北京追到妳媽媽嗎？

黃：戀愛啊。我看很多他們的照片都是天天在玩溜冰、玩小提琴之類的。我爸爸很少對我講他在北大的經驗，多數是講在北京的生活。北風呼呼在小攤子吃涮羊肉的感覺非常好，那麼冷穿個大皮毛吃那麼熱的東西等。聽的大部分都是這種事情（笑）。我很小，也不懂得問。

林：你記憶中父親當時在台灣從參議員到省議員一切交往的對象，甚至到你家作過客的，你是否記得有哪幾位？

黃：我太小了，很多東西都是斷斷續續，他當議員也是很早的事情了。除了親戚偶爾來家裡走動。我記得像當時代表高雄的議員郭國基到過我家，不知和我爸爸討論或商量什麼事情。郭講了一句話，我至今沒忘。他說我爸爸是「愚忠」，當然是批評他對國民黨某些政策缺乏批判。我們都記得，郭對國民黨政府是很批評的，後因講了一句「乞丐趕廟公」，名噪一時。意思是國民黨本來是撤退來台，卻把好處占盡。其實我爸爸怎麼說呢，我覺得他不是一個很好的政治人物，或是不適合進入政治舞台。如果從後來與國民黨合流的這些台籍政治人物的背景來看，他算是背景很好的。光復後他們也組織什麼致敬團到南京去。他有一些為國為民的想法沒有錯，但不是像某些我後來遇到的那種奸詐的料子。

鍾：可否再詳細地講一下您父親對中國大陸的認識？

黃：他北京話講得非常好，畢竟在北京待了很多年。他念的雖然是政經系，但他對中國文學好像也很有興趣。年紀很大的時候我還記得他特別愛買日本人編的大部頭漢和大字典，就是日本人研究中國文字訓詁等等的參考書。你要我買我還不見得會買，但他就是會買這樣的東西，而且認真去看，在家裡也常常練字，我的字寫得比他還差。他有中國文化的經驗跟情懷。

林：您對您父親當時在念或留下來的書有印象嗎？

黃：基本上大字典很多，很多中文日文相關的東西，家裡也藏有很多禁書，不過後來大都不見了。我大概七、八歲，略為懂事的年紀，看到家裡放在書櫃的很裡面有很多左派的禁書，還有一些古書。

鍾：那家裡的禁書呢，中國文學這些。

黃：我從高中後就一個人在外面住，所以家裡的部分就沒那麼特別的接觸或印象。禁書當時對我似乎沒有特別的影響。我後來完全是受英美的自由主義影響。例如，我在當時自由主義知識界最權威的《文星》雜誌（才大學三年級的學生）發表文章，這是一個很稀奇的事情。後來回到台灣每個同學都講，哎呀！維幸，你大學時在《文星》發表的那些文章我們都記得非常清楚。

林：那是您父親的書嗎，還是您母親的書？

黃：家裡的書。誰的書我不記得。但我後來看才驚訝原來家裡有這種書。拿出來看，後來被我媽罵一頓，她說這些書籍現在被查禁，看這些書會有麻煩，出去會被抓什麼的，所以我才有這個印象。其中有一本至今印象深刻的書就是老舍的《駱駝祥子》，算是我的社會思想的啟蒙罷。鄰居比我大的小孩子聽說我家有禁書，也來向我借。

媽媽知道了罵我一頓，但她還是耐心向我解釋我看不大懂的地方。

至於爸爸，我覺得他也不是說完全沒有自己的看法，只是不是一個很狡詐滑頭的人，所以他的仕途並不是一路順遂。而且據我了解，他是當時所謂的陳誠派。大家也清楚，陳誠派之後就行不通了。國民黨裡面的派系也有很多很複雜的情形，我爸爸還有一個在政治上影響我說小很小說大也大的趣事。從小我其實對政治很注意，我從初中開始就清楚自己會走法律或是社會科學的道路。我初中高中除了到台中一中借讀了好像半年之外（我不太守規矩，所以有老師說我是「台北來的大學生」），都是念建中。在建中還有初中的年代，其實從一上高中就不斷有人來邀請我加入國民黨。我一輩子被人邀請加入國民黨，已經不計其數，二、三十次至少吧。高中就有人來邀請加入。我那時候已經受到《自由中國》等影響，開始有點啟蒙，認同許多自由主義派的主張。所以我不完全贊同國民黨的立場和作為。雖然爸爸是國民黨，但我也不贊成他的某些立場或想法。他基本上是一個祖國派，所以他對國民黨的很多作為就比較認同，至少是比較容忍。沒有像很多台灣本土的人，沒有中國經驗的話，一下就變得非常對抗，無法接受。我媽媽也不是會說國民黨是外來政權，不可能講這些話的。我還清清楚楚記得，光復之前，我媽跟小孩為了躲避美軍日益加強的轟炸，疏散到三峽農村去。光復之後，村裡的人留她教中文。我還記得她在黑板上寫的「我是中國人」。我當時看不懂，還要媽媽解釋。所以我個人的成長過程和經驗和他們不會一樣。回到國民黨的問題。建國中學的訓導主任就邀請過我，他完全沒想到我會拒絕。一聽到我拒絕臉都綠了。他想不到小孩子怎麼可能懂這些事情，我這個訓導主任要你參加你就乖乖去填表申請。結果不是。從這時候開始，我就常常使用同個理由：「我爸爸是老國民黨，資歷比你還老，所以我要參加國民黨找我爸爸就好了，從你這參加幹什麼（笑）！」

林：所以你後來一直都沒加入國民黨嗎？

黃：中間發生很多故事。我為什麼會加入其實也很多人知道，我個人並不把這當成一個新聞來看。等下我還會給你們說一些趣聞。我一向與人為善，除了家人或很熟的朋友，或反擊別人為政治目的造謠，我不會故意去揭個人與國民黨的醜事或傷疤。好玩的是，我從大陸訪問回哈佛之後，國民黨的《波士頓通訊》寫了很多罵我的文章。因為我很忙，從來不看，只是耳聞。有一天朋友告訴我，他們又在罵我，說把我的「黨證」也印出來了。意思是我好像是「叛黨」，人格大有問題。真是啼笑皆非。過去國民黨的人常常以自己的標準判斷別人的行為，他們自認國民黨的規定或規矩是正統，違反這些正統就該被鄙視。這是原來自稱「國民『革命』黨」對革命的認識。其實很多自稱搞「革命」的政客的觀點也差不多。真正的革命者，把對方的法律規定（更不用說黨規）視為糞土。頂多像火車時刻表，有用就用，沒用的話，就像你要打倒的對象，一概對你沒有拘束力。我曾經在回台之後遇到以前熟悉的某黨前主席，他問我為何與以前國民黨籍的老師因政治見解不同疏遠，頗有認為我是不知尊師重道的壞人的味道。我以認識這種「革命家」為恥，日後極力避免再見到此人。

後來，在台灣的特務常常到我家找在台灣家人麻煩，還強迫家人把我的黨證寄到美國來，說是要我好好保存。可見我連所謂黨證都留在台灣。我已經說過，我從高中就是國民黨有興趣的對象，六、七年在各種壓力下，我都沒有同意。我會加入坦白說是策略的運用。大學畢業後我通過外交官考試，到外交部去工作。不是中國國民黨的人進外交部基本上是例外。我不是國民黨員，我考進去的時候也不是國民黨員，於是後來壓力就來了。很多人都問我怎麼不入黨，我也都一概跟他們說：「我爸是老國民黨員，要我參加國民黨我跟我爸爸談談就好了。」一躲過很多次，躲到後來就不行了。他們給你機會，附帶的就要你加入國民黨，否則不放心。培養你而結果你還不是國民黨，除非他們把你吸收進來，他們必然會把你趕出去。當時彭明敏已經被抓了，沒想到之後他又被放出來。被抓和放出的那段時間，他家裡跟鬼屋一樣沒有人敢去，每個人都怕得要命。當時還有特務在他家外面監控。我是很少很少有真正進去關切他家人的人，因為覺得師母太可憐。出於師生或是什麼關係也好，我是敢去的人之一。我最好的朋友那些常常跟彭明敏聊天的人也只有三個人敢去。其中之一是你們大概認得的張維嘉。另一個我就不提名字了。白色恐怖的統治到了一種程度，我們好朋友彼此之間也不敢互相知會有去探訪過他或他家，直到後來聊天才恍然大悟，發現「哦！原來你們也去過」。

我在他被抓之後，也去拜訪過師母。這也就是為什麼彭明敏放出來之後我再去找他時，師母出來客廳也很高興地說：「啊！他來過！」那時我想留學，順便麻煩他幫我寫介紹信。對我留學的想法，彭明敏很鼓勵，寫了很強的推薦信。此事，不管他後來對我有什麼意見，我是心存感激的。對我進外交部的決定，他幾乎不能諒解。對他而言，加入外交部等於投降國民黨。於是，他做了一個很奇怪的事情，下面會說。可是那時，我也得找飯吃啊！

在台灣除了當律師、法官外你還能做什麼，大不了當個中學教員。我不是說這些都不好，只是志不在此。但說實話我對台灣律師、法官一點興趣也沒有。我個人當時對公法，還有政治及經濟思想等等之類的有興趣，你要我在那邊每天寫些很生硬的民法第幾條之類的，我沒有什麼太大的興趣。所以我才選外交部，還可以出去看看。台灣什麼都管很嚴。你們大概沒有這樣的經驗，當時台灣真的非常窒息。我們當時出國只能做生意跟念書。在台灣什麼都不能做，與外國思想的接觸也只是間接的。

那次去見過彭明敏之後，他寫信到外交部答謝我，說很高興之類的，我們在家裡見面種種，還在信封上大剌剌地寫了「彭箋」。我至今不知他的動機是什麼。後來又去他家我也不好問。說實話，第一，他是長輩；第二，他是我師長，實在沒必要寫信給一個晚輩道謝，更沒有必要寄信到外交部。而彭明敏寫信到外交部，難道外交部會不查嗎？當然查啊！接到這信我幾乎昏倒，認為哎呀慘了，等死吧！之後大概過不到幾天，外交部裡面的第二局或科就找上門來了。行家都知道第二科是特務單位。他們找上來就說：「維幸！維幸！我們什麼時候請你過來，我們有事跟你談談。」我也不能不去啊！我記得一進辦公室，有個老傢伙坐在辦公桌後面，戴著黑眼鏡、禿頭，一看就知道是特務。講話聽起來非常不舒服，陰森森的。然後房間又是黑黑暗暗的。他跟我談的東西，也許我難得緊張，詳細內容記不大清楚了。總之是問你為什麼不加入國民黨，就是這麼直接了當地問。我相信他們是看了彭明敏的信，所以在對我做思想調查。又問我說你最崇拜的師長是誰。在彭先生還沒被抓之前，我去成功嶺當兵之時，也填過調查表，要說明最崇拜的師長是誰。我當然填的是彭明敏。後來他被抓，我真的覺得非常不舒服。所幸他們也許覺得我只是個毛頭小子，有些事都分不清楚，所以就放一邊。但在外交部大家都知道你是大人了，彭明敏又被抓，我總不能又回答我最崇拜的就是彭明敏吧（笑）。

又有另外一個很妙的故事，我大學畢業完服役當軍法官的時候，發生一件偷竊案。

我那時候是軍事檢察官，案子分到我手上。有一個師部裡面的上校，涉嫌偷車，偷了一戶人家的腳踏車。當時軍法組長的態度是想大事化小，小事化無，就說「黃兄，這個案子你辦吧。」大家都知道我是預官，應該不敢造次。大家都曉得這件事就是講沒有就是了，只要檢察官說不起訴或事證不足就結束了。我一看就覺得不對，這跟我的個性有關係。我一看就覺得這是一起偷車案。而且為了謹慎起見，我還特地出去調查。誰當預官檢察官會下這麼大的功夫？我就是要知道這個上校是不是真正蓄意犯罪，或只是一時起意，順手牽羊。犯罪就是犯罪，我堅持要起訴。於是我的軍法組長說：「這怎麼可以起訴，他是國軍上校，這事傳出去還了得！」後來我就跟他吵起來了。於是他說：「你不要這樣，你的資料我們都很清楚，你有幾個女朋友我們都知道。」所以我合理懷疑外交部不可能沒開彭明敏寄來的信。

大家都知道那時國民黨怎麼做，過去國共都學蘇聯那一套。

那時候就因為彭明敏這事件見到特務，我就知道：「穩死欸。（台語）」當時又已拿到美國學校的入學許可，想到出國必須經過警備總部審查，心生一計，決定加入國民黨。大概受到張維嘉的影響，他那時也憂慮警總不會放他走，他說必要時會加入國民黨。加入國民黨的事也很好笑。外交部說要我在外交部加入，我說我不要，我爸爸是老國民黨，比你還要老牌，所以我要由爸爸介紹入黨。國民黨大概是「盜亦有道」，不敢搶別的黨員的功勞。其實，我爸根本不知道，我也沒和他商量。為什麼在其他地方加入呢？我知道如果我在外交部加入一定有很多拘束。我就在我住的地方加入了。你知道釣了我這個大魚，抓到我入黨的這當地小組長，樂得不可開交，不知道他要拿多少獎金或拿多少好處。我那時候已經搬到我爸爸的一個公家的宿舍，他不住那裡，因為家裡還有房子。

林：那時候已經有設立中山獎學金了嗎？

黃：有，但我從來沒有想要國民黨的什麼獎學金。反正我就對當地我爸爸同事的當地國民黨小組長講，我要加入國民黨。他們都知道我在外交部工作，這塊天掉下來的大餅也太出乎意料了。於是這小組長對我說：「小黃！小黃！你什麼事都不用做，我替你準備申請書。你也不要交黨費，我替你交。你也不用來開會，我知道你很忙。」多少人二、三十次邀我入黨，軍隊裡、大學裡、中學裡、外交部裡統統都沒有抓到我這條魚，他竟然抓到了，其興奮可知。我名義上大概參加了四個月，從來沒有自己交黨費，也不知道黨費多少；從來沒有去開會，事實上也不知道去哪裡開會。由爸爸的一些同事組成的地方小組好像把我奉為神明。

林：沒有開過小組會議或是編入小組嗎？

黃：我雖然沒開過會，但據說在小組裡發言紀錄很多，都是他們編的。黨費也沒有交過，一塊錢也沒有交。他們說要替我繳嘛。於是我就開始辦理出國，之後還有很有趣的故事。

因為我當時跟一個聯合國某駐台機構官員私下滿熟的，他還是我一群朋友的英文會話家教。他和領事館官員熟悉，對台灣的社會及情勢也很有興趣，做很多調查研究。他教我們英文，主要是交朋友，認識當地人。那時，我算是英文講得很好的，就讀的學校是台大，後來又到外交部去，也算是台灣的精英。政治上我們無話不談。一個人總是需要當地的朋友才知道地方動向，知識分子的想法，學生在想什麼。也因此他跟我滿熟的，他也很關心我。其實，他還介紹陳文惠的妹妹認識她後來的先生溫醫生。可見我們有多熟。大家都知道我這樣的人可能出不去，我也和這個外交官朋友討論這個問題。這個可能性總是在心裡頭，不確定警備總部會不會批准我的出國申請。或許因為我參加了國民黨，後來竟然批准了。但他們其實非常不喜歡我很久不參加國民黨。我跟朋友說我要去念書，打算向外交部辭職，那位朋友勸誡我不要辭職。以前別人用另一個辦法：留職停薪。他說辭職風險太大，好像我跟你一刀兩斷，我不稀罕你之類的。即使你真的要辭職，一定要要求留職停薪。我覺得這個說法有道理。於是我寫了簽呈說：「我要留學了，我想請求在外交部留職停薪。」你知道我的結果是什麼嗎？我被免職。人事處處長是一位老國民黨就說：「我們要你的時候，名額就這幾個。你們口口聲聲說要貢獻國家、報效國家、貢獻外交事務。沒有幾個月你就要辭職，你就要出去了。」直接把我免職。這件事非常特殊，免職不是留職停薪，也不是辭職照准，反映出我的人事資料沒有把我描繪成「自己人」。在這種氣氛之下，我擔心還有問題。而那位美國朋友外交官也覺得應該特別送我到松山機場。他有外交特權可以進入停機坪，當時他沒有進去，就在外面看。我就上飛機了。他跟陳文惠說：「他終於上飛機了。」哪知發生了一件妙事。飛機在跑道繞了一圈，沒有起飛，又滑行到停機坪。我那位朋友的直覺反應是可能警總要抓我，不讓飛機起飛，於是他一下子衝到停機坪，想看看發生什麼事。但是，原來只是一個零件故障，連飛機門都沒有打開就又起飛了。從這個小插曲你也知道，真正認得我的人都知道我是怎樣的貨色，不認得的人有時候是不知道。我覺得國民黨是希望我變成國民黨，但也知道我這個人有反國民黨的思想。只是礙於我家裡的情況，又是嚴家、又是大家族、爸爸又是老國民黨、我媽媽又是這樣的身分。我親戚朋友一大堆又是國民黨的元老，不是元老也是社會有影響力的人，像是辜家啊之類的。我不厭其詳說這個故事，是要你們了解我們當時在威權統治下有多麼恐懼和痛苦，沒有我家庭背景的異議分子，你可以想像會可能比我有更多的麻煩。

林：您在台大的時候彭明敏已經是當老師了嗎？

黃：他已經是教授，在教國際法了。彭明敏是自由主義者。我跟彭明敏非常熟，我碰到什麼事都會找他談。後來他和謝聰敏還有一個客家人魏廷朝被抓了。我曾在彭明敏家碰到過後面那兩個人，也就只有一面之緣。後來我二〇〇六年剛回台，謝為白色恐怖政治犯釋憲的事來找我。他在美國的時候，常常找我前岳丈陳逸松聊天，他可能認為這樣他和我就很熟了。不論他的看法是什麼，我聽到是政治犯的問題，只做了簡單了解就答應主持那個釋憲案。我認為是公益訴訟，也答應免費幫忙。但是，我畢竟離開台灣一段時間了，他就找魏千峰和陳達成律師一起工作。釋憲聲請書是我起草的。我經過仔細研究，發現幾十年來大家都不質疑的戒嚴狀態，在實質和程序上都是違憲違法的，根本是我們法律人說的「自始無效」。幾十年的政治運作依賴的是無效的法律狀態，如果戒嚴時期的一些決定都因此而撤銷的話，事情有多重大。最後，大法官用了非常牽強，而且是與自己過去所作解釋矛盾的程序理由駁回。從此，我對原來台灣司法在民主轉型中起到的作用的一份敬意，打了大大的折扣，我也把事情的原委及我的批評登在民間司改會的一本專輯。那篇文章由訪問的記者署名，但事實上最後由我修改到幾乎是我自己寫的。

在彭家碰到謝和魏兩人沒有多久，他們就被抓了。抓的時候真的很恐怖。那時候很多國民黨的特務都知道我跟彭明敏是很親近的。彭、謝、魏寫了一個台灣人民自救宣言，主張台灣獨立。我想我見到他們的時候，他們已經在草擬了。對我則還是一個意外。在台灣那時候警備總部的控制下是一個很大的事件，我當時也很擔心自己的安全，還有國民黨的特務來跟我說彭明敏被抓了你曉不曉得。我那時候假裝不知道，還回說是什麼事情。他其實是向我威嚇。

其實，在我的啟蒙時代影響我思想更多的是當時台大哲學系的殷海光。我那時候跟他也是很熟，常去他家聊天。我還記得非常清楚，第一次跟他聊天，談自由主義、羅素、邏輯經驗論。他非常高興，還把美國朋友送他的巧克力拿出來給我們幾個學生吃。那時候台灣有巧克力多稀罕啊，還拿出來讓我們吃。可見他談得非常高興，彷彿我們已經得到他的真傳了，竟然能談得頭頭是道，遇到知音。我的知識不是全部從他那裡學到的，但當時思想很接近他，所以他非常高興。我的美國朋友那時說，殷老師那時對國民黨的威脅，勝過幾師的軍隊，他對台灣知識分子的影響非常深遠，因為他影響了很多年輕人的想法。後來很多反國民黨的都很受到他的啟蒙，或者說刺激。大學的時候，彭明敏也是從法國巴黎法學博士回來的，非常吸引我，思想也很接近。不過，非常遺憾，幾年以後我就幾乎完全放棄了從他們承繼下來的思想。尼采說過，每個老師都應該有些不知感激的弟子。大家想想，你的想法和老師一模一樣，思想就沒什麼進步。

鍾：可不可以說說更早之前您青年時的思想啟蒙，除了您說的自由主義，在高中時有沒有什麼特殊的事件，因為高中其實是一個年輕人很重要的思想啟蒙階段。

黃：那時沒有真正黨外，但一直有反國民黨的政治的行動和思潮，譬如說高玉樹等人，以及自由主義思想的人物像殷海光，出版界像《文星》雜誌等等。又有《自由中國》雷震批判老國民黨的那一段歷史，提出不同於國民黨蔣家的統治方式，對我非常有吸引力。
我從高中開始到大學，很少念老師的講義或指定課本。那時候建國中學隔壁就是美國新聞處圖書館，我常常跑去那邊念英文的書，大部分是念美國制度及政治方面的。我英文還可以，似懂非懂也念了不少。我在建中的時候就發表過有關美國政治的文章。當時建中有個校刊，我寫了現在台灣最關注的美國總統選舉人團的運作。那時候台灣對美國的事物不太清楚，什麼叫做選舉人團都搞不清楚。我那時才高中二年級。負責該刊的訓導處組長是念政治的，因為我的文章還稱讚了我一番。

林：你認識李敖嗎？

黃：我認識李敖，我跟他關係還不錯。第一次認識他是在大二。我在大學的時候寫了一個關於美國最高法院法官 Hugo Black 的文章，其實是在間接批評台灣的獨裁威權體制。我在大學二年級的時候投稿，三年級時登出。他當時是《文星》的總編輯，馬上跟我說我要登你的那篇文章。整篇文章他只改了幾個字，卻有畫龍點睛的效果，他的文筆真的是非常好。他當時好像也只是台大的研究生。《文星》的老闆蕭孟能看到我的文章以後，還和他的律師老遠跑到我家來見我，想看看這是個怎樣的人物，沒想到只是一個小毛頭。當時他和《文星》官司很多，包括以文字遭人控告的毀謗案。我寫的是美國憲政的自由主義思想，又是言論自由之類。當時國民黨動輒就要禁他的言論，胡秋原也罵他隱形台獨。蕭孟能以為我是何方大家，竟能寫出這樣的文章，也許可以對他的訴訟有所幫助，沒想到只是個小毛頭。這是李敖與《文星》那群人和我相識的開始，我也與他們見了好幾次。

說到胡秋原和毀謗官司。我大學的時候，胡秋原為了李敖一篇〈胡秋原的真面目〉告上法庭，我還特別到法庭旁聽，給李敖打氣。雙方咆哮公堂，細節記不大清了。由於我當時對邏輯很有興趣，記得有一段交鋒是這個樣子。胡說李敖毀謗他，因為有「真面目」，邏輯上就一定涵蓋有「假面目」，說人家有假面目就是毀謗。李敖也妙，他說「真面目」不是毀謗，詩人陶醉在廬山的美景之中，寫到「不識廬山真面目」，可見即使有假面目也沒有貶抑的意思。審判的法官是一個典型的法匠，夾在兩個大知識分子中間，顯得無法招架，氣氛極不調和。這就是我們當時「國土派」和「西化派」交鋒的小插曲。

九〇年解嚴後，有一年我以全美華人協會全國副會長的身分，代表協會在台北頒給李敖一個全球華人傑出成就獎，他高興地請我和陳文惠吃飯。也許除女友外，你知道李敖從不請人的。

鍾：你是《台大青年》總編輯，要不要談談這一段？

黃：我以前是《台大青年》的社長兼總編輯。

林：當時陳文惠就跟你一起出去了嗎？

黃：沒有，她那時候留在台灣。因為那時候據說有一個規定，夫妻無法同時出國，即使台灣方面不刁難你，美國也會。

林：那時候結婚了嗎？

黃：如果一起出國，美國領事館也會說，你們到了美國就不會回去了。所以當時是不能結婚的，連我跟她訂婚都沒有公開。

林：所以你常常跟辜家的人走動嗎？

黃：我沒有常走動，但就是認得。不過這些親戚關係也另外影響了我的政治想法。有機會再談，這是已經很私人的東西。

鍾：可否回到《台大青年》時代？

黃：《台大青年》這段經驗也有很多有趣的事可以談。我進台大之後，因為我對雜誌、政論這些東西很有興趣，我又是念法律的。而我當時如何成為《台大青年》的社長呢？我大一的時候只是台大建國中學同學會的理事長而已，跟台大的學生活動沒有什麼關係。我在建中很有名，又是樂隊指揮又是合唱團指揮，建中的賀校長常拿我去做標兵。他說：「你們不要每個人都想去考甲組啊！雖然我們建國中學學生考上甲組很多，我們是全國第一的學校，考上台大的大概就有百分之六十左右，但是你們不要每個人都擠破頭，一定要去考甲組。你看我們的樂隊指揮黃維幸，你們都認得吧！他不去考甲組，而是考乙組。他在校成績也不是很好，吊兒郎當天天搞課外活動。高三的下半年下定決心什麼事都不做，只準備考試，一下就考上台大。建國中學就需要這樣的學生。」以考試的角度來說，校長之間跟學校之間就比這個東西。學生一百個人中幾個人考上台大，他們也不管是甲組乙組，只管數字（笑），反正校長的意思是大家不要擠破頭往甲組考，會影響建國中學升台大的上榜率，這才是最重要的一個指標。台大第二年的時候剛好我一個建中的後輩，當選學生會會長。選上了之後就找我去弄學術部。學術部的部長很重要的任務之一就是管當時的校刊《台大青年》，所以我自動成為《台大青年》社長。我自認能寫，又兼總編輯，因為我那時候也很喜歡編輯的工作。至於幹了多久呢，我直到四年級才辭職。我經過了兩屆，二年級的時候是社長，三年級的時候代聯會主席換人。但新主席第一件事就是找我說：「黃兄黃兄，請你繼續連任，你做得太好了，你去年的成績大家都看到，請繼續再幹一年。」我也對此有興趣，就繼續幹了一年。

鍾：《台大青年》時代有什麼比較有意思的？

黃：我負責《台大青年》後，就跟過去作風不太一樣。因為我覺得風花雪月男女感情之類的東西，固然有它們的作用，但都是這些東西也不行。我一接手《台大青年》以後，校刊就變成比較學術社論這一類型的，社論裡面就是批評時政之類的。還有很多東西都是跟社論有關係的，我現在講的是我印象比較突出的事情。第一件事情是在當時辦雜誌不是那麼簡單，你要跟學校的特務打交道。國民黨控制思想，不是黨外就是什麼《自由中國》開始蠢蠢欲動，思想控制是非常尖銳的。每期每篇文章都要審查，什麼能登什麼不能登，統統要我這個社長出去跟校方的特務交涉。他們控制思想這類事情在我看來是非常愚蠢的，由什麼學問都沒有的特務來管我們。舉個例子。我在當社長的時候，開闢了一個藝術欄。我覺得台灣的學生不懂藝術，尤其不懂外國藝術，於是開了一個藝術欄。我剛好跟台大攝影社的三大頭（都是我的好朋友）合作。台灣後來的工業銀行董事長駱錦明，還有一個航業小頭董事長黃美雄，另一個後來在巴西變成富商僑領，是陳水扁的大後台，但名字暫時忘記了，他我比較沒那麼熟。駱錦明跟黃美雄，可以說穿同條褲子長大的，屁股有幾隻毛都知道（台語），我就跟他們合作。我說我先給你們一個平台，你們攝影社悶著頭搞什麼東西沒有人知道，你們應該把攝影當成一個藝術來開闢，《台大青年》給你們五、六頁登你們的作品和活動。台灣攝影界那時候還沒有很多人在做這件事，台大攝影社後來就已經搞到舉辦全國和國際攝影比賽。反正我一上任後，校刊的作風都改變了。大家一看也知道，就是比較注重學術與社會，不再像以前那種風花雪月，無病呻吟。學校就很注意我們的刊物，每一篇文章都需要協調。

我再分享兩個故事，一個是我心裡直到現在都覺得很對不起的事情，第二個事情是看看思想控制多麼愚蠢。那時候也有介紹繪畫，不只攝影作品而已。有一次介紹畢卡索，當時台灣也沒多少人知道畢卡索是共產黨員。畢卡索有一張畫整個桌巾都是紅的。管刊物的這個特務看到就問說：「這又是什麼，看起來有點像共匪的東西，這個東西不能登！」我就回答：「怎麼不能登！你知道畢卡索嗎？」特務不懂。剛好當時劉發暄教授兼任訓導主任。他為了表示博學，就賣弄地說：「畢卡索怎麼不知道，世界最有名的畫家。可以登，可以登。」但審查過程裡還是會有一些比較尖銳的東西，會給他們刷下來，不能登。

然後回到第一件事，這個作者的名字我現在已經忘了。他是一名土木系的學生。他當時寫了篇分析石門水庫的文章。當時石門水庫做為十大建設這麼浩大的工程的一部分，哪裡可以批評啊！這位作者用了土木工程的計算，畫了很多張圖，都是些很踏實的分析。他說石門水庫這樣建起來，將來台灣會慘。什麼泥沙淤積，將來會拆也不得，留也不得。

林：沒錯，現在證實了。

黃：是啊，當時我就覺得可以登，一定要登。結果一送去審查，特務說這一定不能登。我在整個審稿過程中做了一個不是很好的判斷，但也是一種不得不的妥協。因為我刊登的東西很多有學術討論和政論的東西，從他們眼光看來十篇有八篇不能登的。所以每次十篇上去審查，都必須一直跟他們協商，常常最多只有六、七篇可以通過。我後來就做了一個策略上的撤退，就是棄卒保帥。同意不登石門水庫的文章，換取其他兩三篇的同意。沒想到結果那篇文章不見了，退回來的稿件也不見那篇文章。我身為一個社長應該要去追究才對。原來是講不能登，而我堅持要登，結果不見了。我相信文章是被學校送到警總之類的地方去了。這是我個人的猜測。後來這位作者發生什麼事我也沒有去追蹤，希望沒有發生什麼大事。這是我一輩子非常內疚的一件事。所以，我對以無知的官僚特務控制言論的做法是深惡痛絕。

林：編的時候，寫稿的或是跟你同樣在社裡面的，比較有名的人你還記得嗎？

黃：有好幾個，大部分去了美國，台灣對他們很陌生。有的名字都記得不是很清楚了。也許你們認得留法回來，早期黨外運動裡在國會起了一點作用的張維嘉。還有一位副總編陳宏正，前全國紡織業理事長，以前身體好的時候很關心社會，有「台北孟嘗君」之稱，天安門總指揮柴玲就是他在美國介紹我們一起吃飯認識的。陳文惠那時也是我的得力助手。彭明敏每次看到我的文章都說「甲賀甲賀」（真好）。我們這些乳臭未乾的小孩子，總想用外國的一些東西突破當時國民黨在思想文化布下的天羅地網。有時也用《自由中國》這類的角度來批判國民黨的威權體制。這些現在想起來都還滿好玩的，對我也是個很好的經驗。

鍾：台灣的部分還有什麼要補充的回憶，能不能分享出國前完整的一段故事？

黃：出國前沒什麼精彩的了。因為我那時受到《自由中國》這類思潮的影響，也就是英美的自由主義派，我比較大的思想轉變其實是出國以後。

鍾：比較好奇的是彭明敏對你的影響是什麼？

黃：影響主要是因為他是我的國際法的老師。台大那時沒有幾個像樣的老師，他是極少數有國外名校正規訓練的教授。他和師母都是文化素養非常優異的人，我們都很羨慕和崇拜。我覺得他很多政治或是哲學方面的想法，等我比較成熟以後也並覺得不一定是特別出眾。但當時台灣的環境下，已經是非常進步了。

彭明敏想替台灣找出路。他個人經歷過日本教育，他和中國大陸沒有什麼特別的淵源。他家裡好像在高雄吃過國民黨的一點不公待遇，所以這可能會影響他的政治判斷。他個人在加拿大、日本還有法國受過教育，基本上是一個自由主義派。但以作為一個政治領袖來講，也有思考不是挺成熟的地方。很多東西也許第六感，或是直覺反應，或著說你壓迫我我就反抗，沒有自由我就要有自由，你用軍國統治我就是要民主選舉。很自然的一個作用力與反作用力，很簡單的反應。但是，比起一些完全以個人利益依附當道的知識分子相比，我認為他還是有一定的人格操守吧！

鍾：您的年輕世代是處於什麼樣的氣氛，比方說虛無主義的年代像是垮掉的年代，你怎麼看待當時的時代氣氛？

黃：我覺得我們那一代是個很鬱悶的年代。當時青年不能一概而論，以為所有的青年都是一樣。每個人成長、想法一定不一樣，對環境的反應也不會一樣。有人走國民黨的路子也是活得非常好。我朋友裡面也是有啊。原本也非常反對國民黨，但後來跟國民黨走在一起，也是做得飛黃騰達。人家常常笑我，你有做總統或是部長的料子，搞到現在什麼東西都沒有。這當然是朋友抬舉，當不得真。不過，我就會說這是每個人的選擇。而且，不要只看到總統府，綠島或馬場町都有可能。我們班上的同學一直說這個姓黃的，將來是「大好大壞」（台語）。好像都不對吧。這是題外話。所以當時社會，也許是我主觀的判斷，是非常鬱悶的。那時候的特務統治、軍國統治，台灣現在的年輕人是根本不會了解的。他們根本沒有這個經驗。他們很多人天天上街遊行，以為權利是天生自然而來的，我們就是天生有這樣的權利。不是的。我們那時是在一個非常痛苦的環境中。所以我才想要出國，我們感到窒息。尤其是彭明敏這些人突然被抓，殷海光後來被迫害，更覺得是真的沒有辦法，就是太鬱悶了。

林：所以你出國的時候彭明敏基本上還是被抓捕的狀態嗎，後來有人安排他跑出去？

黃：他跑出去的時候是哪一年，我不記得。但如果我印象沒錯的話，是我在國外的時候他才從在家拘留的狀態下溜出去。先去了瑞典，後去了密西根大學法學院研究。好像不久（一九七二？）到處演講，也去了哈佛法學院。我那時還想回台灣，所以連他的演講會都沒去。美國人很難了解為什麼。我當時的導師孔傑榮（Jerome Cohen）還為此間接批評我是懦夫。我只有笑笑。

他出去的內幕我略為知道。他有一個日本人朋友，把自己的日本護照改貼彭明敏的照片，再留把鬍子，變成好像彭明敏的樣子。然後把他的護照給了彭明敏，拿到後彭明敏就用了出境。至於後面是不是有台獨組織籌劃，我想也許有參與，有沒有什麼日本或美國的情報機關在背後我就不曉得了。根據彭明敏來講是沒有。有時候我們會把事情想得太複雜，也許是什麼CIA計畫下的一個成果。但有時候不是這樣子，很多時候是非常偶然的。也許宅邸的特務在打瞌睡或是怎樣，根本沒有盯住他，所以他能順利出逃。所以有時候不用把每件事情都想成是出於非常縝密的計畫，他自己也否認。但他是不是有意否認還是講的真的或是偶然，這我不曉得，不過應該沒有那麼複雜。

鍾：出國的時段以及出去之後對人生有什麼巨大的變化？

黃：因為出去的時候是窮學生，我覺得有兩、三件事情影響我的想法，對台灣的看法等後來都有影響。第一件事情就是我先到印第安納州，陳文惠是一年以後才到美國去。印第安納州是美國三K黨的起源地，我們那時候也不太清楚有這種東西。一般而言，那裡的人民是很親切的，白人也不會把我們看成黑人。即使有一些人對我們是不親切，但他們基本上只是不喜歡外國人。也有些白人覺得我們非常奇異（exotic），好像有非常「奇怪」的一種人種在那邊出沒。但表面還是很客氣。美國基本上的文化就是這個樣子，沒有什麼需要緊張的地方。

但是有兩件事情影響到我，第一就是我們畢業以後要找事情很困難。大概因為我對找事情的渠道也不是很熟悉。以前大約以為我們找了一個人力公司（employment agency），就是人才獵人（headhunter），也許就很容易。但是我當時不曉得這些事情怎麼做。剛從台灣過去，那時候找事情覺得非常難。這就讓我想到，這個社會從理論上來講是人人平等、自由、民主，大家都能平等地追求經濟機會，但事實上並非這個樣子。

如果說有什麼階級意識的萌芽，大概是在這個時候，在台灣也沒有，頂多是在台灣的外省人或本省人這樣的分類。但是我們還有另外一次經驗，我跟陳文惠很特別的經驗，因為我一直在想為什麼在美國這樣的社會裡面，黑人好像是被壓迫得很厲害，當時也不曉得為什麼，但是這件事情影響了我後來的想法。我們有一次不曉得為什麼，想要了解黑人到底在想什麼。我們請了某一個大樓的清潔工，做打掃的，一位黑人清潔工的女兒。我相信差不多十三、十四還是十五歲，現在已經不太記得了。但她的樣子我還記得。我們就說「欸！請妳吃飯，我們認得妳爸爸，妳爸爸是平常在打掃的，我們認得。我們請妳吃個飯吧。」那個女孩子很害羞，跟她爸爸說這兩個中國人要請我吃飯，她爸爸說非常好、同意。我們就吃個飯。

其實我們請她不是說我們一定能夠交朋友。當時的黑人社會地位非常低，現在不大一樣，現在黑人地位已經完全不同了。雖然現在有些黑人還是很沒教養，但是也有很有教養，非常體面的。我們請這個黑人清潔工，這樣階級的年輕的小孩子，想知道她到底在想什麼，至少我們的角度是這樣的。這頓飯的經歷使我非常吃驚。他們黑人覺得被壓迫，很謙卑。謙卑是因為沒有社會地位嗎？我想也不是，而是怎麼說呢，整個社會好像跟他們不太相關，跟我認為的自由主義的理想完全不同。他們覺得在這個社會當中很邊緣，被人家壓迫，膽子也很小，說話低聲下氣，也沒什麼很大的理想。整個得到的印象是這樣。我開始反省，我信奉的自由主義跟美國社會的實際相差太大。如果說我自稱是認同社會主義的話，這個經驗對我心理造成了極大的衝擊。最近美國又為種族問題鬧得不可開交，很多華人，尤其是大陸去的，譏笑黑人自認「黑命貴」。個別黑人犯法，沒有人應該鼓勵；但是不能因個人的作為，喪失自己對社會做宏觀分析的能力。

鍾：原來您在這邊畢業是要工作的？

黃：是要工作賺錢。姊姊給我很多錢，但不能總是靠家裡救濟。我在台灣的時候也沒期待家裡給我什麼錢。留學的時候已經給我一筆錢了，保證金什麼的都是家裡準備的，我到美國去其實口袋裡面只有幾塊錢。我還記得出了印第安納的飛機場，沒有零錢，也不知如何叫計程車到校園。看到了一位老先生就問，你能不能順便帶我到印大的教務處。那老先生一口答應。後來才知道那位老先生原來好像是什麼系的講座教授。連教務處的工作人員都說我怎麼那麼膽大！

鍾：所以就是有工作的需要？

黃：對，無論怎麼樣也覺得自己要工作，總是要自己賺點錢，不能靠姊姊靠家裡，這樣不對。陳文惠也是這樣想，她也不能靠家裡。陳文惠的保證金也都是我家出的，都是我姊姊出的。當然，一切就緒之後是可以從美國政府拿回來的。

鍾：那進了 Harvard Law School 的情況？

黃：到了哈佛大學真的是完全不一樣的思想環境。在印第安納這樣的法學院跟專科學校 Trade School 差不多，將來出去就是像要做技術工。哈佛不一樣，完全不是這樣的氣氛。進去的時候跟我在台大比較像，進去就是知道這是追求學問的地方。學生不一樣，教授也不一樣，學校及教授對你的期待也不一樣，想法也不一樣。統統都不一樣。

在還沒開學以前的七月我就到了哈佛，當時沒有其他事情，我就去圖書館。發現很多馬列主義的書籍，幾十百本，堆了一屋子。這些出版物在台灣是禁書，看了可能就會被槍斃。我以前從來沒有接觸過有關馬列的書籍。但我有一點思想上面的萌芽，也有知識的好奇，我就覺得這東西我從來沒念過，就念念看。我起先看中文的，英文的也有。但我後來都只看英文的。中文的翻譯有時候念起來非常嚼舌。什麼「恰恰是什麼」，這不是中文，我在台灣都不會這樣用。後來我就都看英文的了。這些書把我的思想全部改觀，覺得看社會竟然有這樣的角度。在台灣時從沒有想到看事情可以有這樣的角度，結果把我整個過去自由主義的思想全部重新反省一遍。

暑假之後的一年我在哈佛念書是很忙的，一個學期要修四、五門法律課，一個星期有八、九百頁英文材料。一年下來戴了眼鏡。我在哈佛法學院念碩士的時候就沒有時間參與外務，就是一心一意想要成為博士生。第一年就什麼也不管，外面的世界也不管。一年完了之後，據說那年博士班有九十九個人申請，只有我一個人入選。

進了博士班後我整個感覺就是天下太平了。當時在學校念書應付課堂什麼的，根本就是跟切菜一樣。我進哈佛前常常念課外的東西，在哈佛上課的表現也不錯，意思就是教授問問題你能夠回答（所謂蘇格拉底式訓練）。如果學生的知識面廣，又或者說腦筋靈敏，英文又還可以的時候，不準備都可以劈哩啪啦亂講。像印度學生，懂不懂他都可以講一個鐘頭。所以應付課程其實不難。我大部分的時間都是研究馬列主義。我可以說那時候只要有跟馬克思相關的英文讀物，我大概全部看過。我不能說我全部記得，或者全部都懂。有些東西在那個階段我也不一定完全懂。但是我了解了許多不同的看法，所以朋友們常常說我是左派什麼的。其實總結整個經驗來講，我是研究馬列主義的，但我不是馬列主義者，嚴格說來不能這樣講。尤其我也不是中國那一套的馬列主義者，服膺毛紅書、毛澤東主義，不是這麼一回事。就是說我試圖了解社會主義的思想到底是什麼，自由主義哪裡不好，或是跟我以前想法有什麼衝突的地方，這是我人生思想轉折的第一次。

鍾：那馬列主義的閱讀給你的養分是什麼，在哪幾個方面？

黃：很多，階級分析就是一個。我沒有說我完全贊同所有馬克思的理論。但是馬克思很多觀點都很準確，跟我過去在印第安納開始思考的想法是吻合的。連不大贊同馬克思經濟理論的義大利籍大師巴瑞圖，都認為馬的階級分析是一流的。我後來碰到有些旅美學生，例如一個自由派經濟學者傅里曼的學生。跟他討論時，他講的那套全都是極端的自由經濟，我聽得實在是吃不消，我說你又不是百萬富翁你講這個百萬富翁的理論，跟你有什麼相干。以為自己講得頭頭是道，什麼自由競爭之類的，把他臭罵一頓。

馬克思很多理論對我有很多的啟發。例如，抽象的理論跟實際是差很多的。當然不能說後來我思想的改變，一切都從馬克思主義得來的。不是。只是很多理論進一步印證了我的看法的已經存在的因素。我那時候對社會主義的思想沒有了解到那麼深刻，因為我也是初次碰到這些理論，跟我在台灣所學的一百八十度不同，對我的挑戰太大。學了這些分析的方法，對我來說是一個很大的衝擊。後來也接觸其他社會主義的看法。但我不是教條主義者。後來也覺得馬克思講的東西不完全確切，有時也不完全正確。畢竟馬克思所處的時代也是資本主義正在開始的年代，所以他也不是所有東西都講得正確。我想階級分析這方面對我影響可能是最大，還有就是很多事情不能抽象地去想，理論上講的東西，像是大家都自由，都可以爭取到經濟上應有的地位，事實上不是這樣子。起步不一樣，財產分配也不一樣。現有制度之下，大家一開始根本就是天壤有別。你不能抽象去看問題。這對我是一個最大的啟示。

馬克思主義對自由主義的批判影響我。但我也覺得自由主義很多東西是對的，像是大家都應該有言論自由。在有條件之下，大家要有平等的對待。像封建時期，身分永遠無法改變，階級無法流動。在資本主義下應該還是有變動的可能性。不過不是說像自由主義講的那樣自由競爭，適者生存，這樣是錯的，這是神話。我出國後第一次思想的改變是通過閱讀馬克思，第二次就是我碰到周恩來總理以後的變化。

林：從你接觸社會主義的知識後，之後有一些對話的對象嗎？或者說也參與過什麼社團？

黃：有，那時候在波士頓有很多讀書會，後來我也有寫文章，我現在自己都不記得我寫過什麼文章了，我用的都是筆名，是不是我寫的也不曉得。很多都有發表過，在中文的刊物也有發表過。

鍾：當時是什麼刊物？

黃：當時刊物很多不同的，很多左派的刊物，獨派的刊物，我是看情況投到不同的地方來發表我的看法。很多論述都是我從讀書會裡面發展出來的。至於有些什麼人，像是夏鑄九就是那時候跟我很接近的一個。還有一些在哈佛大學的朋友，大家都聚在一起，不過後來就散掉了。

林：那時候有呂秀蓮嗎？

黃：呂秀蓮去哈佛比我晚多了。我相信呂秀蓮去的時候大概是一九七四、七五年左右，好像比馬英九早一年。因為他們到哈佛的時候我已經做事了。不過，也有跟呂秀蓮見過面，見到面她就說：「黃維幸，你是我想要見的一個人。」為什麼呢？因為我以前是最反國民黨的自由主義者，也有台獨傾向，結果現在變得在講社會主義。你講社會主義，不管你如何去說，外人把你劃分為統派是一定的。但我自認為，我並不是講民族主義的統派這類的社會主義。我跟這些人社會主義的觀點還是不一樣。我是從馬克思理論去了解民族問題，跟先接受民族主義，然後再接受馬列主義，這兩個是不同的渠道。有些人不一定事先了解馬列主義，更不用說列寧的理論，列寧懂的人很少。但我了解馬克思主義之後認為，中國是實行馬克思主義的一個地方，所以必須了解。但有些是先覺得有民族主義的感情，再基於民族主義而去相信馬列主義。嚴格講起來周恩來也是這樣，他自己也很坦白，他說他自己是「先革命，後信仰」。也許某些程度上說是殊途同歸吧！

林：你那時候去美國的時候台灣退出聯合國了嗎？

黃：還沒有退出聯合國，我們其實對抗的對象大部分是國民黨。國民黨那時還很囂張，很多國民黨的人都在那邊打小報告。例如上面說過，我在哈佛大學國際法學刊（全美排名第二）發表了一篇文章，台灣政府就寫了一封信反駁我。手段如果不是非常的骯髒（dirty）下流，至少也是無聊的。

林：那時候有在台灣報刊發表嗎？

黃：沒有，都是在美國，我說的這篇論文是學術性的文章。這篇文章批評台灣智慧財產權的保護不是很周到等等，主要講的是著作權。我自認寫得滿好的。國民黨很在意我這篇文章。打小報告以後，台灣政府還寫了一封信到哈佛大學法學院院長和我的指導教授那裡。美國人不太信這一套，但法學院還是給我看了這封信，跟我說：「我不能完全拿給你看，你稍微唸一唸就好。」所以，內容我只是唸過，但沒有完全記得。但我很清楚信上說我講得不對，甚至說我在造謠。意思就是我們台灣法律不是這樣，這個人不懂，這是對政府的挑釁之類的。

我一出國，老國民黨就清楚讓一條反國民黨的魚溜走了。尤其到哈佛之後更注意我。說到國民黨盯著，有件有趣的事，後來我不是到中國大陸去了嗎，因為我的岳父去了之後，我們跟著去，最後發生什麼事，我們之後再說。

回去哈佛大學，我那時候還在念研究所，你知道國民黨做了什麼事情？我那時候有個國民黨的朋友，後來變成國民黨的要員，他們派他來盯我。我本來跟他是很熟的。他以前和現在都不是我的仇人，大學畢業後也考了外交官。那時有人跟我說：「你們要去考外交官，不一定一次就考上。你們要考的話，最好的辦法就是又有時間念書準備考試，又有其他的錢可以領。就是考台大的或是其他研究所的位置，進去應付應付，領個研究生的補助金，專心在研究室裡準備考試。」所以我很多朋友包括他也是這樣考外交官。

我畢業完後其實也不知道自己要做什麼事情，我自己對很多事情也是很麻木。當完兵後，人家問我說要做什麼，我也問陳文惠說：「我現在當完兵了，我倆也在一起了，妳要我做什麼？」我也不太清楚自己要做什麼，律師、法官大概是不會去當。但為了保險起見，我到過理律前身的李氏事務所，好像是叔侄在重慶北路還是衡陽街的事務所面談法律助理。他們對我很有興趣，問我要不要接受他們的職位。我坦白告訴他們，我打算考外交官，如果沒有錄取，我再考慮。

但是，我其實不知道怎麼考外交官。有個念研究所的朋友跟我說：「你去考外交官吧，你是最適合的，又可以出國又是念國際法的。你可以同時考台大政治研究所，再拚外交官考試。」

中間發生件很有趣的事情，表現國民黨人其實不能一概而論，也有人情味的一面。那時候我當完兵不知道要做什麼，前面已經說過學長建議我考外交官。我大略問了一些問題，就跑到陳文惠家在北投的別墅去準備考試。準備了剛好二十一天就下山了。每天在報上看報考是什麼時候，一直看不到。後來有一天忍不住跑去問我朋友說你們報考外交官是什麼時候，他很驚訝地說：「你還沒報啊！兩個星期前就已經截止了。」我覺得糟糕，今年已經不能考了。我那時候跟陳文惠已經很好了，那天在她家裡吃飯，就提到這件事。她爸爸以前是考試委員，聽到了就說：「怎麼了，有這麼回事情，我跟你聯絡聯絡看看是怎麼回事，這報考是真的截止了嗎？」就給以前的同事打電話，就是考試院的主任祕書，問說現在外交官特考報名是不是已經截止了。那位朋友說：「對，現在截止了。我們有兩個禮拜的郵寄期間，已經收了很多申請書了。」我後來的岳父就說：「我這女兒現在有個男朋友，想考外交官。但他現在發現你們已經截止報名了。」他聽了就說：「啊，這樣啊，我們今天晚上封報名書。現在正在統計報考的人數。今天晚上十二點必須封存所有報名書。叫小孩子在十二點之前把報名書拿過來，我幫你放最後一份。」當天我坐計程車，手忙腳亂地拿著報名書去拜託他「伯伯、伯伯拜託拜託」，他還出言安慰要我不要緊張，會幫我處理好。真的是千鈞一髮。結果沒想到也真的考上了。那時候的外交特考是非常困難的，很多人報考，考試分筆試跟口試兩部分。筆試已經困難了，口試的場面也很複雜，大家都很緊張。我那時候有位朋友，好像英文不太好，沈錡用英文問他，他用中文回答「這個、這個」。

林：你記得口試的時候是什麼情形嗎？

黃：考試對我來講不是特別困難，不過有一件趣事，說給你們聽。我當時幾乎是筆試最後一名。但口試的時候我鼓起如簧之舌，一下子升到第九名。那時候的外交部長沈昌煥問了我們每個人一個問題，大概很少人答得令他滿意，只有我一個人回答得正中他的下懷。

鍾：他問什麼問題？

黃：他問的問題是積壓在他心頭的一塊大石頭。剛好那天早上立法院質詢他，他那時候是外交部長。他在質詢中說了什麼，我們第二天看報才知道。但是在當天口試的時候，他問了每個考生同樣的問題：「現在大家都說美國要放棄台灣，你怎麼看？」那時候國民黨對這件事是非常緊張的，做為外交部長，他必須講一些話安撫大家。沈昌煥大概要印證自己在立法院講的話，每個外交官考生口試他都問同樣這個問題，說美國現在民主黨說要放棄台灣，我們中華民國的地位岌岌可危。當時口試官除了他之外還有六、七個陪考官，每個考官原則上都會問問題。我看到有些考生好像結結巴巴很緊張。沈昌煥問了我之後，我就說：「我認為不對！」至於我是不是真的那樣想（笑）是另一回事。話雖如此，我講的話在那個時候的情境下其實也是對的。我說：「美國跟台灣還有協防協定，國際關係雖然不能說有一個條約就萬事太平，但美國也有很大的聲浪說哪一天就不協防台灣。不過我說在國際上美國對日本有承諾、對台灣有承諾、對韓國有承諾、對東南亞有承諾、對歐洲有承諾、對土耳其也有承諾，美國現在突然說不管台灣，即使不是法律問題，也有國際道義上的問題。美國不會這樣做。即使沒有條約，也不敢這樣做。因為美國要領導這些反共的勢力，會有國際承諾的信賴問題。」

聽完，沈昌煥就向兩邊的考官說可以了，其他人都不必問了。問我這一題就讓我走了。所以為什麼我的名次突然在放榜時跑到第九名。

回到從大陸回來後的情形，國民黨派了很多人在盯我，我很頭痛。我不願意因為我去中國大陸又是左派，免得都得跟這些人打交道。說到國民黨在海外對學生的控制，我有許多故事。因為時間和隱私的關係，別人的事情我不便多說。我在哈佛有一則令人唏噓的故事。我在哈佛第一年還有學分的要求，選了一些課。當時有一位在哈佛遊學的台籍台大教授（姑隱其名），我修的課他都來旁聽。在哈佛法學院討論課人數少，大家都有發言的必要，他不會來。大堂他一定坐在後排。很多課和他的領域完全無關。我起先也不以為意，後來覺得奇怪，連我的一些老師也拿這和我開玩笑。我就問這位教授：「你怎麼興趣那麼廣，什麼課都來聽？」他滿臉通紅，結結巴巴，我就知道他是帶有任務來記錄我的活動及課堂表現。我判斷，他不一定是國民黨黨員，至少不是黨棍。做這種事情也是身不由己。我有一個很主觀的期待或信心，這位朋友不會故意加油加醬。因為他後來很誠心地對我說：「你表現非常好啊！」後來在他親戚家見面多次，我對他也沒有任何壞意。我們受到迫害，連到哈佛這種地方都不能倖免。而我深深同情，迫害別人的工具，說穿了本身也受迫害，必須做一些違背良心的事情。

不過，凡事不能一概而論。也有很多自私自利的壞蛋，不惜為自己的目的，用盡卑鄙的手段。我第一次從大陸訪問回哈佛之後，有很多人想盡辦法接近我。其中有崇拜的，有覺得意見相同的，更多是特務，更有非常惡劣的投機分子。其中有我前岳丈陳逸松的所謂朋友，是以前國民黨某個黨部的主委（姑隱其名）。不僅利用和岳丈的所謂關係來見我，還把兩個兒子介紹給我認識。請吃飯不說，還無所不談，硬說我和美國政府有管道等等。因為是父執輩，我也只能客客氣氣，沒加反駁。沒想到不久他也去大陸訪問，賣弄自己是某種國民黨要人，中共不知就裡，又有陳逸松聽到他在美國和我們多熱絡的牛逼，真以為是某種「故人」，就認真招待。最不可原諒的是，他為了賣弄，提高自以為的身價，到處宣稱我和美國ＣＩＡ有關。中共有些方面雖不盡信，但覺得此人的背景，也不得不略為存疑，也許國民黨有他們中共不知道的情報也說不定。我何德何能和美國情報機關有關聯？我和陳文惠在回美國後，甚至受到美國聯邦調查局的騷擾。要不是哈佛及法律背景，兵來將擋，甚至威脅他們要把此事訴諸於法，並傳給當時在調查ＦＢＩ的參議員，不知如何終了。別人早就不知如何反應了。此人從大陸回美之後，說了許多言不由衷的馬屁話，大概以為我們再沒有什麼利用價值，從此消失。政治有時是非常骯髒的事情。

我那一段時候有很多理想色彩。像是中國是唯一講社會主義的國家。就是文化大革命，我那時候對之也不是完全否認的。不完全是負面看法。我覺得它有負面的東西，但至少在那種情況之下，它還是有它正面的地方，至少目標是正面的。中國人那時候也是非常誠實，很乾淨。我那時候在中國四十天只看過一次一隻蒼蠅，還是在鄉下看到的。我四十幾天走過很多中國的地方，只看過一個佛教徒拜香，是鄉下的一個地方。你說這麼大的國家，宗教勢力以前那麼大，現在只看到一個拜佛的。我覺得這是一件很了不起的事。整個社會都轉了型。怎麼樣的轉型，當然是另外一回事。後來一開放後，這些東西又全部回來了。現在中國的佛教是最黑的，賣五根香要你八百塊人民幣，說是你燒的香，就像網絡的信息，通到菩薩。說到這裡，我不免有點某種程度的懷舊。

林：那是哪一年，在去中國四十天的時候？

黃：那是一九七三年，那時候我還在哈佛。

鍾：可以描述一下學校以外的活動嗎？

黃：做了很多本分以外的事情，當然不限我在哈佛的時候。像你看楊振寧是華人協會第一任會長。全美華人協會是完全支持中國的組織，我對他們很多人的目標作為也不是完全贊成，因為跟台灣喊統一的很多有個人的商業利益一樣，華人協會也有這樣子。有些知識分子是為了研究、有些是愛國、有些是民族感情、有些是做生意，都有。我後來是原定接會長，大概是第五屆的會長，因為我是第四屆的第一任副會長。你知道中國的做法，這一任第一副會長就是下一屆的會長。但我在做完副會長後就辭職了。我覺得這個組織後來的表現和我個性不合。應酬啊、送往迎來啊、你請他客啊，你知道中國大陸他們也是有公關請你吃飯，到處帶你去旅遊之類的。我覺得非常無聊，我就自動辭職了。辭職後大家搶破頭，每個人都想當會長。

鍾：你那時候有遇到保釣嗎？

黃：七三年的時候保釣已經開始了，就是釣魚台的事情發生後，很多是外省人的第二代，對國民黨失望，對台灣的將來也不認同，因為他們來台灣畢竟沒有真的根，沒有鄉土的感覺。後來就不一樣了，因為很多人在台灣出生，或者說他們已經不是第一代外省人。他們本土的觀念就比較強了。像顧立雄就是，他娶的也是台灣本地的太太王美花。但是，很多外省人其實對台灣不是百分之百的認同，所以很容易變成民族主義。他們也不太想了解中國到底是怎樣，是真的不了解。也不是真正從左派的理論去了解說這個制度將來會應該是什麼個樣子，為什麼它比台灣可能更好？他們也不是這樣想的，他們只是先接受說我們將來應該要跟中國大陸在一起，無論如何釣魚台是中國的一部分。很多釣魚台的熱心分子不一定先了解社會主義、馬列主義是什麼。

另外，我們是從了解馬列主義去了解中國的，或是說馬克思主義應該是實踐的問題。現在在全世界裡面有真正大國在實踐這個思想。雖然並不是令人很滿意，但至少它是一個在實踐的地方或是國家，好壞那是我們必須去評論的。但我們認同這樣的實踐。所以說台灣一定要跟中國合起來的議題，台灣的左派大部分都不是從民族主義的思路去想。可以合起來沒有錯，這跟馬列主義是可以真正相合的。中共自己也講聯邦主義或是湖南獨立，講了多少年。這是一個戰略上面的思考方法，跟日共是一樣的。中共跟日共說，台灣那時候在一個你們還沒有辦法把它變成一個社會主義的日本統治之下，你們不如讓台灣獨立。獨立就是削弱日本資產階級的力量。這是對的看法。毛澤東為什麼主張湖南獨立，中國當時亂七八糟什麼封建主義，我把你湖南挖一塊地方變成社會主義的實踐場域，就是社會主義增加了一份力量。從我的眼光看來這才是真正社會主義的想法。民族主義有它在社會主義下的特定地位，但必須具體分析。所以保釣其實也是有兩派。至於保釣魚台本身只是個象徵而已。

我還記得我跟中國在談這個問題的時候，周恩來說：「中日的關係要抓大的。這個地圖上都看不到的地方，現在不要去吵個不停。大的事情解決完再去解決小的事情，或者說根據大的原則去處理小的問題。小的問題現在吵的跟大的問題是一樣，這是不妥當的。」這是他一個非常實際的看法，但是我們這些毛頭小子，誰去知道他們經歷過革命辛苦得來的分析方法。保釣重要是重要，但不能把它翻過來一百八十度倒轉過來去看問題。這也是周總理搞了一輩子革命以後的看法。我為什麼服他，他改變了很多我分析事情的角度。他的看法很多是要從事實出發，不從理論出發。我覺得他理論不是說得很深奧，但是他從一生的閱歷裡面，很自然的得出這樣看事情的方法。我佩服他這一點。

鍾：您的專業是律師，你的身分幫政治庇護的這一段，幫過哪些人？

黃：有一個案子很多人都已經知道了，所以我提他的名字沒關係。通常律師是不能把當事人名字抖出來，還有很多其他的案子我不便說。這些人的身分一旦穩定下來，後來有的也很有錢。當時很多人一開始是一腔熱血去做保釣運動，學業、事業都不管。沒有保釣運動後他們就專心投入自己事業賺了很多錢，家產多得不得了。例如，有人請我幫忙做一個遺產分配，因為過去大家有過一段淵源，即便知道我專業不在處理遺產，但還是堅持不找別人就找我，很多很多這樣的人。我們律師事務所以前有一個很大的調查部門，不完全做法律的業務。美國很多大事務所是這樣子，華爾街很多律師事務所就有操縱外匯的部門，就是在那邊處理外匯買賣的事情。我們那裡也是有個特別的部門，裡面至少有五十個以前FBI的探員，專門做些調查的事情，有的跟法律也有關係。有時候法律的東西你也要做調查，像是財產、離婚、帳戶資金流動等等，也是需要ＦＢＩ相關背景的人去做些調查。有一次我在事務所裡面的會議上就批評ＦＢＩ，他們聽了都臉紅：「我說你們這些人跟國民黨搞在一起，在校園裡面打小報告，台灣不知道有多少人被你們打小報告、聽信校園裡國民黨特務的話，被你們害得也不能改變身分、也不能出國，甚至護照吊銷，這些都是很不對的。」從反共的角度在那邊亂搞。有些美國人還好，能夠接受批評，不會跟我反駁。

林孝信是裡面比較特殊的，因為他也講出去了，大家都知道。他是保釣人物，請我去幫他忙，我就去了。他本人我早就認識，我也不曉得他水深火熱到那種程度。他對我說：「我已經必須要上法庭了，快被驅逐了。」我法律搞了這麼久了，對這個案子我還是有相當把握的。雖然沒有人保證會一定成功，但我知道這個案子大概會勝訴。我跟他說我替你去辯護。於是，我就出庭對法官說，被告因為政治意見與國民黨不同，國民黨把他視為敵人，你要送他到哪裡去，送他回台灣嗎？這樣是致人於死地。我為他辯護了差不多一個多鐘頭而已，法官就說：「I'm going to ask you a few questions.」問完後就說會撤銷告訴，問了幾個問題就結束了。我並不是說我多偉大，但他一個人在那種動盪的情況下進退不得，精神上是很痛苦的。結束後當然就非常高興，他太太連帶著可以安定下來，也很高興。可是，他們後來也都回台服務。蔣家政府不過是很愚蠢地把有心為家鄉服務的人阻擋在外。

還有其他人。不說別人，我已經去世的前丈人陳逸松的美國居留問題，也是我向聯邦法院起訴後解決的。他不是外人，又過世了，也許他可以讓我略為透露一點。我也不是只幫助中國大陸來的或台灣來的人，我一度跟伊朗革命運動也有關係。當時全世界伊朗人造反，要打倒哈拉維王朝。波士頓是一個很多伊朗留學生和知識分子群聚的地方，他們也造反了。每個星期一次遊行，要國王下台，支持何梅尼回去。中間還搞了很多東西，例如幫了他們設立了一個清真寺。長話短說，波士頓對示威遊行有個規定，結社跟遊行是憲法保護的權利，外國人基本上一體保護，只是權利的行使受到一定的合理規範。例如，以遊行的時間而言，法律明確告訴你們十二點以後不能大喊影響別人睡覺，遊行的方法都可以商談，基本權利不會進行剝奪。中間也有一個要求，一定要有一個律師代表。這是什麼意思呢？遊行的時候也會有反對派啊，你在街上打起來的話，殺人、放火，場面如果控制不住就必須要逮人了，逮人不能隨便，一定要有律師在場出面。這些伊朗知識分子認得我。另外也可能是因為其他美國律師不願意幫忙。因為那時候伊朗和美國關係緊張，革命後，伊朗甚至把美國國旗在郵票上倒過來印，就是他們跟美國關係非常不好，雖然這是後來的事了。反正就是那時候，這些伊朗革命分子希望何梅尼能回國領導。每個禮拜都會有ＦＢＩ打電話來，問我是不是他們的律師，表明他們如果遇到問題都會來找我。而我也說沒有問題。我的伊朗朋友很感謝這個事情。

我後來也幫忙這群伊朗人辦很多其他事情。他們跟伊拉克打仗的時候國內需要錢，清真寺這些財產是他們捐贈出來的，是作為慈善事業的，不可以挪做其他的用途，如果亂用的話是犯法。但是因為他們打仗要錢，我後來用了比較偏門的法律技術，把他們的清真寺解散掉了。東西全部賣掉換錢，然後添購很多醫療器材等等，送到伊朗去。所以他們對我很感謝。在這之前他們的頭子，是個醫生，他的太太也是醫生。我還記得伊朗這個頭子名字叫 Dr. Azizi，他們夫婦革命完了回伊朗。他後來到波士頓又來找我，也發生很多事我就不細講了。他回去之後做了何梅尼的六個私人醫生之一。這表示伊朗政權對他是絕對信任的，不然絕對不會讓他擔任何梅尼的私人醫生。另外一個學生我也認得，回去當高等教育部部長，但最後給槍斃掉了。所以政治這個東西有可能變得非常殘酷。經過一段時間，幾年前我去了伊朗，我就跟伊朗的接待交涉行程，他問我有什麼特別的要求，我就說我以前在波士頓的時候認識一個 Dr. Azizi，曾是何梅尼六個私人醫生之一，請你們替我找一找，他一定不會不認得我。第二天，承辦人就跟我說你不要再提這個事情了，我也不清楚他到底遭遇了什麼，我想這就是革命。我說那就讓我在伊朗看看你們的風景、風土人情，他也勸誡我在伊朗別去碰觸政治的東西。他說：「It's not good for you.」

總之就是這樣子，所以我常常把時間用在這些不賺錢的事上面。但人生要活得精彩。做這些事，回想起來是很爽的事情（笑）。

鍾：接觸世界範圍的政治活動，對你的世界觀的塑造有沒有全新的理解，例如伊朗啊？

黃：我對於伊朗其實不是很熟。我當然關心他們，但我基本上是覺得他們造反有理，你們美國管人家什麼。他們要造反，我就支持他們有權利去表達他們的意見，主要是這個樣子。不過從伊朗來說，現在很多人覺得那是一個錯誤的決定。中國近代史上也有嚴復、梁啟超等漸進改良派。有些知識分子也講改造。當時的體制不好，但是也不會搞得像現在這樣某種程度的神權國家。你看就連高教部長都給槍斃了，因為他是留洋的，教育理念一定是會不同的。法國留學的總統，半夜溜了，倖免於難。我沒有說改革一定優於革命。我想革命的速度本身無可厚非，如果能避免法國大革命的白色恐怖，蘇聯和中國的革命如果能避免紅色恐怖，也許歷史就比較溫暖。

第二章　訪黃維幸教授談中國及中美關係

鍾：您曾陪伴岳父陳逸松到中國大陸與周恩來總理會面，可否回憶這段歷史？

黃：一九七〇年，台北發生美國銀行爆炸案，國民黨大肆調查。後來發現利用蛋糕藏炸藥進來的日本人曾經拜訪過陳逸松，並送了一盒蛋糕。法務部調查局把陳逸松抓去審訊，並在警總拘留了幾天。後來特務在還沒有吃掉的蛋糕裡也查不到炸藥，只好把他放了。他說好說壞也是有頭有臉的人，這樣對付他，他就很生氣。他也知道自己非出國不可，想盡辦法要出國。國民黨不讓他出去，他後來就去找了邱永漢。邱永漢原來是在日本的台獨，回台灣投誠，也把很多事業移回台灣，在台灣發了大財。根據陳逸松的說法，邱永漢玩股票是他教的，反正就是他們關係以前很密切，不能說是知己，但關係是好的。

邱永漢那時候剛回來。國民黨把這位台獨的重要幹部請回來，總要給點面子。於是邱永漢就去跟國民黨講：「你們不讓陳逸松出去沒有道理，人家現在二女兒要結婚了。女兒結婚爸爸不出現非常沒有面子，你給他出去吧，擔保他不會出什麼事情。」但這世界上沒有擔保這回事（笑），結果陳逸松一到東京，馬上寫信給周恩來。

鍾：那他們怎麼聯繫的呢？

黃：應該是透過當地的僑領和大使館聯絡。在當時台灣像陳逸松這樣的人很少，使館馬上就用電報把消息傳回國內，然後電報也很快回覆表示說周總理很希望見他。那時候陳逸松也沒有想到中國反應這麼快，就表示先參加女兒婚禮，再給他幾天考慮考慮。那時前丈母娘也在陳逸松之前先出去了，後來他們也來美國住了一段時間，也跟我們住了一陣子，同時設法了解台獨、保釣等的想法。後來才表示想去中國看看。不論怎樣，陳逸松他在日據時代時，也跟左派有一些關係。在東京的學生時代，也為了日本共產黨給日本警察抓去拷打幾十天。這在日本一些文獻中都有紀錄。

林：他保護蘇新啊！

黃：蘇新是另外一回事，他也常常很得意地這樣講，我講這件事你們最好不要發表。蘇新在日本警察要抓他的時候，是我把他藏在宜蘭老家，逃過了通緝。蘇新後來因其他活動被捕，就與陳逸松沒有關係了。中共知道陳逸松的左派運動，與國民黨又有關係，就很希望他去。他在美國待了一段時間，後來就去了北京。去了以後他不讓人知道，說要保密。但其實知道的人已經都知道了。他去了兩個月以後就跟他女兒和我說：「你們要到中國來看看。」後來仔細回想，當然我們在中國看的不可能全面，不可能知道真正底細是怎樣。我到美國有三、四十年了，可在那邊不是土生土長，很多東西我也不一定最清楚，中國更不用說。他就跟我說已經完全不一樣了，跟他以前認識的中國國民黨政府也完全不一樣，叫我過去。我當時雖然在哈佛的研究和中國有關，不會輕易放棄任何到中國實地研究的機會，但以受盡國民黨反共教育和信仰自由主義的背景來說，這對我來是一個很大的決定。

林：當時辦簽證容易辦嗎？

黃：一天就下來了，當時中國和美國好像還沒有正式的領務關係，但在加拿大已經有中國大使館了。我開車到加拿大去，當天當場就給我了，因為他們不會用寄的，美國郵政有時可能會出其他狀況，叫我一定要親自去拿，我當場就拿到了。也許他們很重視這個事情。

當時中共對台灣人的想法，其實也不是很了解。譬如，我舉個早期的例子，這是我姊夫跟我講的。我姊夫在波音當工程師。他跟我說中共剛開始以為台灣人跟中國國民黨中間摩擦很大，跟內戰中的中國大陸人民對中國國民黨的感覺一樣。所以原來的時候什麼事都是找台灣人，不找有外省背景的。如果不是刻意表示中共和被國民黨壓迫的人民站在一起，至少台灣人應該不會與中共對立，比較可靠。他們不久就發現這種假定是錯的。他們也是在摸索。

講到這裡，我不得不給你們做一個比較「馬基維利」式的分析。從我上面說的這個故事，你們就可以了解，中共早期對和中國大陸沒有特別淵源的台灣人，並不是有一定的看法。老國民黨和中共因內戰關係，或許有些血海深仇，這是他們的期待。既然很多台灣人反對蔣家統治如此厲害，他們以為多數台灣人和中共應該有某種共鳴才是。哪知，很多台灣人在反了國民黨之餘，也「勇敢」繼承或替代了老國民黨與中共不共戴天的角色。反過來，有些口口聲聲教訓別人無恥，「堅持漢賊不兩立原則問題」的滑頭，卻以金蟬脫殼之計，取台灣人而代之，製造虛幻的「共識統一」戰線。我知道我這種現實的分析一定拆穿很多人的「國王新衣」，激怒許多人。但是，聰明的台灣人（尤其是與中國大陸毫無過節的廣大覺青）！你可以不喜歡或批判中國大陸的政策或體制，但何必盲目跟隨別人灌輸的仇共情緒？「侵台」？「壓迫」？中共還沒動過你一根毫毛呢！你完全沒有歇斯底里的必要。

去中國大陸其實對我是個滿大的決定。那時，我已經是比較清楚社會主義的思想，我研究的東西又是中國的經濟發展，我一定要去看看。有沒有法律我們當時不曉得，大家都說沒有，我就想去看一看。我第一手的詮釋就一定會比美國人權威。大部分美國人看不懂中文，你去中國別人也不會理你。我去了至少中國還會演個戲給我看，跟我說這是離婚的案子，法官、證人、當事人都有。後來我才曉得他們都是演給我看的。美國人去了，也沒有人能夠比我更能掌握實情。

林：那時候你是跟陳文惠去的嗎？

黃：是，就我們兩個人和還不到一歲的女兒。我跟她去就是見她爸爸媽媽。她爸爸回中國的時候，周總理很快就接見他了，因為周總理知道陳逸松也是有社會主義背景的人。蘇新啊、謝雪紅彼此都認得，至少是對左派友善的。所以他馬上就見到了周總理，談了很久。那時候周總理跟四人幫還在鬥，文革快要結束了，很多事要處理。於是說再找時間見。剛好我去大陸以後，大概中共中央已經決定總理再度接見陳逸松的時候，覺得也許有女婿女兒們一起，氣氛比較好。見到周總理這個層級的要過五關斬六將。其實也是，他時間這麼忙跟你這小蘿蔔頭見個面幹什麼？再跟陳逸松見面也可以有很多不同的形式，更不需有我和陳文惠在場。但是，一下子科長來了，下次副部長級的，最後是部長級的。每個都跟你談一些台灣問題啊，你的想法啊，中國怎麼樣啊之類的。每次都換人，主要就是看你的想法怎麼樣，看你有沒有講出一套東西。如果不是篩選，至少是要知道到時候會不會有什麼尷尬的問題或場面出現。講到某一天就說周總理想見你們大家。我們到會場的時候，總理已經站在門口了。

鍾：哪一個會場？

黃：人民大會堂福建廳。那時候沒有台灣廳，好像是我們走了才建台灣廳。他已經到了人民大會堂門口，很客氣。以他的地位和成就，只有非常有自信的人才會有這麼自然的態度。我見過很多「大官」，越不行的角色，越有奇奇怪怪的架子或排場。像我們這種人其實是看在眼裡不說而已。台灣或大陸的且不去說它，我有一次剛好在華府碰到中國最高法院院長訪美。有一個項目我陪最高法院副院長拜訪美國司法部副部長。結果，這位不起眼的副部長居然坐在他的辦公桌後面見客，我那時興起一個衝動想勸副院長離席。後來，因為非我職責，把話嚥了下去。所以，我真正是領略了周總理的氣度。我們那時候還帶著我女兒，她才四個月。

林：那是七三年幾月的時候？

黃：五、六月的時候。我的女兒太小也不能參加任何活動，後來接待人員幫忙抱出去了，我們吃飯的時候工作人員還把她抱出來。這是做事情細膩的地方，就是我沒把你當人質，你儘管講你的話，小孩子他們會顧好，讓你放心。接著晚上開始開會，吃完後什麼人作陪呢，我現在比較記得就兩個人，一個是廖承志，因為他是老共產黨，又是周恩來外交上面尤其是對日本外交的左右手。他跟蔣家宋慶齡又有交情，所以他也參加。另外一個是羅青長。這個人的背景是什麼呢？他是延安的少年兵出來的，是周總理一手培養的，跟家裡養小孩養大一樣，所以他叫周恩來都是叫周爺、周爺。即使他在當部長時也都是這個樣子。他後來做到退休的位子是組織部部長，就是中共情報頭子。他那時候是周總理的辦公室主任，絕對效忠周總理。記得好像還有當時恢復工作不久的章文晉。另外一個統戰部的副部長，我有點忘記了。

對方就四、五個人。我們這邊過去的是丈人（陳逸松）和丈母娘，另外是陳文惠跟我。還有一個台灣人在大陸的協會的蘇會長。他是symbolic（象徵性）的出席，因為見台灣人總是需要一個台灣的人頭在場。他一句話都沒有說，也沒有什麼意見。平常也是這個樣子。那個時代我可以了解。

林：不是張克輝吧？

黃：不是。總之加起來就十個人、十二個人的樣子。開始是一般的吃飯和閒話家常。你可以感覺到周總理是個老手，經驗老道。我現在很多事已經不太記得。他跟陳逸松講很多東西，留學的經驗等等。他跟我就說：「你是嚴復的孫子。」美國或加拿大的領事館應該早就把我的背景全部報了。他已經全部知道了。除了講這些，也講他們這一代都是受到嚴復的影響，中國要如何去富強，講了很多這樣的事情。吃飯也很簡單。但我印象最深的就是，老是勸我要喝茅台酒！他自己不能喝，因為有癌症。我那時候不知道他有癌症，但我看到他講話到中間要吃藥，就知道他身體有點毛病。他跟我說：「我很對不起，我請這位廖同志夫人跟你喝酒，我自己不能喝了。」大概總共灌了我七杯的茅台。我也不甘示弱。我那時候還年輕，痛風還沒那麼厲害（笑）。你要灌我，我也知道是什麼意思。他其實也不是惡意，他是這麼樣，我吶是「見大人則藐之」。這是我的態度。別人看到周總理可能結結巴巴，緊張得不得了。不但是這樣，據他們說，有些記者提問的時候話都講不出來。

所以他就灌你酒，把你灌得昏昏的你膽子就大了。他的意思大概是這個樣子。但沒有想到我竟然一杯一杯喝下來，就灌了我七杯。

林：就廖承志陪你喝嗎？

黃：廖承志太太一個人，我喝酒都是她在周總理勸酒下找我喝的。

林：陳逸松也喝嗎？

黃：陳逸松當然也喝。他酒量很好。我記得我喝了七杯酒，不是說周總理敬我七次，我沒有那麼偉大。中間也說要我喝，總之就是喝了七杯。我知道他的意思就是說要我壯膽，不過我沒有那個需要。喝到後來實在有點反應。但我這種場合也不能說喝了就昏昏欲睡，精神一定是要很好的。至少是精神上要頂住。後來就開始比較深入談話，問了陳逸松很多問題。

鍾：問了哪些問題？

黃：有些問題我已經不記得了，但很多，因為他們以前也談過一次話。至於這東西要不要發表出去，我還存疑。

林：陳逸松那時候已經有職務了嗎？

黃：沒有，完全沒有。他剛到大陸兩三個月而已，他們那時候還在考慮。就像我一樣，過五關斬六將，才決定說你這個人是否值得一談。所以我知道周恩來沒有必要在那時候就安排。他那時說他剛從大慶回來，也可以在我走之後才安排。他意思就是希望我們家裡人都在這，我們一起談談。他講了一句話「我從來沒有見過真正過去跟大陸沒有淵源，而在台灣長大的同胞」，意思是他沒有見過一個在台灣土生土長，出國以後現在竟然跑到中國來的台灣人，喜歡聽聽這種人的意見。其實也許有，但他是這麼說。簡單說就是好奇，好奇我們這些台灣人在想什麼。想要處理台灣問題怎麼能不知道台灣人在想什麼。他是很小心的。也就是說你們老一輩子是這樣的想法，那年輕的他們又是怎樣的想法，尤其是從美國來的我，想知道我主要在想什麼。

我不是什麼何方神聖有多了不起，他們在跟我談天的時候知道這個傢伙也許有些看法。所以周總理問了很多問題，中間最重要的就是台灣問題要怎樣解決。我記得最清楚的一個是，陳逸松當場建議說，台灣的問題要解決很簡單。我如果沒記錯的話，多半是現在半世紀後邱毅的理論。簡單說就是，要解決台灣問題，不必打仗，打仗是很不好的，解放軍會有傷亡，台灣人也會有死傷。至於會不會成功？有沒有這能力？另外一回事。他就是說可以學美國封鎖古巴，蘇聯要進去古巴，而美國封鎖線在這裡，蘇聯鼻子一摸就走了，古巴的事情就這樣解決了。雖然沒有解決古巴境內的問題，但至少蘇聯飛彈就進不去了。所以陳老就是出於這樣的角度說，「中國現在要解決台灣的問題不是這麼困難，把台灣封鎖了就行了。海上封鎖，除非美國要跟你打仗這是另外一回事。而台灣是島國，最後總是要支撐不住的。」這講起來過分簡單，大家都曉得。台灣問題不會這麼簡單就可以解決了。這個辦法必須高度存疑。

林：而且那時候大陸的海軍沒那麼強。

黃：那時候想要解放台灣甚至連帆船都調動了，什麼東西都要用上，能飄洋過海就行了，也許早期的時候一鼓作氣還有可能。現在時間都過那麼久了，又是美軍在這裡……

林：之前連金門一個小島都解決不了。

黃：就是。所以不是那麼簡單。陳逸松這樣說，我對他這麼簡單的分析是不以為然，我就當場分析了一些台灣的局勢。那時周總理就說：「我們這年輕朋友有什麼樣的看法啊？」我就示範了什麼叫「初生之犢不畏虎」。我也就是如實的把我的看法跟他說了，他後來表示，「我們還是很贊成我們這個年輕朋友的看法，這件事不是那麼簡單的。」他還分析了很多世界局勢。

林：你還記得你那時候是怎麼說的嗎？

黃：我就說，不可能，這個辦法不切實際，講起來好像很簡單，中間變數太多。美國海軍也在旁邊，除非中國有能耐跟他們幹起來，這個行不通，連開始都不要想。後來總理分析了很多世界局勢，講了很多細節，所以我也沒記得那麼清楚。但最後他有兩個事情讓我印象深刻。他問我很多問題，我那時候覺得周總理竟然不恥下問，還問我這個小毛頭很多瑣碎的問題。裡面有一個很簡單的問題我記得很清楚，「聽說你們台灣現在有一個製造戰鬥機的計畫（後來的經國號），你看法怎樣啊？」我根本沒有預期周總理提這個事情。他也不需要問我，他們在台灣不知道有多少特務，他早就知道蔣經國在搞什麼。細節是不是完全知道我並不清楚。但我很難想像他不知道細節，他一定知道細節。

那麼他問我是什麼意思呢？他就是要看我這個人有幾斤幾兩，知道台灣的事情到什麼程度。假若今天我知道得非常多，那有兩個可能：一是台灣或是美國的特務，否則怎麼會參與或知道那麼多國民黨機密的東西，你不是美國或國民黨怎麼可能知道；第二，如果你真正是反國民黨，我要看看你們知道國民黨的事情多少，要知己知彼，你要打倒國民黨不會連他們做這麼重大的事都不曉得。所以他的出發點是這個樣子，問我是這個意思。我當時沒有立即了解他的用意，只隨便亂編回答他。之後才知道，原來他是想測我的底。他也不是真正要測我的底，但就是他閱歷那麼多，見過那麼多人又跟那麼多人談判過，很多問話都自然會帶有他的目的在裡面，不是說要想好自己有什麼目的去設計怎麼去問話。他問幾個問題，就能了解你的信息、你是怎樣的人。所以後來仔細回想，我是非常佩服的。但這只是其中一個例子。他分析了很多事情。我畢竟是哈佛的，我想我講事情應該也不會過於離譜。我跟你講最後一件事。他從晚上八點講到凌晨兩點，中間也是有休息。他有時候很多事情也是跟陳老在說，他的安排啊，過去的經驗啊……中間也有吃藥，直到凌晨兩點還是羅青長他的辦公室主任來打圓場。「今天時間差不多了，我們到這裡為止吧。」周總理是晚上辦公的人，我都快睡著了，尤其我喝了七杯茅台，我自己平常沒有熬夜到兩三點的習慣，除非我要趕論文，我都快睡著了，周總理精神還是很好。但他生病我一下就看得出來。還有一個病徵。他思路是很清楚，非常有邏輯，是我碰到的非常有邏輯的人之一。講的話非常清楚，但經常講到一半的時候會停掉。他大概也不曉得，他應該大概只是曉得自己有時候會停頓，什麼時候會停或是停了多久不一定清楚。這就是生病的關係。他有時候思路就會突然斷掉，停了大概三、四秒鐘又延續前面繼續講下去，我就知道他身體不太好。

他對我有一個總結。周總理在分析的時候，我就知道我跟他的思路是一百八十度的不一樣。他最後說了一下，我想他並不是壞意，只是像是長輩對後輩的一個勸告、提醒。他說，「我們這個年輕朋友，理論講得是非常好，但我們這邊不興這樣子，我們不先從理論入手。」我在哈佛大學念了這麼多東西，什麼馬列主義，我能講得頭頭是道；又是什麼人民要有自主權，很多事情都用這些理論去分析台灣的問題。他大致是說，我們不從理論上去分析台灣將來應該怎麼樣，我們從事實出發，去尋求解決的辦法。我們這位年輕朋友理論很好，但跟我們的分析方法是相反的。

我覺得他講的理論並不很深，是他的閱歷跟革命的經驗決定了他的分析方法。畢竟若不從實踐出發，他可能早就已經給國民黨消滅了。生存的需要必須強迫他處理事情就是要這個樣子，所以他的看法跟我的想法一百八十度不同。古語說：「與君一席談，勝讀十年書」，我以前不信有這種事情，認為是文人的誇大和渲染。我從那時候開始，就把看事情的角度一百八十度倒過來。當然我後來就思考他怎麼會有這樣的分析方法。我覺得我理論比較好，但為什麼他講出來的看法會跟我截然不同，而且他解析事情的方法非常的紮實，我回美國以後就一直在想這件事情。

第一就是很多事情並不是他真正要問的資訊，他需要的資訊不是你的回答，他只是想知道你的程度到什麼地方，跟國民黨的關係、跟美國的關係怎麼樣。第二我覺得他分析國際情勢有兩句話，第一句話說：「我們這台灣的年輕朋友看事情好像以台灣為中心。」我到今天還記得。所以我每次看到中央研究院的院士杜正勝的台灣中心論，我就發毛。那時周總理說我是從台灣去看事情，他說：「事情不能這樣看，我們處理中國的問題，從來都不從中國出發；而你分析台灣的事情，卻從台灣看世界。」這個批評對我是一個非常大的衝擊，這些衝擊把我整個在哈佛所有的訓練一百八十度翻轉過來，後來回去美國就思考他為什麼會這樣想。於是我就開始研究美國的務實主義，剛好跟他講的東西是一致。但他是革命實踐之中悟出來的東西。

林：這跟後來文革結束之後，整個處理文革的時候，那八個字，就是什麼「解放思想，實事求是」有關係嗎？

黃：哦！有關係，這是鄧小平的東西。但是中國有一段時間也不是完全百分之百實事求是，從事實出發，只變成了口號。同樣也變成從理論出發，跟事實沒有特別大的關係，所以這也是他們會犯的錯誤，現在也是。有很多對台的主張也是從理論出發，不是真正從事實出發。所以我說他們第一代、老一輩的革命家，面臨生死存亡，看事情不能從理論出發。像是馬克思講過什麼，所以一定要如何如何。如果這樣，他們早就被打死了，所以他們是很樸素的革命一代。這是他們一輩子革命出來的理解，也算是勸我不要理論講了一大堆。他自己也自嘲說：「我是先革命，後信仰。」所以這個見面讓我後續研究了務實主義的主張，把我整個思想改變了。之後，理論上我想我從社會主義的觀點更進一步。如果說我分析事情比別人好一點，或我自己有這樣覺得，就是因為我出發點一開始就跟他們不一樣。這樣的觀點是我跟周恩來學來的，務實主義的理論與之在精神上相通。理論我念過很多，但我的理解是書面上的，沒有真正扎根，是周總理真正把它釘到我腦子裡的。所以台灣有很多兩岸分析，我一看就不對。法律界的理論更是如此。但是你講這個，聽的人必須要有造化才聽得懂在講什麼。我要不是說剛好有這個機緣，我聽不懂周總理為什麼問我一個經國號的事情。假若我是一個笨人或是隨便一個混蛋，我心裡可能就在想，我是不是回答不太好等等，不曉得別人是想問什麼。他也已經跟你講明了，分析事情不能從台灣看世界；或者說你很多理論講得非常好，但跟事實又不盡吻合，或者剛好相反。他是跟你講明了，但你必須有這個造化才能懂他在講什麼。很多我在批評人家分析法律講的不對的地方，聽的人都不見得懂我在講什麼。如果沒有那個造化你就會想「這個人程度很低，講的話跟我們都不一樣」，其實是你聽不懂。

周總理的學問不是學院式，但他一輩子革命下來閱歷太深了。對他的領悟，你要有一定的機緣才聽得懂。我聽周總理講了以後，我看台灣的事情就完全不一樣了。後來回到美國我也用周總理的思路分析國際局勢，像保釣很多朋友，還特別請我，買飛機票給我到他們那邊，五、六十個人一起。很多主持人也跟我說：「你的分析很特別，我們第一次從這個角度去了解這個問題。」有時候你講得苦口婆心，別人聽不懂，人家也不贊成你的意見，不要灰心，是他們聽不懂，並不是你講得不好。所以周總理非常影響我分析事情的角度和取向。

我最後一次的思想改變是九〇年代。我在寫社會學和法律的議題，同時對歐陸思想花了很多時間去了解。歐陸的哲學例如現象學，跟我已有的並沒有完全衝突。

鍾：黃老師，我們即將進入第五個題目，就是美國總統大選即將在十一月三日投票，您到美國求學工作，參加律師事務所，長期在美國生活。您如何看待美國政治的變遷，以及如何評價美國的民主政治？

黃：我們先說大選吧，大家一定都很想知道大選誰會贏，或是之後對中美和台灣有什麼影響。我個人認為川普應該是不會再當選，因為大部分正常的美國人覺得受夠了。搞得這麼亂，社會分裂得很厲害。他又不是很有章法，人也非常不誠實，講了好幾萬個謊言臉也不紅，堅持只有他講的是事實。他認為自己不是講假話，只是從另外一個角度描述事實，很多其實連基本的事實都違反了。他基本上是想到哪裡做到哪裡，因為他自己沒有一套，事情一急的話，就從極右派現成的理論一抓。他基本上是走保守派的路子，但具體的政策是隨便抓了就弄。對我們最關心的中美關係，基本上我認為他是一個生意人，他用關稅壁壘去從事貿易戰。他違反WTO的規則，裁決都出來了，他個人是不甩，說是退出WTO就是了。所以就是說他沒什麼章法。對於關稅，所有經濟學家幾乎都同意，美國的消費者把增加的關稅給吞到肚子裡去了，中國沒什麼損失。其他還有貿易糾紛、禁止科技出口、禁止華為進入美國等等，當然對中國的貿易是有點影響。我覺得他其實沒有一貫的要怎麼樣去做，而且也沒有很好的經濟班底，想到哪裡就做到哪裡。加關稅對中國沒有什麼損失，所以中國就沒怎麼理美國，也沒怎麼退縮。川普就另外想一個制裁中國的方法，越搞越大，越搞越亂。台灣的政策其實也是一樣。就是說，總是利用台灣這個問題暗中對中國施壓。即是你不要以為我對台灣問題會遵守以前的一中原則，我川普隨時可以改，隨時可以採取其他的行動。也許不一定要跟台灣建交，但我有很多其他的手段讓中國你非常的痛苦，讓你在其他方面對美國妥協。但這樣的政策非常不穩定，而且引起區域的緊張。所以像這樣的總統，再繼續讓他做四年的話，很多人會覺得美國將來不會有什麼國際地位。而美國現在的國際地位已經低了。很多外交政策又會引起國安的問題。這是一個很大的危機。

你看他幾任的國安顧問或是祕書長等等之類的，出來對他評點都是非常不好的。所以他再當四年，對一個美國人來講是不太可能的。他們常常就說「I've had it！」意思就是受夠了，這個瘋子再繼續四年的話真的不行。當然我不知道將來會怎麼發展，沒有人可以預測將來。黑格爾早就說過「歷史是非常狡猾的」。法國另外一個人類學家跟哲學家 Bruno Latour（布魯諾·拉圖爾）講過，「將來沒法預測，只有一種人辦得到（不得不如此），那就是算命師。」至於算命有多準？一定是不準的。所以將來事情怎麼發生沒有人會知道。

不過從部分美國人的情緒上而言，還有參照他們已經修正的各種統計數字，看出來他的三十幾趴鐵票是有的。有些人不是說一定贊同川普的政策，他們投票是投自己。因為他們感到自己窮白人會變成將來少數，他們從來沒經歷過這樣的少數地位。其他也有拉丁裔或是亞洲人，基本上對美國主要價值也不是很懂，當然像個人自由、言論自由、平等待遇之類的，這些人也會認同。但基本上他們反共，對中國共產黨恨之入骨。有些中國大陸移民到美國的人等於是被抄家、趕出國門，非得逃跑怎樣的，這些人到美國來當然是只有採取這樣的態度，你把我家抄了我當然跟你幹了。這些人當然支持川普。以這樣的基準來計算大概只有三成，即便再加上一些人也不會超過四十【此為選前預測。川普實際得票率為約百分之四十七。所以說：將來無法預測！】。除非另外一邊的人覺得反正他不會當選，不必去投票，重蹈二〇一六年的錯誤。這樣的話他有一些機會，因為他很多鐵票、死黨。尤其是白人至上主義這些人，非常狂熱。即便川普輸了，他們也會說「這是作弊、造假」。無所不用其極【果然如此】。正常情況下，他不應該當選。

在這樣情形下，他對台灣政策是什麼。也許你覺得台灣有美國做靠山，不要跟中國試圖和解，於是越來越親美，產生一種幻想——也許台灣發生什麼事情，美國一定會過來軍援之類的。這個想法我想是不太可能發生。美國有可能軍援台灣的話，是感情衝動或是誤判；或在某種情況下，某些海峽的衝突不是由台灣先開始，例如說雙方誤判、中國轟炸美國航空母艦，那美國肯定會全力反撲。中國應該是不會做這樣愚蠢的事情。所以照正常情況下的武裝衝突的話，美國會不會如他嘴巴所講的，或是台灣人所希望的，會馳援台灣等等，這有待歷史證明。只是，我們沒有那種閒情逸致去等待或發現這種判斷的正確性。

這跟韓國不一樣。韓戰的時候，美軍從南朝鮮半島開始往日本撤，很多軍隊還在亞洲，而且還沒完全撤完。當北韓發動攻擊，杜魯門改變他的心意，不是根據國家重大利益而轉變心意，而是一種情緒的反應。他相信不論朝鮮半島的戰略價值如何，美國要是這種時候示弱的話，將來共產黨陣營將會席捲亞洲。後來越戰也是根據錯誤的所謂骨牌效應理論，認為越南淪陷到所謂社會主義陣營的話，東南亞其他國就會一路倒下去。骨牌效應的判斷證明是一種幻想，或是說誇張的恐懼感而已。事實上證明越南不是美國亞太大戰略的核心利益。所以美國人打不贏鼻子一摸走了，承認打輸了，也承認這個仗不值得打，本來就是不值得打。結果亂打十幾年犧牲這麼多人，花了這麼大的財力。連美國總統 Johnson（詹森）都灰心，連再度連任總統他都不願意。

所以美國軍援台灣當然有可能出於情勢上的誤判，或出於情緒上的過不去，如我剛剛所說的美國的航空母艦被打沉了，美國非反擊不可。除了這樣以外，決策上有很長的冷卻期。美國的主要軍事部署，現在距離台灣很遠，要好幾天軍隊才能到台灣海峽。空軍也一樣。根據美國智庫的分析，台灣的制空權開戰的時候會落入中共手裡。所以美國需要很大的決心在台海武裝衝突的時候起兵。除非美國人情感上一定要這樣做，有面子或信用的問題。會不會做這樣的判斷，中間有個不確定的時期，會讓美國非常猶豫。所以是不是一定會所謂軍援台灣，連這個誤判的反應會否發生都要存疑。

理智上分析，以為共軍如果在台灣海峽發動軍事衝突，美國就一定有軍事上的反應，這樣的政策是沒有的。連美國對台灣的承諾都是採用所謂「戰略上的模糊」，保持機動。誤判是可能的，情緒上的反應也是可能的，所以對這件事我們還是要存疑。我以為美國的所謂「戰略模糊」，越來越像是美國的下台階，有很多因素可以說服美國不一定採取軍事反應。

那台灣方面的處境呢？台灣當前的情緒幾乎都是錯的。民進黨政府把美國的決心或是角色放得太大，放得太大以後，就完全向美國靠攏。完全向美國靠的話，跟中國比較和緩的可能性就沒有了。原來不是完全一面倒的時候你還有模糊的空間斡旋，可以進一步發展更好的關係。現在完全一面倒就不可能，中共也不可能在台灣向美國一面倒的情況下，請求你或是把你哄回來。這種態度讓中共不可能採取比較寬厚的政策。所以，一面倒的政策是非常不理智的。第二個就是像國民黨現在提出來的「親美和中」。親美是實際的作為；睦中或是和中，是一個希望。但親美跟和中在我看起來是互相矛盾的路線。你既然要親美，其實就是跟民進黨差不多，希望一旦有事，美國會對台灣有所反應，過來保護台灣。在這個前提下你說要產生一個和中的效果，比較困難，因為這是兩個不同的方向。

至於美國政治，我覺得美國究竟是民主政治有幾百年的歷史了，主流的價值還在。是否跟以前一樣強或穩定，且不去說它，但是基本上以前我們所認識的自由、民主、平等，這些主流價值應該是足夠阻擋川普這類極右派所引起的衝擊。我個人看這是歷史上的一個波折。不過，你說真正主流的民主、自由、平等這樣的觀念，落實也是有很大的落差的。比如說以種族關係來講，美國搞了半世紀，有進步，但這進步也不是說到非常了不起的程度。即使是這樣，移民人數的增加，黑人地位的提高，婦女地位也是轉高。本來人性就是比較保守，他是喜歡穩定，過去價值的東西去挑戰的時候，是因為自己利益被損害的時候才會感到受到挑戰。如果說在平平穩穩的生活下，個性就會比較因循苟且。

我雖不一定完全贊同，但法國社會學大師涂爾幹（Emile Durkheim）認為，社會變動的時候，人的期待性不要受到太大的衝擊和干擾，社會變動太快的話，人會無所適從。譬如說，通常一個人出生到二十來歲，從父母、家庭、學校、社群，經過社會化形成了某些價值和觀念，這些觀念可能變成固定的觀念到五、六十歲。如果不是刻意調整，觀念被挑戰時會覺得無所適從，自然地顯出保守的傾向。所以，社會價值或是期待，被像是美國民權運動、婦女運動挑戰已經存在的觀念的時候，有些人常常的反應是保守的，對那些比較進步的思想產生排斥。所以很多票不是投給川普這個人，很多人都視川普為一個丑角（clown），好笑、愚笨，甚至是一個邪惡的人。他們投川普只是為了印證自己的價值。這些人占百分之三十幾還是有的。

鍾：這樣子不會隨著社會可能的貧窮化，或是社會的分裂而產生變動嗎？因為川普有他民粹的基礎嘛。

黃：有他民粹的基礎，就是我剛剛講的，尤其是窮白人，他們對社會本來就不是很滿意。除了移民對他們表面上看起來的衝擊外，經濟也受到很多挫折。例如說美國過去很繁榮的地方，現在卻不是如此。他們所看到的是，很多過去的傳統產業南移而且外移，像是俄亥俄州很多汽車及鋼鐵工業，這些過去美國重工業的基礎，現在都已經被外國取代了。很多高科技也不得不往南移。所以很多以前工業發達區的衰落，對這些以前在這裡工作的白人來說就有很大的衝擊。有情緒和經濟上的衝擊的話，他們就必須找出一個原因，也就是所謂的替死鬼。什麼人最容易被當做箭靶？就是這些移民，或少數民族。對一些比較沒有受到教育的窮白人來說，少數民族就會連結到懶惰、不做事情、靠國家養，以為很多稅金都浪費到這些懶人身上。窮白人認為自己經濟沒有好轉，也就是美國經濟發展沒有分給他們一杯羹。這些選民沒有想到是制度的問題，是科技發展的問題。現在很多東西都被變成自動化生產，過去比較粗糙的技術已經被淘汰了。這種現象很大部分不是移民，不是少數民族，也不是工業外移的問題。這些人就是因為不知道真正的原因，於是就責怪少數民族、移民以及外國。外國像是中國是一個很大的供應鏈基地。指著說中國賺了我們多少錢，貿易關係不平等。但你知道國際貿易不是這樣解釋的，要看自己國內資源在進口之下有沒有得到更有效率的使用。像亞當斯密幾百年前就指出，進口的東西比自己生產的東西便宜，那當然是買進口貨。使用自己國家資源做沒有效率的生產，多少是一種浪費。當然也是有例外，很多經濟上面再沒有效率也要保存一點實力，像是有些國家生產稻米，不能說所有主食都靠進口，那萬一發生了什麼事情，連飯都沒得吃，是有這方面的考慮。基本上國際貿易不能從入超出超的角度去分析，不能純粹從數字上面去分析，自己國家逆差有多少。要看這中間的逆差交易，是否比自己生產更有效率，很多人都沒辦法看到這一點，連川普都不懂。因為川普所懂的東西都是不動產，實進實出，他看不出比較利益上的差異。一聽到他當選那一天講的一些話，有些經濟學家就說他不懂國際貿易。

鍾：假設川普不小心當選，而這國家已經是你不熟悉的一個國家，這你怎麼解釋？

黃：這樣的話，很多他的政策會讓你覺得不愉快。除了不愉快，我相信他的很多政策會造成直接或間接的影響。雖然我不是說一定會受到他例如稅務政策的直接衝擊，但也並未得到什麼好處。從整個社會看來，他上任不久以後做的減稅，對美國其實是最多最多百分之十以內的人得到好處，像是他自己。所以民主政治後來變成金錢政治，這是美國很大的問題。

美國最高法院法官任命的爭奪戰很重要。十年前有一個案子，說「政治捐獻是一種言論自由」，所以不能設限。那麼在一個社會財富分配不均的情況下，一個人本來都只有一票，政治上的權力是平等的。可在這個判決之下，一個人可以用金錢化成好幾百萬票的力量。所以政治獻金的言論自由變成百萬富翁、千萬富翁的政治戰爭。有錢人當然也有左的，但比較少。因為有錢人的階級觀念當然跟其他人不一樣，所以大部分都是共和黨得到比較多的捐獻，但對有錢人來說沒有損失啊，他們也許捐了一千萬，但減稅政策上他們得了三、四千萬的好處。所以損益相比還是賺的，不要以為這些有錢人多熱心，政治的事情一捐就是好幾百萬幾千萬，要看到他後面的政治權力拿到以後所得到的好處。這樣子去看美國的社會，得到的印象會不同。過去不曾質疑的價值，很多都是抽象的，例如言論自由，如果說用錢跟我用思想表示我的政治意見是一樣的，必須受到憲法保護。這是胡扯。一七八一年美國立憲的時候能想到這個嗎？你能想到千萬富翁億萬富翁撒錢影響社會嗎？但保守分子就說這是憲法原意。真是無中生有。

林：我問一個比較具體的問題，在十九世紀，法國的托克維爾到美國之後寫了一本《美國的民主》，就是說美國的民主長期以來，尤其在台灣，被視為一種西方現代政治的典範，尤其包括各種制度，也常常被視為一種可以學習的對象，那川普當然這四年讓大家對美國的形象有所改觀，剛剛您講的金錢影響政治，在國際其實也有，當然在川普的時候也許他更加瘋狂。以這四年來看，或是說未來如果川普再連任的話，對於整個第三世界的國家對於民主的想像會有怎樣的影響或是改變？

黃：其實很多第三世界的人已經開始反省了。不止這樣。美國過去很多的外交政策有一個假定：它所引導的一個自由主義的世界秩序是大家想要的。或者說冷戰完了之後美國的意識形態是獨霸全球的。美國這個制度是好的制度，有所謂「美國獨特（例外）主義一說」（American Exceptionalism[76]）。現在川普鼓吹「美國第一」那種孤立政策以後，很多人已經開始認為過去冷戰資本主義的體系已經碎片化了。用台灣話來講「哩哩啦啦了」。美國自己甚至不認為自己一定要站在所謂「自由世界」的領導地位。巴黎的氣候協定美國自己退出了。這個也退出那個也退出，像是亞太夥伴協議談了一半，川普說不參加了，整個放棄。世界上的人已經不一定以美國馬首是瞻了。

對川普的輕視，或其他國家領導以及各國比較理性的國民對他的藐視，這是另外一篇。川普政策使美國為龍頭的自由貿易體制幾乎失去方向。至於美國政治制度是不是最好，大家應該學習，也引起反思。美國的很多政策或是政治體系的結構，大家也都不認為是最好。過去台灣也有很多人在討論。像五權憲法本身也是基於

76 作者認為譯為「獨特主義」比「例外主義」更為精準。

美國三權分立構想而擴大的東西，基本上也可以說是很相像的。我們要把這東西改掉，大家都已經講很久了，其替代方案是什麼，其實也有很多人想像過不一定得要是總統制之類的等等。

但不能諱言，很多人沒有經過思考的話就會完全沒有保留的認為美國的制度是好的，我們是應該學習的。像我跟呂秀蓮講過一次話。她說：「總統不要讓他連任。也不要只有四年任期，這就太短了。因為他需要兩年去學習。如果是四年的話，最多只能做一年，最後一年又要競選，所以他能做事的時間很少。如果延長六年至少還有三、四年能做事情。」接受了總統制是唯一可以或應該模仿的制度這樣的前提之後，這麼想固然無可厚非，但這個前提必須質疑。她並沒有問這個制度是不是最好的辦法？是不是還有歐洲不同的內閣制和半總統制，當權的政府任何時候做不好就可能被趕下台。但呂秀蓮又說：「總統制要六年，但罷免的門檻也需要降低。」她意思是你第一年做不好，完全違背民意，我就用罷免的方法把總統趕下來，這還是在總統制的框架下的一種論述。所以她沒有想到其他的替代方案。尤其是像治理有族群衝突的地方的政治制度選擇是什麼。

台灣完全沒有族群衝突的可能性或是潛在性嗎？我不這樣認為。新移民跟舊移民中間就有一種緊張關係。現在當然是比較沒有，因為共處的時間長了。以前像客家閩南就有，不是說完全沒有某種緊張關係。原住民人太少了，不能說沒有問題，只是就算有問題也會被當作沒問題。所以像美國這種制度，多數決政治、三權分立，是不是最好的民主制度，其實有很多值得思考的地方。你也知道很多政治學家及島內的學者提出內閣制或是半總統制作為不同的選擇。我雖然是受美國教育的，但我常常講應該是內閣制或是說半總統制。我自己是主張半總統制的，所以是介於台灣兩派中間。至少我覺得這種制度是比較照顧少數的。不會說因為得到大多數選票，就讓一個當權者獨來獨往，不顧其他人的意見。其他人為了爭奪政權，就是必須設法變成大多數。在這種情形下，其他人就只能再忍耐幾年了。大部分研究族群衝突關係的意見就不認為這是一個有效的解決辦法。

所以所有研究族群衝突的政治學家，幾乎沒有一個人是支持總統制的。大部分認為至少是內閣制比較能夠表現族群共存共榮的精神。當然，共存（consociation）理論還有很多要素例如權力共享、比例代表制等等細節。但是許多政治學者認為內閣制是比較合理的一個政治制度。所以不能把美國民主制度當作是真理，把它放大。尤其，美國是美國，台灣是台灣。這也是台灣大法官會議某些法官及解釋最大的問題。他們想像自己解釋的總統制是和美國的總統制因為名稱相同，所以是沒有區別的制度，把美國的理論完全照搬。美國最高法院講什麼什麼，那我們就應該如何如何。即使是在德國受到訓練的，有時候也好不到哪裡去。說我們是大陸法，法律必須根據大陸法的傳統來解釋，所以我們解釋法律必須根據德國的法律學說或判例。以前有位台灣大法官明白說：「解釋應依西德基本法。」我說這到底是哪一國的大法官。真是胡鬧！同樣的，舉一個更誇張的例子，如果南太平洋一個小群島也是像美國的制度稱之為總統制，他們的憲法理論完全跟美國一樣，這是不可能的事情，兩者的相同只是名稱相同而已。環境不同、對付的問題不同、條文也不同，很多其他地方也不會相同。用同樣的方法解釋完全脫離客觀脈絡。

鍾：中美關係有一段時間急速惡化，您認為主要因素在哪裡，那台灣夾在兩大強權之間該如何自處？

黃：原因其實很複雜，如果講國際關係的話，我可以歸類為西方國關理論上的所謂的constructionist（建構主義者）。我不太信服現實主義國際關係的看法。所謂建構主義，它相信很多國際關係的權力關係，例如威脅、利益、損益分析之外，很大部分有人的主觀價值判斷及情感等等在裡面。我們看人跟人交往，情感是占了很大的部分。你對這個人很喜歡的話你會覺得他做的事對你都是很好的，他也不會講騙你的話，他的政策也可以信任，他對你也是友善的。很多東西大概對你出於善意，不會想傷害你。但是你把對方認定是一個敵人的時候，會越看越像。你會覺得他做的所有事情一定是對你不好，存有危險的。因為他是我們的敵人，所以我們做的事情就會有衝突。我們怎樣對付敵對勢力，要去化解它、傷害它、削弱它對我們的威脅。人中間的交往會有這樣的互動方式。我不否認利益和權力的作用，但國跟國中間關係的建構，也一定帶有感情和情緒。你把對方當成敵人，它就會像個敵國。或者說不要說敵國，競爭上利益上絕對有矛盾，你就不會想到跟它合作。但是就不會想到說如果我跟它不對立或不是敵國的話，兩方的關係會變成什麼樣子。如果你把它當成盟國，認為它所做的事都不會對你有壞處，它不會採取對你不利的行動，它會幫助你。在這種情緒的感染下，你的分析會影響你政治上的判斷。很多傳統分析的錯誤，是沒有檢討，直接從自然科學上面的方法論，轉移適用到這些很多不太一樣的情況。以為所有東西都是自然科學定義下的「理性」分析，比較損害跟利益的大小。事實上很多人際的交往或是國與國的交往不是這個樣子。情緒的因素占了很大的一部分。沒有情緒交雜的「理性」，只不過是傳統偏見下的「理性」。國際關係是人文社會現象，不是自然界的呈現。因此，它是人的意識所建構，不是天生自然的實體。

分析目前中美關係必須回到四十多年前。中美兩國利益衝突當然是有的，但很多情緒方面的作用也很大。在尼克森開始解凍中美關係的時候，他已經意識到了這一點。他是非常反共的。但是，他又知道對中國的關係不能被情緒主導。考慮蘇聯跟中國過去的聯盟關係，他很怕中俄交惡後又突然合起來。這對美國國安來說是絕大的災難。所以他那時候想，怎樣把中國跟蘇聯分開來對待。中國那時候跟蘇聯其實已經處於不友好的狀態。中國變成非常孤立，沒有蘇聯的援助，經濟發展也非常落後。尼克森就有他的戰略眼光，看到了這一點。就是說不能讓中國永遠處於這樣的狀態下，必須讓它對外開放，對世界接軌，用美國的角度把中國拉攏過來。因為美國是反共的，總是得找出一些理由出來，事後有先見之明或是自圓其說我們都不講了。但很大一塊是從絕對反共，在情緒上變得有點願意幫助中國脫離於當時蘇聯交惡的困境。這就是所謂「交往政策」（engagement）的濫觴。交往政策建立在兩個假定之上：（1）將中國拉進美國領導的世界體系，某種程度幫助它的經濟和科技，就可以壯大中國的中產階級；（2）強大的中產階級會使之邁向美國式的自由民主。

我以前也多少這樣認為。有個麻州參議員凱瑞（John Kerry，後來成為歐巴馬總統的國務卿，並代表民主黨競選總統。現在還是美國總統的氣候特使），我曾大力幫過他助選。他第一次訪問中國之前，和包括我在內的一兩個他認為的中國專家替他的訪問做預備。他問我：「你知道我是反共的自由派，但我也主張跟中國有engagement（交往）。不過，我常常受到我的同事或其他人批評，你既然贊成美國的價值，你為什麼會去支持中國這樣的國家，主張美國和中國必須有交流，要對中國開放。這件事你怎麼看？」我就回答他：「很多人已經提到了。基本上一個社會如果中產階級興起，就是說經濟發展造成很大的一群中產階級的話，最後總是會影響到政治，把這個社會變成你美國人比較舒服的政治制度。」他問說有這種例子嗎？我就跟他說：「你看看台灣。」他又問我：「別人都批評我忽視中國的人權問題。假定我要和中國官員提起人權問題，要怎麼提才既不失自由派的立場，又不顯得強人所難？」我說：「世界人權宣言的標準中國認可了，因為它是聯合國會員，所以你提到中國認可世界人權宣言的標準，不會有什麼特別尷尬的場面。」一個題外話，我佩服凱瑞的勇氣。至於其他「大官」我見了很多，令我真正佩服的很少。能讓我學習到什麼，或改進錯誤的更少。

台灣在蔣經國統治之下雖是戒嚴，但經濟發展使台灣中產階級壯大以後，反對黨出現，促進了民主化。中國也有可能這樣子。反正他們的想法是：幫中國經濟自由化。跟國際接軌後，會促進經濟發展，促進社會的民主化，意思就是說我可以把中國變成一個對美國更沒有威脅的國家。講白了就是美國國家安全的利益要求美國跟中國交往。但不幸中產階級的興起跟民主化都落空。現在大部分美國講中美關係的學者到二〇一五年都察覺到這點，沒有人再有這樣的期待。那為什麼變成這樣，自有他的客觀原因，也不見得說這想法本來就不對。不過基本上中國確實不一定像美國一樣自由。從美國人的觀點，科技的發展等等使得政府控制網路，控制一些政治活動。這些都是以前沒有想到的。或是經濟發展以後，帶動了很多人去追求財富，對社會、政治權力的敏感性比較減低了。不過，也不要忘了，美國是私人企業收集私人資料，政府予取予求。

我跟你講一個我跟大陸朋友的對話。我說：「現在大陸很多網上的意見，都是說要打台灣，一定要用武力解決台灣問題。如果不是囂張，至少也是浮躁。有點以為打仗和人民的身家性命無關的樣子。」我的朋友說：「誰會打或想打！大家現在都有房子，財產也有一堆。又在一胎政策下，誰會把孩子送去打台灣，葬身台灣海峽？這不是瘋了嘛！」很多人有這樣的想法。所以很多網路上的消息，跟人民真正的感覺不一定一致。但有時候依國家機器或官僚的政治決策，跟一般老百姓的感覺不一定吻和。官僚如果認為有辦法帶動民意，或者覺得官僚統治的正當性或權力的穩固受到威脅，或認為國家基本利益受損，官方可以採用許多動作，甚至製造一點情緒或民意，可以改變人民原來希望和平的自然傾向。例如，美國兩次對伊拉克的海灣戰爭的發動，都有政府某種程度操弄的痕跡。事前也都有民意的支持，國會的支持度更高。但是，事後民意的支持度大幅下降，很多人認為美國政府原本不應介入伊拉克。

回到原來中美關係。美國促進中產階級跟民主化兩個的目標落空，沒有實現。另外一方面其實是中國人判斷的失策。從二〇〇八年美國的財政危機以後，中國人認為美國沒有想像的那麼強大，美國經濟幾乎被財政危機拖垮掉了。說到這裡，我應該給歐巴馬很大的功勞（credit）。他把整個衰敗的經濟扭轉過來，讓現在川普在那邊吹牛經濟弄得多好。其實，都是上一任留下來的。美國財政危機之後，中國對美國的敬意去了一大半。加上中國變成世界的加工廠後，無論如何，經濟都發展得很快。以全國GDP來講，很多人都不曉得，二〇一四年，中國的GDP已經匹敵美國，二〇二〇年甚至超過了美國，二〇二四年肯定遠遠超過。個人人均當然還比不上美國。但全國GDP早就超過美國了。很多其他領域也超過美國。全世界最大的汽車製造國就是中國，而且是發生在二〇〇九年！美國汽車王國的觀念早就不存在了。

當然中國不是所有方面都超過美國，不能誇大其辭。但中國很多人認為自己已經不得了了。在很快的變動裡面，很容易產生這樣的幻覺。從二〇一〇年左右開始，中國許多國關專家對中美關係的分析，百分之九十以上都認為，將來中國對美國是一個大威脅。美國會防止中國崛起。什麼中國夢、和平崛起、人類的命運共同體，就是想像中國走到前面，美國不能跟中國比了。在這個想像之下，認為美國一定會想任何辦法阻止中國走上這條路。於是就把美國當成敵人，不是敵人也是競爭的對手，甚至是介於敵人跟競爭對手的中間。很多分析用了所謂「結構問題」，表示這是兩國衝突的必然。我至今不知道所謂「結構」指的是什麼。平心而論，三、四十年前中國和美國的精英和決策層的態度不是這樣子。

美國當時基於國家利益，要中國跟世界接軌，試圖讓中國變成比較和平緩和的鄰居。當時不一定把中國當成敵人。不幸中國把美國刻畫成一個敵人。那麼美國作為一個敵人，很多手段都是從對待敵人的角度理解。中國不把美國看成盟友或是共同合作的夥伴，做事遵照夥伴之間的行為規則。所以有些地方像智慧產權，有合法的買，有合法的用併購，也有美國人認為不能接受的強迫技術轉讓等等。我個人認為強迫技術轉讓本來是落後國家應該有的政策。技術不能轉讓就永遠受先進國家企業的宰制，有某種程度的技術轉讓是應該的，但你把技術轉讓跟其他東西摻和在一起的話，對美國來講就造成科技地位極大的威脅。而且很多東西可以運用在軍事上面。如果你把我看成敵人，使用對付敵人才會採用的手段，那美國自然就把中國當成敵人一樣有威脅。所以很多美國人在二〇一五年左右開始覺醒。雖然沒有一定要把彼此當成敵人，只能說這個威脅美國一定要正視。但是到後來把中國當成絕對的競爭對手跟敵人的呼聲就越來越大。我沒有說川普有什麼了不起的高見，他只是覺得生意做得不對，就實施關稅貿易制裁。原來是經濟上的東西而已。但他做了自己也覺得無效。美國人說這都是美國消費者在承擔這個代價。他只好隨便就從極右派的主張裡，拉一個以為對中共有效的制裁手段，越搞越大。即使是現在已經認識中國的競爭性等等的人，幾乎沒有一個人贊成美國單幹。很少人說美國可以單方面這樣搞，很多都是說不能放棄盟國，亞太其他國家也要聯合共同對付中國。在歐洲也必須聯合歐盟，不要放棄大西洋聯盟等等，甚至對於中國也要盡量發展跟保留許多可以合作的領域。所以說川普如果下台的話，即使客觀的情勢還是競爭，美國大概不會像他那樣沒有章法，隨便亂採取單一的政策，單獨行動。

其實根據希臘 Thucydides（修昔底德）的看法，雅典跟斯巴達打仗，是因為一個既成的霸權在那裡，另一個新的霸權要崛起，他們中間會有衝突，衝突後會有戰爭。但他的一句話很多人沒有注意，「引起舊霸權的恐懼」這樣才會產生戰爭。不是說所有新霸權出來就會如此，很多新霸權是歷史自然發展的，舊的霸權不必然會跟新的霸權打仗。而中國就是引起了美國某種程度的焦慮。現在很多中美關係方面，中國做的不對的地方，就是引起美國的恐懼。很多人沒辦法想像，在所謂威權主義的資本主義發展模式之下，經濟竟然變得如此強大。但是這樣的生活方式跟價值觀，美國人沒辦法接受。一種相當不同的價值觀導致的不同生活方式，對美國人的莫名的心理威脅很大。中美對峙的危險就在這個地方。所以有很多美中關係的專家說，不能誇大其辭，中國的 GDP 是已經超過美國了，但將來個人平均所得還有一段路要走。在這部分美國還是遠遠領先的。中國嘛，人多所以 GDP 才這麼高。軍事方面來講，美國很多還是超過中國的。技術來講，中國的確有很多超過美國的東西。就舉 5G 好了。華為過去在網絡都是落後，3G、4G 中國都是跟著人家跑。但是4G在發展的時候，華為看明白了。過去電纜業也是一樣，都是埋銅線。後來發展的國家可以跳過這階段。也許用光纖，也許可以用無線的。就是超過一個世代以後，就再也不花那個錢去搞這些過於落後的建設。5G也是一樣。華為直接跳過去不跟其他人爭4G，提前研究5G。華為本身原先是一個製造通訊器材的公司，技術上面也不是最先進。但在美國沒有積極發展5G的情況下，讓華為鑽了空子。它從一個做機件的公司，變成一個建構網路的公司。它在其他國家，尤其是第三世界國家投標，至少便宜美國企業百分之三十的價格。你說一個落後國家多百分之三十是多大一筆數字，自然會傾向華為。當然華為很多做法，從美國人的角度說華為偷技術。但他們分析後華為很多關鍵的技術都還掌握在美國人手中，像谷歌GOOGLE、亞馬遜AMAZON、微軟MICROSOFT，不能說華為的技術全部超過美國。其他國家做基礎通訊建設時，華為便宜得標，所以華為擴張很快。

怎麼講呢？不要把中國的威脅擴大，變成了美國發生無謂的恐懼。即使必須競爭，競爭也有不同形式。無論如何，只要自我提升，比別人繼續進步，那就不怕別人超過你。比較麻煩的是國防方面。尤其是中國把美國當成敵人，派很多軍方跟情報有關的人員到美國。美國原本很歡迎交流。因為他們認為文化交流有益美國。你到美國來如果喜歡美國這個制度，你就會回中國去吹美國的牛。美國是基於這樣的假設。但很多被派去美國的中國人不是帶有這樣的可塑性的。政府的官員、情報部門等等，很多東西研究以後，會有軍事上可能的用途。這些事情帶給美國對中國的恐懼感。但是，假如有恐懼感之後大家就彼此隔絕，都不要交流，這樣也不對。所以即便是美國最主張要注意中國竊取科技的意見，也沒有說交流這方面要完全隔絕，只是說不要像過去那麼開放而已。有軍事國防相關的東西就是要比較不能隨便開放。這也是很傳統的觀念，不是什麼新觀念。

鍾：就回到台灣，台灣在這夾縫中。

林：這我把它延續到下一題，就是剛剛講中國對美國這兩強的……

黃：所以不一定說將來會衝突打仗。你如果把修昔底德觀察的理論移到種族衝突上面來，又把兩岸的關係看成是族群衝突，那就可以借用他的理論觀察。當然不一定是個定理，但可以看到恐懼這個因素在兩岸關係裡的角色。恐懼引發仇恨，仇恨導致衝突。衝突產生仇恨與恐懼。永遠無解。你看我是仇人，我當然看你也是仇人。兩岸的關係如何和解，是非常困難的。

林：因為這種兩強的對峙，它又不是像雅典或斯巴達這樣的形態，因為中間卡了一個台灣因素，中國又把台灣視為它的核心利益。中國跟美國的關係又相對複雜，而且其實台灣夾在中間變成一個惡性循環的怪圈，不僅是中美的敵對關係在惡性循環，又包括台灣因為選擇跟美國親近，跟兩岸的關係又形成一種惡性循環的怪圈，就是說這種怪圈該如何理解，甚至有沒有可能掙脫這個怪圈？

黃：這是一個很困難的惡性循環。問題是誰要先來化解？總要有一邊先表態或行動。所以我一直對南韓金大中的陽光政策非常有興趣。為什麼他能從一個很敵對的關係裡，興起和解的念頭和行動？西德也是這樣子。兩德不過是因二次大戰後，德國為戰勝國割據而生。經過兩次大戰，整個的國家意識其實是還在。分成東西德各為主權國家，是東德要這個樣子的，因為東德是守勢國家，兩德合併成為一德，這是西德的政策，不是東德的政策。東德是採守勢，台灣的情況剛好倒過來，希望統一的是中國大陸，可以說是改變現狀的勢力。維持現狀的勢力在台灣，台灣採守勢。台灣的兩岸政策和兩岸關係的認知，是像東德那樣，採取守勢。東德後來變成一個所謂主權國家進入聯合國，是東德要的，只是西德願意同意。但是西德因為這樣的政策，雙方要維持和平共存的關係下，西德無所謂東德暫時叫什麼主權國家，這就是所謂的兩德模式。但在統一的過程裡面，原來他們是一個日耳曼民族的國家，這個觀念還沒有失去。台灣跟當時的東德不能相比，脈絡有點不同。

韓國為什麼在敵對關係的時候提出陽光政策，北韓不是說完全接受，但接受與南韓對話。就是說可以互相對談，談出有什麼共同的地方。最後也是談到北韓進入聯合國，等於北韓是一個主權國家進入聯合國，這是北韓要的，南韓沒有反對。只是南韓說我跟你交流中間的時候，大家為了維持和平共存的關係，我們暫時這樣做沒有關係。但南韓一直的政策，就是要統一北韓。所以這跟台灣的關係其實也是倒過來的。

回到台灣怎麼樣去改變兩岸關係，這是非常複雜的問題。原來中國雖然認為是內戰未了，鄧小平有很長一段時間對台灣是沒有把台灣看成一個真正有威脅的敵對的政治實體。所以他很多政策其實是對台灣的懷柔政策、和平手段。可惜這段時間已經過了。過了以後會不會回到過去的政策呢？沒人可以預測。但是在現在情況之下，你越把中國看成敵人，中國就也越把你看成敵人。怎麼樣去打破這種僵局，總要有一方去主動。官方交流已經停了，蔡英文現在用八字箴言在那邊喊平等尊重對等，願意跟中國坐下來談之類，一點屁用都沒有。中共會覺得浪費時間，因為沒有任何共同的基礎。第一、你對我是有敵意的，第二、你走的路線跟我完全相反。為什麼要跟你談。

所以官方現在卡在那邊。會不會官方突然轉一個一百八十度？或者台灣當局會變得完全不一樣？我覺得這是對台灣當局的不切實際的期待。因為台灣當局只要覺得美國的靠山還在後面，他就不會轉換立場。也許有點危機感。但覺得沒有一定失敗的感覺，沒有那種轉變認知的誘因在裡面，所以台灣當局不太會轉變。我也不期待蔡英文會變得完全不一樣。所以在這個情形之下，只有從民間先開始。至少讓其他不同的意見在那邊繼續發光，繼續有火種在那邊。有多少成效，沒有人可以預測，做了才知道。但是，有那種聲音在的話，假定情況有變化，就有個基礎。政府不去管，民間也不去研究，那就會完全沒有希望。現在中共好像不是非常積極地研究如何和平解決台灣問題。不是說採取的態度是完全不跟台灣講和平，只說「堅持和平解決台灣問題的方針」。除此之外沒有下文，也沒有履行大政策的辦法，既沒有這樣的研究，也沒有這樣的動作。有一點感覺是過去沿襲下來思考上的惰性。在還沒找到一個替代方案的時候，根據過去的方向照本宣科，反正就是不會出問題，習近平也不會因為因循過去對台灣的政策被趕下台，所以沒有實質內容。

民間有沒有提出某種和平方案的可能性？我過去在陸委會替行政院想這個問題的時候，做了一點思考。我覺得像那天呂秀蓮講的，就是NGO所謂「二軌外交」的那種思考，可能有台灣借鏡的地方。不過，以現在兩岸關係的狀況，就不曉得中國境內有沒有這樣的可能。其實大陸境內的NGO已經被政府掌控得很厲害了，倒的倒，關的關，七百多個現在大概只剩一、兩百個。當然，部分原因是有些NGO完全推銷歐美那一套。所以，是不是有這樣的民間力量出來，有待觀察。不過總要有人先開個頭，所以我就覺得要是台灣這個社會裡面有這麼一群人，形成一個民意的基礎，這樣的組織也能夠發表代表台灣一部分人的意見，這是一個可行的開始。當然如果能跟政黨結合就更有力量了。只是，不能在和政黨合作的時候，喪失自己的立場，變成政黨的選舉工具。但是，到目前為止，除了一些空話之外，我沒看到一個政治人物敢帶頭確實研議如何打破兩岸僵局。譬如說，正式鄭重表示兩岸可以就一國兩制展開協商。討論協商不是一定接受，但是展示一種開放態度。台灣檯面人物很多是跟著民意在走，那為什麼會造成跟中國沒有對話？台灣人很多人主張一邊一國或維持現狀，以為台灣和中國沒有關係。有些年輕人有一種態度，認為中國最好不要來管我。他們不深入研究有沒有解決緊張情勢的辦法，很多反應是情緒上的發泄。「唉，中國又不民主，不要來管我們台灣。你為什麼給台灣造成這樣的威脅。」他們也不懂中國內戰的歷史，也不懂為什麼中國人覺得台灣問題一定要這樣解決。台灣的年輕人純粹是排斥心理。

鍾：那怎麼辦？

黃：就是要分析兩岸將來可能怎麼發展。也許很不幸，中國將來武力的威脅越來越大。這狀況很危險。而我剛剛已經跟你們說了，中共比較實際的想法是所謂「兵臨城下，水到渠成」，意思是說中國用圍城的方法把台灣圍住，台灣怎麼辦，只好和了。

林：就是所謂的以戰逼和啦……

黃：沒錯。我覺得中國大陸其實是很無助的。台灣裡面沒有一個聲音能讓他們覺得有希望。官方越走越遠，越往美國傾斜。很不容易國民黨搞了一個馬習會之類的，這種會面一點效果都沒有，石頭丟到水裡還有一點水痕，你這是肉包子打狗是有去無回。現在連政治上的對話都沒有了，也看不到民間有什麼特別大的力量，加上幾個小團體講的都是很陳舊的理論，有些情感訴求。對台灣的年輕人是沒有什麼吸引力的，例如講什麼民族大義、炎黃子孫等等。

台灣年輕人是沒有這樣的感覺，因為他們生活的經歷純粹在台灣，跟大陸沒什麼特別的關係。跟我們這輩人已經差了一大段的距離，跟我們上一輩距離更大，經驗完全不同。他們對中國的觀念也完全不一樣。你在這個情形之下，社會上又沒有一個可以信賴的聲音可以指出來說，台灣現在的路線是危險的，試圖去了解將來跟中國的和解方式不一定是單一國，不是要所有台灣人生活在中共的體制下。好壞且不去說它，可以維持年輕人習慣的所謂民主自由，這些都是有可能的。

很多人講要維持現狀。維持現狀有好幾種解釋。維持現狀如果是維持現在社會結構，這也不是我們最後的目的。但是，無論如何先要把兩岸的緊張關係去除。這個因素去除以後，才有辦法考慮到台灣將來發展的方向是怎樣。中國把台灣不能從中國分裂出去這種法理上的觀念，視為生死存亡的國家利益。中國絕對不會放棄。沒有人敢放棄。好壞且不要去說它，幾十年來根深蒂固的思想已經在那裡。即使最不反台的中國大陸的人，都沒辦法接受台灣獨立的想法，頂多就是說「哎呀，我看台灣是已經失去了」，這是一種認為很可惜的想法，不會從情感或是理論上說什麼，台灣這麼小，獨立就獨立了。這已經是最「開明」的人了。其他人一直想要以打台灣來解決這個問題，他們到現在也沒有改變這樣的想法。

所以台灣問題是中國的基本利益之所在。美國對台灣的支持不在美國的基本利益之內，一個根本的利益跟一個權宜之計的利益兩個對撞的時候，你說要緊靠像權宜之計的那方即美方，將來會有失誤的。最好的辦法就是，在這種情形之下盡量保留台灣自己發展的可塑性。我不是說現在的社會就是最好的，就是要停在那裡，把維持現狀做這樣的解釋。很多比較左派的人在講共存理論的時候，很大的批評就在這點。光是注意群族方面的不衝突，但群族方面不衝突之下，引起社會僵化的狀態，對外抗爭的時候會有某種緊張。有緊張的時候權力容易集中。這種情況下台灣不容易對現況有所改變，即使要改變也要花很大的力氣。因為台灣主要的力量不在這裡，它是往外對抗的那方面。去掉緊張，讓台灣的局勢穩定後，才有辦法轉移注意力到島內的本身的情況。好壞是另外一回事，那是台灣自己的造化。但有改變的可能性，這是我看台灣問題的一個角度。

無論如何，現代的軍事戰爭已經跟過去不一樣了。我跟某人提醒「兵臨城下」是中國可能的現實政策。但是過去的兵臨城下跟現在的兵臨城下完全兩碼子事。中國還有一種人在那邊分析是否「留島不留人」，這是一個純粹從軍事上面分析的主張。就是說我把你指揮系統先給癱瘓掉了，所以你有多少軍隊、飛機都沒有什麼用。這就跟美國伊拉克戰爭一樣，第一次展現這樣的戰術。先把指揮系統全部炸掉，於是敵人的飛機也不曉得什麼時候要飛，什麼時候不要飛。對進攻的一方，就變成殺多少人的問題了。當然兩方都會有傷亡，但這是殺多少伊拉克人的問題，殺到後面就連美國的參謀總長都手軟了，覺得不能繼續再殺下去。伊拉克戰爭應該停下來了，現在只是殺人而已，對方已經失去抵抗能力，所有人都跟逃兵一樣，就只剩殺多少人的問題。也就是說把你指揮系統癱瘓後，用飛彈把所有空海軍基地都炸掉。所以，如果有台海戰爭，大部分不會是兩棲作戰的問題。兩棲作戰變成次要的問題。

現在的漢光演習，或美國有些老舊的傳統戰略分析，還在研究中國的兩棲部隊有多少，海軍陸戰隊開過來的船有幾條。就兩岸軍事衝突而言，兩棲作戰已經是次要的問題了。二次世界大戰，德國進攻波蘭已經是個開始，一定是制空權第一。所以我在分析兩岸軍事關係的時候，常常不管其他因素，專注制空權誰會拿到。這才是最重要的。所以如果兩岸發生戰爭，或是中國對台灣真是留島不留人，會有很多伴隨戰爭而來的平民死亡。最後中國仍總是要登陸的，無論如何這是一種非常血腥的狀態。尤其要了解，中共自上世紀末以來，潛心研究發展的是所謂「不對稱作戰」，不要想像有諾曼地或硫磺島登陸戰那種形式，台灣以為還可以以逸待勞。同時，不要那麼自信說台灣不會有核子戰爭。要是美國參與呢，會不會向台灣投核子彈呢？這些都無法想像。連當前的美國國關專家都非常擔心這種意外。

林：台灣整個軍事上，到目前為止還是以決戰促和，所以才會向美國買這麼多魚叉飛彈，主要也是這種談和戰的考量，當然我們也是不希望留島不留人，一旦發生戰爭，台灣未來五十年、一百年會變成一個荒廢的島。但你沒辦法統治，當然希望中國不可能把人殺光，那種仇恨的記憶，人心也不會是他們的。

現在就是兩岸找不到一個共通敘述的方法，如果說是終須一談，那要怎麼願意談。當然過去在馬英九的時代，所謂九二共識，勉強變為兩岸可以互動往來的一套話術，但它其實只是一套話術，現在連國民黨的內部都不信這種東西。因為這個東西，你選舉選不贏，選不贏就什麼都沒有；當然對大陸最具體的就是所謂的一國兩制，但它有兩個關鍵點，去年元旦元初的時候，習近平談了一個一國兩制台灣方案，加上今年整個香港的問題，香港反送中事件所引發的後續影響，這就好像證明了中國大陸唯一實施的一國兩制方案，在香港是失敗的，變成這個樣子，所以一國兩制作為中國最具體的對未來解決方案提出的一個方法，現在台灣社會內部是非常不看好的，被視為一個親共、舔共的名詞。問題是對方具體的提出了這個東西，有沒有可能在對方的提案之下，我們去破解？假若我們真的要談，因為中國已經提出來，它不可能吞回去嘛，一國兩制你可以有很多的詮釋，香港的模式到底是不是一國兩制的這種理解呢？

黃：根據中國官方的講法，香港政治要落實一國兩制沒有錯。但是是依據港澳特殊歷史情況下的一國兩制，一國兩制的共存精神還是在的。但我認為他們落實香港跟澳門的一國兩制，很多是基於他們過去非得跟外國妥協的模式。而且就以香港而論，很多的制度明顯地不同，例如英國的法律制度在香港已經那麼多年了，你現在要變，也不曉得怎麼樣變，大家也會不熟悉，所以中國讓香港有獨立司法權。這方面其實鄧小平都已經講過。台灣的司法權台灣自己搞，終審權在台灣，北京不干涉。所以一國兩制幾乎沒有改變太多的台灣現狀。中國要的只是一個，就是台灣承認屬於中國的。就這樣，原來就是這樣，很簡單。鄧小平認為一國兩制是他想出來的，但即使他是這麼優秀的政治家，有時候講一國兩制也有矛盾的地方。他一方面從高度自治自主來看，說台灣完全不讓中央管，這是不可能的，這是單純從地方自治的角度去看；另一方面，有時候又覺得地方自治不是鄧小平要的東西，要的東西是兩方面得以和平共處。國際關係上的和平共處當然是國家的對等，很難用自治的觀念去解釋。所以，兩岸的關係如果不是兩國論的關係，而又要能有和平共處的狀態，讓台灣有某種程度的自主性，北京對台不加干涉，那只有用一種不對稱的支柱形式處理。自主性的關係是一種是分權（devolution）的安排，純粹的地方自治是一種授權（delegation）的關係，兩個法律觀念是不一樣的。鄧小平有時候說明得很模糊。但就一國兩制而言，基本上來講，他所提的條件是非常寬厚的。

林：鄧小平還講到說，台灣都還可以保留自己的軍隊。

黃：對，還可以給你保留軍隊。北京還可以保留很多位置給台灣。我想這些倒是沒有多大用處。花瓶式的位置，甚至過去有人還說「國家副主席都能給你們來當」，台灣人不去想這個東西的，這都不是重點。不過他提出來這些條件其實都是相當寬大的。只要法律上把它用得穩妥一點，不是所有東西都由北京說了算，這些都可以嘗試對談。

林：但這個東西在台灣社會完全被汙名化，就會說讓大家不知從何談起。

黃：因為大家沒有去想。台灣人要是一想就知道，這不是如他們所想的那種東西。因為不想，加上有心人故意扭曲，一國兩制就被視為是被強迫統一或是九二共識。這些東西觀念上差很多。但因為大家都不去想，貼個標籤就完了。大家不去思考九二共識、一中原則、中國單一國、地方自治、台灣特區到底是什麼，要等到大家願意去想這些觀念中間有什麼不同，才會開始有改變的餘地。於是需要有一群人一直講，講到時機一到，情況有一天改變，引起人們的注意。像呂秀蓮就說「邦聯還可以嘛」。她究竟從政多年，一定在某種程度上必須務實。務實是現實地分析局勢，不是投機。她從絕對台獨，變成邦聯，思想方面其實是一百八十度的不同。我的感覺是她只是很難完全放掉過去台獨的包袱，但總體觀念是新的，但是思考上就可能有這麼大的轉變。既然她思想可以轉變，那很可能很多台獨，或是沒有想清楚的，尤其年輕人，連台獨都不是，只是單純排斥中國的這些人，如果開始思考必須在兩岸關係上找到解決辦法，穩定台灣這個局勢，避免戰爭的話，他們就會開始考慮有什麼路線可以走，這時一國兩制才會有市場。人們沒有警覺的時候不會去想，把這件事貼成中國要併吞台灣就完了。他們不去想，他們沒有想到在一國兩制之下就是避免中國來「併吞」，與原本的觀念剛好相反。而中國也只是要一個名義而已。我們不是活在一個世界嘛？一中對我們有那麼大傷害嗎？沒有！

林：這個未來，可能就是這兩個月我們要進行很大量的工作，一方面是對台灣而言一國兩制已經被汙名化了。現在處於一種未思的狀態，就導致整個社會沒辦法進入到這種思考的層次，就只剩下不斷的汙衊，這個當然很危險，也許就像你說的到哪一天兵臨城下，所謂的以戰逼和，台灣人才會去思考。所以我覺得戰爭跟和平不是兩種選擇，它可能是一種相對的辯證關係，目前來說你當然要跟北京這邊談，一國兩制是北京提出來的，那它當然不可能不跟你談，但問題就是如果北京當局可以留給我們對於一國兩制更大的空間、更多的詮釋方法，譬如我都想過一些名詞，「一國兩制，人民作主」。如果說要在台灣去宣傳的話，就是說話術啦，政治上的話術，你會怎麼去處理，能夠在台灣社會願意去接受甚至開始思考這個東西。因為對方已經提出來了，他們無法否認，你就反而吃緊他。你既然提出了這樣的東西，如何把他變成你講的，一國兩制是一種相對寬容的，是未來可能的和平解決方案，又能讓台灣保持一種最大的自主狀態。

黃：是，只有這個方法。但什麼時候會產生這樣，一定要有社會環境的變化。沒有辦法期待說一個人打坐打完了，兩個小時後，突然覺得我從中國併吞的印象，改變成一國兩制的印象（頓悟？）。一定需要一點外力去影響，我現在就是不曉得除了兵臨城下之外還有什麼辦法。但是無論怎麼樣，將來如果有這麼一天，台灣的很多人——尤其是年輕人——願意去思考這個問題的話，台灣本身一定要有一點基礎在裡面。不能是無中生有，從那時候才開始想，這樣太慢了，不好。而且到了兵臨城下的時候，條件已經不太一樣了。其實社會心理學有過一個實驗，就是對方提出來的條件你總是會打折扣。尤其敵人給你提出來的條件，你都會懷疑是不是包藏禍心。我們都去給對方的承諾打折。我從比較客觀的角度去看，不要把對方提出來的東西完全想像得非常不好。

我給你舉個例子。我的朋友很多。雖然我不是辦不動產的律師，我一個朋友年紀輕輕就去世了，他的太太就把龐大的遺產讓我處理。有一間房子要賣，我們講好多少價錢就交給一個房仲。我問這個價錢你認為公道嘛？那個房仲就說認為公道。第一天登報，第二天就有人出同樣價錢買。我們就假設一百萬好了。我朋友的太太就心想：「這麼好賣啊！」就覺得這一定不對，因為這價格是自己先提出來的，而對方竟然完全願意照買。她就又把價錢提高。等了一年才又第二個完全同樣的出價一百萬的買家。所以人心就是這樣，別人提出來的東西你就是不太相信，朋友有時候提出來你都會懷疑了，更不用說是「敵人」了。

鍾：非常好的例子。

林：但是我覺得民進黨內部開始有一些這種思考，就譬如說呂秀蓮之類的，就連邱義仁新潮流的頭頭，幕後的掌舵，他都說「發瘋了才會想要台獨」，他也是這麼說啊，但是就是沒辦法去思考該怎麼處理。

黃：他還沒有真正的危機感。

林：開始思考就要開始想方法了，但還沒進入到方法這個層次。

參考文獻[77]

人擇，《天演論》。

烏托邦，《天演論》。

劉明福（中國國防大學教授），《中國夢》二〇一〇。

Hans J. Morgenthau, Politics Among Nations 25 (1948).

Kenneth Waltz, Theory of International Politics 93 (1979).

John J. Mearsheimer, The Tragedy of Great Power Politics (2001).

Henry A. Kissinger, Diplomacy 55 (1994).

Thucydides, The Peloponnesian War, v.89, 302 (Martin Hammond trans., 2009).

8 The Testing of the Entente: 1904-6, British Documents on the Origins of the War, 408 (G. P. Gooch & Harold Temperley eds., 1928).

---

77 本書部分篇章已發表載於《風傳媒》、《香港大公報》、《蘋果日報》、《香港廣角鏡》、《新新聞》、《中國時報》等報章雜誌，詳見內文。

Foreign Affairs 01/02/2022

Sipri Yearbook 1975,

Sipri Yearbook 1976

Iiss, Strategic Survey 1974

Iiss, Strategic Survey 1976; N.Y. Times, Aug. 4, 1976

Arms & Influences.

R. Aron, The Great Debate.

H. Kahn, On Thermonuclear War.

Strategy in the Missile Age

Aec, Effects of Nuclear Weapons 1964

Consociational Theory: McGarry and O'leary and the Northern Ireland Conflict 32 (Rupert Taylor ed., 2009).

Asymmetric Autonomy and the Settlement of Ethnic Conflicts 31, 41 (Marc Weller and Katherine Nobbs eds., 2010).

附錄
林深靖[78]觀點

「一國兩制」可以談嗎？如何談？[79]

自二〇一九年底到二〇二〇年六月，《風傳媒》出現系列討論兩岸議題的文章，這些文章融情入理，感性知性兼具，凡關心台海前途者，不能不細讀，不能不關注。

文章作者是黃維幸，目前居住於美國洛杉磯。台灣學界對他所知有限，不過，認識黃維幸的人都知道他大有來頭。首先，他家世顯赫，是翻譯大師嚴復的外孫。嚴復既是北京大學首任校長，也曾任上海復旦大學校長，清末民初之大學問家、大政治家，有無數乃孕育於其門下。黃維幸無愧於家學之淵源，從台大法律系畢業之後，赴美取得哈佛大學法學博士學位，專精國際貿易法規，在美國開過律師事務所，也在大學擔任教

78 林深靖，新國際理論與實踐中心召集人。
79 原載於《風傳媒》二〇二〇年七月十五日。

職。他曾經返台於世新大學法律系客座，賴幸媛擔任陸委會主委期間，他獲聘為諮詢委員，也曾經擔任台灣毛巾業者的法律顧問，精明運用世界貿易組織（WTO）的防衛措施，為台灣傳統產業爭取到最大的利益。那是兩岸之間少有的，真正在WTO架構下雙方法律專家的刀光劍影。黃維幸的英文著作《中國的反傾銷，防衛措施及補貼》（Laws of Dumping, Safeguards, and Subsides in China），迄今仍是有意鑽研世界貿易法規者不可錯過的讀本。

我要說的是，黃維幸對於兩岸議題，有第一線的實戰經歷，這不是一般書房裡的所謂兩岸專家或政府部門裡的御用說客可以望其項背的。

更重要的是，黃維幸有其祖輩的遺風，西學中學治為一爐，論情說理化為一體，不畏禁忌，不怕汙名，為真金實火的「兩岸論述」做出一個該有的樣子。

在台灣尋釁獵巫的大氣氛之下，黃維幸是能夠堂堂正正談「一國兩制」的第一人，不僅敢談，而且大談特談。在《風傳媒》，黃維幸以「一國兩制」入標題的文章已經不勝枚舉。最近的一篇，是他評論國民黨的兩岸新論述，發表於二〇二〇年六月二十二日。此文開章明義即指出，所謂「九二共識」，不僅兩岸共識已失，台灣內部更是分歧之源。「做為政治語言或人情表達」，或許可以；但是明顯擺著的是，共識既已蕩然，實無再為此爭辯之必要，作者的說法是：九二共識，可以隨風飄去了！

另一方面，黃維幸又直言批評國民黨對於「一國兩制」的盲目否定，既不智，又缺乏主體性，「拒絕一國兩制是搬石頭砸自己的腳」。他的說法是：為國民黨計，兩岸有沒有真正的「九二共識」姑且不計，既然宣稱「九二共識」已經完成了它的歷史任務，兩岸爾後真正應該努力開發，共同發展的是「一國兩制」。

台灣對於「一國兩制」，只有態度，沒有論述

「兩岸爾後真正應該努力開發，共同發展的是『一國兩制』。」這是何等大膽的建言！不僅於此，黃維幸還有更大膽、更前衛的論斷：「我預測，台灣哪一個政黨對此議題洞燭機先，必能在將來主導兩岸關係的話語權。」

出身於台灣，畢業於台大法律系的黃維幸敢於如此斷言，不是書房內的空想，不是離群精英的狂言，而是有理有據，有其論述的邏輯。

事實上，黃維幸在《風傳媒》所發表的多篇文章，只是他進行多年的一個大型研究的一小部分，關於兩岸議題，他涉入甚深，蒐羅極廣，最後敢於提出「一國兩制」做為解決方案，自然有他老江湖的自信。他在短短半年內拋出論述台海問題的系列篇章，這已是準備華山論劍的架式，只可惜放眼兩岸，敢於接招，有能力論戰者恐怕是寥寥可數！

台灣方面對於「一國兩制」，向來只有態度，沒有論述。態度就是「拒斥」，藍綠基本上一致。

由於拒斥在先，因此「一國兩制」在台灣社會一直是處於「未思」、「不明」的狀態。因為「未思」，因此產生不出對應的招數；因為「不明」，因此容易陷入莫名的恐懼。長期的未思和不明，使得整體台灣社會自限於當下此刻，對於未來的可能性缺乏想像，應變的能力與能量逐漸消蝕。

黃維幸的政治信念，其實很單純，那就是直指本真，回歸本質。他的說法是：「一個人，一個群體，一個社會，一個國家，全體人類，最基本的活動和現象是存活。任何活動、安排、設想、觀念，都是為人的存活而服務。」正是基於如此純真的信念，讓他論政議事能夠撥雲見日，洞燭機先。

黃維幸專業國際法，嫻熟國際政治，對於世界各地存在的族群衝突案例著力研究，用心解析。面對衝突，總要尋求和平共存的策略。真正的政治，首先總要讓人能夠存活。綜觀天下，回看兩岸，要和平共處，「一國兩制」最為務實。

總要從死胡同裡找個出路

任何一個政策的提出，都有其時代的標記。眾所皆知，鄧小平當年提出「一國兩制」之際，正是中國大陸改革開放最火熱的時候。從一九七〇年代末到一九八〇年代初，是大陸啟動改革開放的特定歷史時期。十一屆三中全會確立了「實事求是、解放思想」的改革路線，以全面推動現代化建設為目標。要知道，經歷過十年文革滄桑，在以社會主義為綱的核心意識形態之中，提出「一國兩制」，是何其重大的突破！也只有三起三落，大風大浪走過的鄧小平有這個膽識。

「一國兩制」與「改革開放」相伴相生，於今回顧，其實是驚滔駭浪中的巨大實驗。「改革開放」以推動中國全面現代化為目標，既已設定目標，就要避免干擾；「一國兩制」就是為了不讓台灣問題繼續成為干擾的因素（原先是鄧小平為解決台灣問題而提出的戰略構想，由於歷史因素，香港和澳門成為應用的試點）。為了推動全面現代化過程中不生亂，不折騰，「一國兩制」的背景思維，就必須是「和平共處」。

在《鄧小平文選》第三卷中，我們不難找到他當年的思想軌跡。「世界上有許多爭端，總要找個問題的出路。我多年來一直在想，找個什麼辦法，不用戰爭手段而用和平方式，來解決這個問題；請好好了解和研究一下我們對台灣、香港問題提出的解決方式，總要從死胡同裡找個出路。」

於今回溯，伴隨「改革開放」而出現的「一國兩制」，其核心思維其實就是「不用戰爭手段而用和平方式」。綜而言之，大陸的「改革開放」時期，也正是台灣有史以來最安全的時候！

黃維幸在〈十評國民黨兩岸新論述〉一文中提到：「『一國兩制』不是毒蛇猛獸，它的基本精神是鄧小平所說的和平共處，與當代處理族群衝突的共存理念一致。無論一國，或兩制的制度安排，要為實現這個精神和目標服務。」這是確切抓到鄧小平思維的精髓。

政治是眾人之事，好的政治首先是要讓人民可以在一起生活，其次是要讓人民可以活得更好，只要是能夠符合這兩大目標的政策，我們都沒有理由排除，更不應該拒斥。黃維幸苦口婆心談「一國兩制」，站的就是這個理！

兩岸的抉擇：兵燹是否可能化為春風？[80]

黃維幸在《風傳媒》的系列文章中，有一篇標題十分聳動：〈共軍會突然襲擊台灣嗎？〉。或許也由於標題奏效，此文從二〇二〇年二月二十日刊登，到七月十六日為止的閱讀人氣多達110,736，一篇硬底子的評論文章人氣超過十一萬，這在台灣媒體上肯定是稀有。

面對戰爭與和平，不能心存僥倖

中共究竟會不會「武力犯台」，這在台灣媒體上當然是一個熱門題目，不過，媒體上談論這個題目，通常都不會太嚴肅，大多數流於濫情歪理的炒作。如何炒作，還得看需求，有時候是炒作收視率、眼球數；有時候是加工製造芒果乾（亡國感），炒作選票、民調；有時候則是純粹無聊。

黃維幸之特殊，在於他談起這個議題，還真的是十分嚴肅！

他分析大陸方面兩岸政策的歷史走向、變化的趨勢，從情感因素到理性推理面面俱到。此外，他還條縷敘說世界近代史上的幾場戰爭，從爆發前的跡象到國際因素之偶然與必然。只要仔細閱讀，我們大致都能得到一個基本的認知：面對戰爭與和平，我們不能心存僥倖。

黃維幸短短一篇文章中述及一九四一年六月納粹德國侵略蘇聯的戰爭、一九四一年十二月日本襲擊夏威夷珍珠港的戰役、一九七九年二月爆發的的中越邊界衝突、一九七三年十月埃及和以色列之間的贖罪日戰爭……等等，這些戰爭來得突兀，卻對國際局勢和歷史進程產生關鍵性的影響。黃維幸以一個又一個的例證說明，軍事判斷不可能完全是理性的損益分析，當事者的決斷往往還會受到情緒的感性影響，遲疑、過度自信或過度信賴外力，都可能造成誤判，以致錯失及時應對的時機。

黃維幸提醒我們，國安的認識容易出現盲點，決策者的個性、情緒又會影響到軍情的判斷，也因此，要研判兩岸之間是否會有突發的武裝衝突，首先要能克服認知和情緒上的盲點，要能夠抱持開放的心態，接受不斷更新的專業訊息，更重要的是，要能

80 原載於《風傳媒》二〇二〇年七月十九日。

夠實事求是，不能純粹從理論出發，不要盲從什麼「原則」或「定理」。他還調侃說，好學生尤其容易養成盲從原則、定理的「壞習慣」。不幸的是，我們官場上有太多出身台大頂尖科系的好學生，很能讀書，很會考試，卻也最可能因為盲從學理而造成誤判。

「辣台」不足以自成金剛罩

關於兩岸之間的局勢，黃維幸以季節的變遷來做比擬。根據他的說法，過去七十年來，早期是以武力解放台灣為主調，那是嚴冬時期；一九七〇年代末到一九八〇年代的改革開放期間，「一國兩制」的倡議與改革開放相伴相生，那是初春時期；到了江澤民和胡錦濤時代，伴隨著台灣解嚴、開放大陸探親、以迄辜汪會談、連戰破冰、國共重啟互動並簽訂多項協議，主調是兩岸「和平發展」，那是進入了盛夏；於今，蔡英文主導的政府以「辣台」為時尚，海基、海協兩會斷線，尤其是在中美矛盾擴大的背景之下，美、中勢力在香港交纏較勁，台灣當局於香港動盪期間站隊選邊……種種因素讓兩岸關係進入到了「肅殺的秋末」。

黃維幸四季推衍的比喻相當生動，然則對於當下局勢進入「肅殺秋末」的研判，不禁讓人心驚！如此形容，似乎也預告了兵燹的接近，但凡心存悲憫善念惦掛百姓疾苦者，不可能無動於衷。好的政治，首先要讓人民可以一起生活，其次是要讓人民活得更好。戰事一旦開啟，那就是人民之間的敵對撕裂，是家庭的碎散，是百姓生計的破毀。《孫子》開篇即言，「兵者，國之大事，死生之地，存亡之道，不可不察也。」如此警示，也是人類歷史帶給我們的教訓。

《孫子》又云：「兵無常勢，水無常形」，對於台海之間的危局，我們當然更不能自以為是。「辣台」不足以自成金剛罩，外力外援不宜輕易倚賴川普。孫子有一個「縻軍」的說法，指的是前線將士受到牽制拘縻，致使軍隊失能，靈活不足，機動不敏。而對於軍士的牽制拘縻常常是來自上級主政者的自傲、無知。「不知三軍之事，而同三軍之政，則軍士惑矣。不知三軍之權，而同三軍之任，則軍士疑矣。」這是孫子的說法。軍士「既惑且疑」，則大難將至。

而今，台灣主導國安會的是伶牙律師顧立雄，自稱「三軍統帥」的是每日在社交媒體上以「辣台妹」自居的蔡英文。近年來台灣部隊之中禍事頻傳，且不計將領撞山、兵士溺水之偶發事故，由於執政團隊內貪瀆包庇之風日盛，軍務公務人員升遷之路屢受當權人脈干擾，加上各種撕裂社會的口號滲入軍中，政客的口氣大大影響了士氣，將士「既惑且疑」者日增，這其中，「為何而戰」的疑惑恐怕也從而孳生。

回到黃維幸的四季比喻，兩岸關係是否可能從「肅殺秋末」回轉到改革開放時期的「初春」氣息？是否可能將兵燹危疑化為拂面春風？那麼，依據黃維幸的論斷，伴隨改革開放初春土壤孕育出來的「一國兩制」，或許是一個可以重新思考的方向……

Canon 33

兩岸新視野——撥除迷霧見台海

作　　者　黃維幸
總 編 輯　初安民
責任編輯　孫家琦
美術編輯　陳淑美
校　　對　孫家琦

發 行 人　張書銘
出　　版　INK 印刻文學生活雜誌出版股份有限公司
新北市中和區建一路249號8樓
電話：02-22281626
傳真：02-22281598
e-mail:ink.book@msa.hinet.net
網　　址　舒讀網 http://www.inksudu.cc

法律顧問　巨鼎博達法律事務所
施竣中律師
總 代 理　成陽出版股份有限公司
電話：03-3589000（代表號）
傳真：03-3556521
郵政劃撥　19785090 印刻文學生活雜誌出版股份有限公司
印　　刷　海王印刷事業股份有限公司

港澳總經銷　泛華發行代理有限公司
地　　址　香港新界將軍澳工業邨駿昌街7號2樓
電　　話　852-2798-2220
傳　　真　852-2796-5471
網　　址　www.gccd.com.hk

出版日期　2022年 3 月 初版
ISBN　978-986-387-557-4
定　　價　390元

國家圖書館出版品預行編目(CIP)資料

兩岸新視野——撥除迷霧見台海／黃維幸著.
--初版. --新北市中和區：INK印刻文學，2022. 03
面； 14.8 × 21公分. --（Canon；33）
ISBN 978-986-387-557-4 (平裝)
1. CST: 兩岸關係　2. CST: 臺灣政治
573.09　　111003358

舒讀網